广东商学院学术文库

企业社会资本、创业导向和创业绩效关系研究

——基于科技型中小企业的创业

李作战 著

QIYE SHEHUI ZIBEN CHUANGYE DAOXIANG HE
CHUANGYE JIXIAO GUANXI YANJIU

JIYU KEJIXIN ZHONGXIAO QIYE DE CHUANGYE

中国社会科学出版社

图书在版编目(CIP)数据

企业社会资本、创业导向和创业绩效关系研究/李作战
著 . —北京:中国社会科学出版社,2011.6
ISBN 978 - 7 - 5004 - 9847 - 6

Ⅰ.①企…　Ⅱ.①李…　Ⅲ.①中小企业—社会资本—
研究　Ⅳ.①F276.3

中国版本图书馆 CIP 数据核字(2011)第 098626 号

策划编辑　卢小生(E - mail:georgelu@ vip. sina. com)
责任编辑　卢小生
责任校对　刘　娟
封面设计　杨　蕾
技术编辑　李　建

出版发行	中国社会科学出版社		
社　　址	北京鼓楼西大街甲 158 号	邮　编	100720
电　　话	010 - 84029450(邮购)		
网　　址	http://www. csspw. cn		
经　　销	新华书店		
印　　刷	北京新魏印刷厂	装　订	广增装订厂
版　　次	2011 年 6 月第 1 版	印　次	2011 年 6 月第 1 次印刷
开　　本	710×1000　1/16	插　页	2
印　　张	15	印　数	1—6000 册
字　　数	246 千字		
定　　价	36.00 元		

目　　录

前言…………………………………………………………………… 1

第一章　绪论…………………………………………………………… 1

　　第一节　研究背景及问题提出…………………………………… 1

　　第二节　研究的意义……………………………………………… 7

　　第三节　研究对象和关键概念界定……………………………… 9

　　第四节　本书的预期创新………………………………………… 10

　　第五节　研究方法、技术路线和结构安排……………………… 12

第二章　研究涉猎的文献综述………………………………………… 16

　　第一节　社会资本相关理论……………………………………… 16

　　第二节　公司创业理论…………………………………………… 33

　　第三节　社会资本、创业导向与创业绩效的关系……………… 49

　　第四节　基于社会资本理论视角的创业研究述评……………… 56

第三章　科技型中小企业社会资本对创业绩效的影响机制………… 59

　　第一节　科技型中小企业社会资本……………………………… 59

　　第二节　科技型中小企业的创业导向和创业资源……………… 65

　　第三节　科技型中小企业社会资本对创业绩效的影响分析…… 76

　　本章小结…………………………………………………………… 77

第四章　概念模型与研究假设………………………………………… 77

　　第一节　过去研究的进展与有待深入研究的问题……………… 78

第二节　本研究拟解决的问题 …………………………………… 80

第三节　本研究概念模型的提出 ………………………………… 85

第四节　研究假设的提出 ………………………………………… 95

第五节　研究假设总结 …………………………………………… 96

本章小结 …………………………………………………………… 97

第五章　变量定义、测量与小样本测试 ………………………… 97

第一节　问卷设计原则和过程 …………………………………… 99

第二节　变量定义与测量 ………………………………………… 113

第三节　小规模访谈 ……………………………………………… 114

第四节　小样本测试 ……………………………………………… 131

本章小结 …………………………………………………………… 132

第六章　大样本调查和假设检验 ………………………………… 132

第一节　样本数据的收集与描述 ………………………………… 136

第二节　样本数据的质量评估 …………………………………… 154

第三节　整体结构方程模型和假设检验 ………………………… 180

第四节　结果与讨论

本章小结 …………………………………………………………… 184

第七章　研究结论及展望 ………………………………………… 186

第一节　研究结论 ………………………………………………… 186

第二节　研究局限与未来研究方向 ……………………………… 192

附录　科技型中小企业社会资本、创业导向和创业绩效调查问卷 …… 194

参考文献 …………………………………………………………… 199

后记 ………………………………………………………………… 226

前　言

　　20 世纪 90 年代以来，全球经济迈入了以一体化、网络化和创新性等为主要内容的知识经济时代，社会结构和经济环境发生了根本的变化。巴克玛和曼尼克斯（Barkema and Mannix，2002）在《新时代管理挑战》一文中提出，从根本上来说，当今的管理理论与实践受到两大力量的驱动：经济全球化和信息化技术发展。经济全球化的推进和信息化技术的发展，为企业组织在更大范围和程度上的社会化、网络化提供了肥沃的土壤，也为新市场、新业务的开拓提供了大量机遇，同时也给企业经营带来了前所未有的风险性和复杂性，对企业的战略管理和持续创新提出了更高的要求。著名经济学家鲍里斯·莱文（Boris M. Levin，1998）曾对意大利南部地区企业的生产率做过考察，并将其与德国企业的情形作了对比，发现前者的生产效率和企业绩效明显高于后者，这一案例更引起我们对企业竞争优势来源及其生成机制的思索。

　　意大利南部工业区大约有 350 个瓷砖厂商，每个厂商的平均雇用人数不到 100 人，这些厂商结成网络，这一网络是由其中的 3 个厂商发起组织的。这 3 个厂商充当该网络的组织与协调者角色，他们犹如网络的服务者一样，在网络中传播信息，分配有关资源。他们各自均构筑自己的次级网络。作为协调者，他们具有长期经营的战略思想，并努力使网络朝着适应消费者需求的方向发展。由于网络中具有较强的学习效应，它使得网络中成员企业的生产效率和经营绩效得到了极大的提高。

　　德国的瓷砖工业有近千年的悠久历史，如今已发展成为高技术和多品种的规模企业近 600 家，其产量占整个欧洲的 1/3 和世界陶瓷产量的 1/4。在德国的韦斯特林山（Westerwald）地区，它还拥有一个陶瓷所用黏土的大矿井，意大利厂商也从这里获取原料。德国国内市场需求也并不比意大利小，它的年需求量在 1700 万平方米左右。近 15 年来，其陶瓷年产量基本稳定在 700 万平方米左右，上下波动不超过 15%，尽管近 6 年来做了重大的技术改造和标准化建设，但德国企业的生产效率始终比意大利的低至少 30%①。

开放市场中的企业是"无意识的合作海洋中的有意识的力量岛屿"。从上述两国厂商之间的生产效率和绩效表现差异可以发现，其根源恰恰在于企业间的社会网络以及建立在此基础之上的社会资本的不同。企业间的社会网络以及建立在此基础之上的社会资本不仅填补了这些岛屿之间的间隔，而且还转化并聚变为一种井喷式的内生性成长动力。意大利具有集中于同一区域的近 350 个小企业，它们与大企业结成网络，这些大企业只占 5% 的全国产量，而德国瓷砖工业却是以一些大企业作为主导。这些大企业的产量能达到总产量的 30% 左右，德国企业的大部分设备和技术创新几乎都来自意大利。德国一个中等规模的瓷砖企业的经理也认为："……我们之间真正的差别在于，意大利的企业网络具有市场适应能力，而且有利于协作和创新。他们在任何时候都可以把某一区域的小企业整合起来……不断地创造新的设计与装饰技术，而这些都是我们其后通过市场广告才见到的。"

关于企业绩效和竞争优势的研究，长期存在着以下两种理论解释范式②：一种理论解释范式是以迈克尔·E. 波特（1985）为代表的产业组织理论，他将研究视野放在企业所处的产业之中，即企业的外部环境，强调的是企业外部环境对企业绩效和竞争优势的重要性。波特认为，一个企业的竞争优势不是由其内部的资源决定，而是来源于企业之外，即来源于企业所处的产业；另一种理论解释范式是以彭罗斯（Penrose，1959）、巴尼（Barney，1991）和彼特拉夫（Peteraf，1993）等人为代表的资源基础

---

① 转引自李维安《网络组织：组织发展新趋势》，经济科学出版社 2003 年版，第 471 页。

② "范式"（Paradigm）一词是美国杰出的科学哲学家托马斯·库恩在其经典著作《科学革命的结构》中提出的新概念。然而，对于范式的确切含义，库恩在该书中并没有能够清晰地解释；相反，他在全书多处以不同的意义来使用"范式"这一概念，使得这一概念的含义十分模糊。英国学者玛格丽特·马奇多曼就库恩的"范式"进行专题研究后指出："我们把范式定义（从社会学观点看）为……范式就是一个思维的构造，一个解释构架，一个人造物，一个体系，一个依靠本身成功示范的工具……"参见玛格丽特·马奇多曼《范式的本质》，载伊姆雷·拉卡托等《批判与知识的增长》，华夏出版社 1987 年版，第 88 页。

理论，其研究视野则局限于企业的内部环境，强调的是单个企业所拥有和控制的资源及能力，即企业绩效和竞争优势取决于企业内部拥有的异质的、难以模仿的、不可替代和复制的特殊资源。

但以上两种解释范式都不约而同地遇到了理论困境。产业组织理论有两个致命问题：一是仍然将企业作为"黑箱"，即行业内企业是同质的，企业战略选择取决于企业外部因素，而非企业自身内部。二是该理论既然以产业结构分析作为研究出发点，那么行业竞争状况就成为影响企业间绩效差异的关键因素。然而鲁梅尔特（Rumelt，1982）通过对1974—1977年间数据资料的分析表明，行业内企业绩效的差异远比行业间企业绩效的差异大得多。同时，资源基础理论也遭遇到了"核心能力陷阱"问题的困境，即企业建立专业化资源的同时也建立了核心刚性，企业运用这些资源提高自身效率的同时也牺牲了灵活性（Teece，2007）。导致产业组织理论和资源基础理论困境的重要缘由就是战略原子主义视角的限制，即以上两种理论都把企业看成是一个自治的实体，假定它们在完全自由与竞争性的市场环境中活动。正如有生物学家这样描述自然界中物种间的竞争："每天早上，一只非洲瞪羚醒来，便知道自己必须跑得比最快的狮子快，不然就一定送命。每天早上，一只狮子醒来，便知道自己必须比最慢的瞪羚快，否则就会饿死。无论你是狮子或是瞪羚，太阳一出来，你最好就飞奔！"① 这一场面是主流经济理论所描绘的竞争写照，但忽略了竞争中合作的一面。或者说，持以上理论观点的学者忽略了这样一个重要的事实：企业彼此之间存在着相互联系和相互影响，企业经营绩效和竞争优势与它所嵌入的关系网络密切相关（Woolcock，1998；Lewis and Chamlee - Wright，2008）。企业与外部组织之间不同形式的各种联系确实能为企业带来可观的关系性租金和竞争优势（Dyer，1996）。

近年来，我国政府非常关心和扶持科技型中小企业的发展，大力实施育苗工程，帮助中小企业渡过创新发展的"死亡之谷"。目前，我国涌现出越来越多具有自主创新能力的高成长性科技型中小企业，它们是中小企业中最具创新活力和潜力的群体，是创业型企业的重要力量（丁学东，

---

① 汪涛：《竞争的演进：从对抗的竞争到合作的竞争》，武汉大学出版社2002年版，第6页。

2009）。科技型中小企业利用自身反应快速、灵活多变、竞争意识强的优势，在国家创新体系中发挥着日益重要的作用。它们大多掌握着某产业领域的核心技术，或者创造出全新的商业模式，或者紧盯产业价值链的某个环节、某个细分市场，成为行业中的"小巨人"。目前，我国专利的65%由科技型中小企业发明，75%以上的技术创新由科技型中小企业完成，80%以上的新产品由科技型中小企业开发（张化本，2008）。这些科技型中小企业在中国经济发展的大环境中快速生长，很多企业年增长速度超越了100%，甚至达到数十倍、百倍以上的增长，正在成为推动我国经济加速发展并走向世界的重要力量。从某种意义上说，高成长性的科技型中小企业寄托着中国未来经济社会发展的希望（潘锡辉和魏谷，2007）。

但是，我们也必须看到，对于渡过了初创期"死亡之谷"的科技型中小企业幸存者而言，在实现可持续发展道路上仍然还面临着很多制约因素和成长"瓶颈"，在竞争日益激烈的环境中，我国的科技型中小企业还有很多的短板需要去突破和超越，比如，科技型中小企业"网络脱生"的能力还很弱；社会资本的意识还很淡薄，并且利用社会资本获取信息、技术、新知识、资金和市场等要素方面的能力较低；在研究开发经费上的投入比例过少，产品技术创新能力有待加强；缺乏专门的信息收集和分析渠道；新业务开拓能力不够，业务较单一，抗风险能力相对较差，等等。

本书根据科技型中小企业与外部组织之间的研究情境，对社会资本的各维度进行了提炼，构建了一个适合于分析科技型中小企业社会资本对创业导向和创业绩效产生影响的理论模型。该研究框架由自变量（社会资本的各维度）、中介变量（创业导向的各维度）、因变量（创业绩效）和控制变量（企业性质、企业规模、企业年限、行业属性和区域属性）四类变量和相应的路径关系组成。本书将科技型中小企业社会资本提炼为三个维度，分别是企业与外部组织间的社会性互动、企业与外部组织间的关系质量以及企业与外部组织间的认知。其中，社会性互动包括互动范围、互动强度和互动对象异质性三个子维度；关系质量包括企业与外部组织间的信任、规范和承诺三个子维度；认知包括企业与外部组织间共享的语言和代码以及共同愿景二个子维度。

本书的经验分析主要分为两个阶段：第一阶段是探索性分析，通过效度及信度分析来筛选量表问项并形成最终问卷；第二阶段是验证性分析，主要是利用结构方程建模技术对概念模型和相关假设进行分析验证。通过对 196 份有效问卷的数据分析，本书得出的主要研究结论如下：

（1）剖析了科技型中小企业社会资本的内涵及其对创业绩效的影响机理。企业社会资本是社会资本理论在企业层面的应用，在众多的衡量指标中，在没有既定标准的情况下，科技型中小企业社会资本怎样衡量才是合适的，其对创业绩效又是否以及怎样产生影响。笔者在规范分析和实地调研的基础上，提炼了科技型中小企业社会资本的变量指标，并通过探索性因子分析、验证性因子分析等方法和步骤，确定了科技型中小企业社会资本三个维度的划分以及各维度的二阶因子组成，具有较高的信度与效度。并在上述分析的基础上，通过结构方程建模技术分析得到科技型中小企业社会资本的社会性互动维度、关系质量维度、认知维度与创业绩效关系系数分别为 0.298 （P = 0.035）、0.363 （P = 0.009） 和 0.298 （P = 0.028），研究证实了科技型中小企业社会资本是提升创业绩效的重要资源。

（2）界定并验证了科技型中小企业创业导向可由组织战略更新、新业务开拓以及产品和技术创新三个维度构成，分析讨论了科技型中小企业社会资本对创业导向的可能影响。这些影响在于：第一，科技型中小企业社会资本的社会性互动维度主要通过影响网络成员间的联接状况来影响创业导向的建立和提升，即创业导向的建立和提升取决于其所需资源的获得渠道是否存在，渠道数量是否足够，网络成员联接是否紧密，以及网络成员的异质性等。第二，科技型中小企业社会资本的关系质量维度影响创业导向的建立和提升的几个方面，包括网络成员共同遵守的承诺，是否具有足够的信任以接近有价值的知识、信息和技术，以及通过资源转移创造价值的规范和期望。第三，科技型中小企业社会资本的认知维度为网络成员一致的行为和目标提供了共享的认知水平，网络成员较高程度的共享语言和代码，将有利于建立共享的认知模式；共同愿景将把网络成员行为导向网络共同利益最大化，从而获得长远发展。基本结论是：当科技型中小企业具备较高水平的社会资本时，将有利于其从外部获取、共享和转移网络成员的知识、信息、技术等资源，从而提升其创业导向的水平。

（3）构建并验证了科技型中小企业社会资本通过创业导向的三个维度，即组织战略更新、新业务开拓以及产品和技术创新影响创业绩效的部分中介模型。首先，本书通过结构方程建模技术对判定中介作用的四个条件进行分析：一是组织战略更新、新业务开拓以及产品和技术创新对社会性互动、关系质量以及认知的回归，回归系数达到显著性水平。二是创业绩效对科技型中小企业社会资本的三个维度进行回归，回归系数达到显著性水平。三是创业绩效对创业导向的三个维度进行回归，回归系数达到显著性水平。四是创业绩效同时对企业社会资本和创业导向的回归，其中，创业绩效对组织战略更新、新业务开拓以及产品和技术创新的回归系数达到显著性水平，创业绩效对社会性互动、关系质量以及认知的回归系数减少，不过仍达到显著性水平，即组织战略更新、新业务开拓以及产品和技术创新三个中介维度的出现将企业社会资本对创业绩效的影响消化了一部分。也就是说，科技型中小企业社会资本的社会性互动维度、关系质量维度和认知维度对创业绩效具有直接影响，并且通过创业导向的三个维度即组织战略更新、新业务开拓以及产品和技术创新进一步间接实现影响。其次，本书采用结构方程建模技术，对完全中介模型和部分中介模型的拟合度进行了比较，进一步完善了最佳匹配的部分中介模型。修改后的部分中介模型 3 的拟合优度最好，χ^2/df 为 2.296，RMSEA 值为 0.029，GFI、AGFI、NFI、IFI 和 CFI 的指标值分别为 0.939、0.931、0.932、0.970 和 0.963，均优于指标建议值，说明模型拟合程度较好。完全中介模型 1 和部分中介模型 2 的拟合指标基本符合要求，但拟合值均低于模型 3，其中完全中介模型中的 NFI、IFI 指标值均在 0.9 以下。上述结果表明，模型 3 为最佳匹配模型，即优化后的部分中介模型为优。综合上述研究结果，说明科技型中小企业社会资本的社会性互动维度、关系质量维度和认知维度通过创业导向的中介传导作用间接影响创业绩效，并对创业导向具有直接影响，部分中介作用模型符合理论原理，从而明确了本书的理论架构和变量间的因果联系。

（4）对控制变量的影响进行了分析。从检验结果来看，企业性质、行业属性和区域属性三个控制变量对中介变量和因变量都没有显著性影响。而企业规模和企业年限两个控制变量对中介变量和因变量都有显著性影响。其中，企业规模对于新业务开拓和产品技术创新的影响没有显著差异，对于组织战略更新和创业绩效的影响均具有显著差异；企业年限对于组织战略更新和新业务开拓的影响没有显著差异，对于产品技术创新和创业绩效的影响均具有显著差异。

　　本书是笔者主持的教育部人文社会科学规划课题《我国科技型中小企业创业绩效的影响因素研究》（项目编号：07JA630086）和广州市社会科学规划课题《科技型中小企业社会资本对创业导向的影响研究——以广州市主要创业园区企业为例》（项目编号：10Y53）的阶段性成果。本书中有很多内容是在中国文化背景下结合我国科技型中小企业与外部组织间的特定情境进行的探索性研究，其中包括社会资本维度的提炼和实证、创业导向维度的界定和验证，以及创业导向对社会资本各维度与创业绩效关系中介作用的推理和实证等。希望本书能够为该领域相关研究的不断深化提供有益的帮助，对我国科技型中小企业如何提升创业绩效具有一定的参考价值。

第一章　绪论

第一节　研究背景及问题提出

一　现实背景

20世纪90年代以来，以通信网络为特征的信息技术革命使全球经济迈入了以一体化、网络化和创新性等为主要内容的知识经济时代，社会结构和经济环境发生了根本的变化。巴克玛和曼尼克斯（Barkema and Mannix，2002）在《新时代管理挑战》一文中提出，从根本上来说，当今的管理理论与实践受到两大力量的驱动：经济全球化和信息化技术发展。经济全球化的推进和信息化技术的发展，为企业组织在更大范围和程度上的社会化、网络化提供了肥沃的土壤，为新市场、新业务的开拓提供了大量机遇，同时也给企业经营带来了前所未有的风险性和复杂性，对企业的战略管理和持续创新提出了更高的要求。当今的企业与其外部环境之间的边界变得越来越模糊，任何企业内部以提升组织绩效为目的的活动和战略更新，都会受到来自外部环境以及所处网络的影响和制约。70年前，熊彼特主义者强调，企业家是敢冒风险的开拓者；而当今时代，学者们在对830家企业的调查研究中发现，企业家首先是一个社会网络的"掘金人"，并强调了企业从社会网络中脱生的重要作用（边燕杰，2006）。

近年来，我国政府非常关心和扶持科技型中小企业的发展，大力实施育苗工程，帮助中小企业渡过创新发展的"死亡之谷"。目前，我国涌现出越来越多具有自主创新能力的高成长性科技型中小企业，它们是中小企业中最具创新活力和潜力的群体，是创业型企业的重要力量（丁学东，2009）。科技型中小企业利用自身反应快速、灵活多变、竞争意识强的优势，在国家创新体系中发挥着日益重要的作用。它们大多掌握着某产业领域的核心技术，或者创造出全新的商业模式，或者紧盯产业价值链的某个环节、某个细分市场，成为行业中的"小巨人"。目前，我国专利的65%由科技型中小企业发明，75%以上的技术创新由科技型中小企业完成，80%以上的新产品由科技型中小企业开发（张化本，2008）。这些科技型中小企业在中国经济发展的大环境中快速生长，很多企业年增长速度超越了100%，甚至达到数十倍、百倍以上的增长，正在成为推动我国经济加速发展并走向世界的重要力量。从某种意义上说，高成长性科技型中小企业寄托着中国未来经济社会发展的希望（潘锡辉和魏谷，2007）。

但是，我们也必须看到，对于渡过了初创期"死亡之谷"的科技型中小企业幸存者而言，在实现可持续发展道路上仍然还面临着很多制约因素和成长瓶颈，在竞争日益激烈的环境中，我国的科技型中小企业还有很多的短板需要去突破和超越，比如，科技型中小企业"网络脱生"的能力还很弱；社会资本的意识还很淡薄，并且利用社会资本获取信息、技术、新知识、资金和市场等要素方面的能力较低；在研究开发经费上的投入比例过少，产品技术创新能力有待加强；缺乏专门的信息收集和分析渠道；新业务开拓能力不够，业务较单一，抗风险能力相对较差，等等。

科技型中小企业如何摆脱这一困境已经成为学术界和实践领域关注的焦点。尤其是我国的中小企业在数量上已经占绝大多数，由于政策上的瓶颈以及自身实力的限制，中小企业可供利用和开发的资源较少，它们能否健康发展取决于它们是否善于从外部获取发展所需的战略性资源，这也成为现实环境中评价一个企业生存发展能力的重要标准（张方华，2004）。我国的科技型中小企业不应该被动地反映中国经济社会变迁的大环境，而是要与环境进行良性互动（谭劲松，2007）。正如奥文和维德拉斯（Owen and Videras，2009）的观念，那些创业取得成功的企业，通常都注重并善于有效地整合企业内、外部资源。对于正处于创业期的中小企业而言，要学会通过搭建社会资本的方式来获取和利用外部资源，并在此基础上不断地提高自身的竞争优势（Owen and Videras，2009）。

任何经济组织或个人都悬浮或镶嵌于由多重社会关系交织而成的复杂、重叠和交叉的社会网络之中，而社会资本则建立在社会网络的基础之上。没有社会网络作为基础，社会资本就成为"无本之木，无源之水"

（孙凯，2008）。社会网络是社会资本的载体，社会资本是社会网络的深层次内涵。我国科技型中小企业在社会资本和社会网络的积累和搭建方面的不足，以及我国特定的创业环境与竞争态势构成了本书重要的现实背景。

二　理论背景

（一）公司创业理论的研究日益受到关注

在过去二十多年里，公司创业理论的研究引起了学术界的高度关注。自从米勒（Miller，1982）首次把创业研究焦点从企业家个体层面转移到公司层面之后，包括：*Academy of Management Review*（*AMR*）、*Academy of Management Journal*（*AMJ*）、*Strategic Management Journal*（*SMJ*）、*Administrative Science Quarterly*（*ASQ*）、*Management Science*（*MS*）等在内的国际一流学术期刊上就频繁地出现专门研究公司创业的文献。*Journal of Business Venturing* 和 *Entrepreneurship*：*Theory & Practice* 等专业期刊更是成为公司创业研究的重要平台（姜彦福、沈正宁和叶瑛，2006）。1990 年，*Strategic Management Journal*（*SM*）杂志发表了关于公司创业的专刊，这标志着公司创业正式成为战略管理研究中一个新兴的分支。正如古思和金斯伯格（Guth and Ginsberg，1990）所指出的，政策分析家和商业领导者已经认识到了对已建立企业注入活力的重要性，学者们也开始关注到已建公司的组织变革和战略更新，大家都呼吁应将更多的注意力转向已建公司的创业活动上（Guth and Ginsberg，1990）。

从宏观经济层面看，创业尤其是公司层面的创业，被认为是推动一个国家和地区经济增长的重要引擎；从微观经济层面看，公司创业行为被视为获取竞争优势、提升组织绩效的关键途径（Veciana and Urbano，2009）。公司创业在组织发展与经济增长方面扮演着重要角色，公司创业活动是高绩效企业的一个重要特征（Covin and Slevin，1991）。兰斯特龙和拉夫伦（Landstrom and Laveren，2009）认为，公司创业行为是一种媒介，通过它可以影响公司的竞争环境和竞争地位。公司创业行为也是一种手段，通过它公司可以开发别人未曾注意到的商业机会。创业行为对于那些在产业环境、市场结构、客户需求和技术变革等方面变化快速的公司而言尤为重要。目前，国内学者对于创业现象的研究，主要集中在个体创业层面和新创企业层面，对已建公司的创业研究相对较少，并且有关公司创业的研究也仅限于概念上的发展或者公司创业与企业绩效二元变量关系的探讨上，相关的更为深入的实证研究还很不够，这为本书的研究提供了机会。

（二）社会资本理论为公司创业研究提供了新的视角

关于企业绩效和竞争优势的研究，长期以来，都存在着以下两种理论范式：一种理论范式是以迈克尔·波特（1997）为代表的产业结构理论，他将研究视野放在企业所处的产业之中，即企业的外部环境，强调企业外部环境对企业绩效和竞争优势的重要性。迈克尔·波特（2002）认为，一个企业的竞争优势不是由其内部的资源决定，而是来源于企业之外，即来源于企业所处的产业；另一种理论范式是以彭罗斯（Penrose，1959）、巴尼（Barney，1991）和彼得拉夫（Peteraf，1993）等人为代表的资源基础理论，其研究视野则局限于企业的内部环境，强调单个企业所拥有和控制的资源与能力，即企业绩效和竞争优势取决于企业内部拥有的异质的、难以模仿的、不可替代和复制的特殊资源。

但是，以上两种范式都不约而同地遇到了理论困境。产业结构理论有两个致命的问题：一是仍然将企业作为"黑箱"，即行业内企业是同质的，企业战略选择取决于企业外部因素，而非企业自身内部；二是该理论既然以产业结构分析作为研究出发点，那么行业竞争状况就成为影响企业间绩效差异的关键因素。然而鲁梅尔特（Rumelt，1982）通过对1974—1977年间数据资料的分析表明，行业内企业绩效的差异远比行业间企业绩效的差异大得多。同时，资源基础理论也遭遇到了"核心能力陷阱"问题的困境，即企业在建立专业化资源的同时也建立了核心刚性，企业在运用这些资源提高自身效率的同时也牺牲了灵活性（Teece，2007）。导致产业结构理论和资源基础理论困境的重要原因就是战略原子主义视角的限制，即以上两种理论都把企业看成一个自治的实体，假定它们在完全自由与竞争性的市场环境中活动。持以上理论观点的学者忽略了这样一个重要的事实：企业彼此之间存在着相互联系和相互影响，企业经营绩效和竞争优势与它所嵌入的关系网络密切相关（Woolcock，1998）。

很多学者都提出企业社会网络在促进创业活动中扮演着重要角色（Christian and Eli，2009；Papagiannidis，2009），并且有相当多的实证研究表明，社会资本和关系网络的构建有助于增进组织绩效，提升企业的竞争优势（Lee and Pennings，1999；Lewis and Chamlee - Wright，2008）。也有学者认为，企业社会资本与研发创新绩效之间的关系不明确（Hansen, Podolny and Pfeffer, 2001；张其仔，2002）。过去的创业研究大多针对企业家个体层面的创业或者新创企业的初创行为，较少涉及已建立企业的创业，并且对已建立企业的创业研究又较少从社会资本和网络嵌入的视角考虑（Antoncic and Hisrich, 2004），而这恰恰为本书提供了研究动机和出发点。本书将以已渡过初创期的科技型中小企业为考察对象，分析其社会资本、创业导向和创业绩效之间的影响关系及其作用机理。

综上所述，从现实背景的分析中可以看出，科技型中小企业持续健康的发展及其对我国经济社会的重要影响为本书的研究提供了必要性，而不同的科技型中小企业由于所拥有社会资本的差异，进而导致的绩效差异为本书的研究提供了充分性；从理论背景上看，公司创业和科技型中小企业的研究都受到学术界的重视，而社会资本理论又为公司创业的研究提供了一种新的视角。因此，本书认为，以已渡过初创期的科技型中小企业为考察对象，探讨其社会资本、创业导向和创业绩效之间的影响关系及其作用机理是非常必要的。

三 问题的提出

竞争优势和企业绩效不仅取决于企业内部自身所拥有的资源和能力，而且还取决于企业嵌入在各种社会关系网络中的难以被竞争对手模仿的各种资源与能力（Dyer and Singh, 1998）。所有企业都处于关系嵌入和结构嵌入之中（Gulati, Nohria and Zaheer, 2000）。企业与外部组织之间不同形式的各种联系确实能够为企业带来可观的关系性租金和竞争优势（Dyer, 1996），这使得企业与外部组织间关系的建立、维系和发展日益重要起来。企业的社会网络关系成为企业竞争优势差异的真正原因（Koka and Prescott, 2002；Adler and Kwon, 2002；Pablos, 2005；Lewis and Chamlee - Wright, 2008）。因此，越来越多的创业企业已经认识到，在网络竞争环境下，创业企业要想实现良好的创业绩效，就必须同外部各种组织进行合作，通过搭建并利用各种网络关系来获取发展机会，以实现优势互补、信息和资源共享以及风险共担。实践证明，科技型企业与其他企业或组织（科技中介、科研机构、供应商、客户、政府、金融机构和风险投资机构等）所形成的复杂、动态的社会关系网络已经成为企业健康成长的关键因素（林健等，2003）。由此，社会资本——这个源于社会学而后又在经济学中获得青睐并得到充实的理论，日益凸显其重要性，并进而迈入战略管理研究领域，用来探讨和解释跨学科的复杂问题。

过去的十几年中，公司创业已经成为战略管理、创业研究和企业成长领域的研究热点，并且取得了丰硕的理论成果。但公司创业的研究也遇到了发展上的瓶颈，一些学者建议公司创业研究应该结合社会网络或社会资本理论（Dess et al.，2003；Hoang and Antoncic，2003）。费里、迪金斯和惠塔姆（Ferri，Deakins and Whittam，2009）在回顾过去社会资本理论视角的创业研究时，发现无论是在创业学、社会学或是战略管理期刊上的相关文献并不多，而且以往大部分的研究都是基于企业家个人的社会资本视角。对于已渡过初创期的公司的创业研究，科技型中小企业的社会资本和创业导向问题是一个新出现的课题，相关的实证研究和深入的理论探讨都还比较缺乏。

在借鉴前人研究的基础上，本书把公司创业理论与企业社会资本理论结合起来，探讨企业社会资本对科技型中小企业创业导向和创业绩效的影响机制。通过本书研究，旨在明晰科技型中小企业社会资本和创业导向的概念及其内容结构、科技型中小企业创业导向与创业绩效的关系、科技型中小企业社会资本对创业导向的影响，以及科技型中小企业社会资本对创业绩效的作用过程，从而进一步丰富企业社会资本理论及创业相关理论的研究内容和研究视角，为科技型中小企业的创业实践提供理论支撑。

根据上述研究目的，本书主要探讨的问题包括：

（1）企业社会资本和创业导向有怎样的内容结构？科技型中小企业的社会资本和创业导向又有怎样的内容结构？科技型中小企业社会资本有什么样的功效表现？

（2）科技型中小企业社会资本对其创业导向有何影响？科技型中小企业社会资本对其创业导向的子维度有何影响？科技型中小企业社会资本的不同子维度对其创业导向的影响程度相同吗？

（3）科技型中小企业的创业导向对其创业绩效有何影响？科技型中小企业创业导向的子维度对其创业绩效的影响又如何？

（4）科技型中小企业社会资本对其创业绩效有直接影响作用吗？科技型中小企业社会资本是否通过公司创业导向的中介传导作用而间接地影响创业绩效？

第二节　研究的意义

一　理论意义

本书将从理论上尝试进行以下三个方面的探索：

（一）检验并提高理论的普适性

以往企业社会资本或社会网络视角的创业研究大多集中于欧美等发达国家和地区，其研究方法、研究结论在发展中国家的适用性成为一个现实问题（Kristiansen，2004；张玉利，2007）。在中国这一"社会关系"色彩浓厚而又处于社会转型期的创业环境中，通过对我国科技型中小企业的创业行为及其绩效进行研究，可以检验那些在西方国家被验证过的相关理论：一方面看看西方国家中社会资本视角的创业研究方法和结论是否适用于中国情境；另一方面也为该视角的创业研究提供更多的证据，提高理论的普适性。

（二）丰富和完善企业社会资本理论

社会资本具有很宽泛的概念框架，蕴涵着不同的分析层面和研究视角。目前，国内学者对企业社会资本的研究大多从企业家（经营者）个体层面展开，对企业层面的分析较少，并且企业层面的研究视角也不尽相同。如果以个体层面的社会资本作为讨论对象，分析其对企业整体层面的影响，将低层次嵌入的个体社会资本与高层次嵌入的组织绩效联系起来，这种研究逻辑可能会犯所谓的"还原谬误"，即"以微观（个人）层次的考察来推断企业这一相对较为宏观层次的行为及其结果的研究方式"（王凤彬和李奇会，2007）。况且随着现代企业制度的建立和不断完善，企业家个人的光环将逐渐消失，企业层面社会资本的搭建和积累将对组织绩效产生越来越重要的影响。因此，本书拟从企业层面、从企业外部联系的视角对社会资本进行研究，无疑将丰富和完善企业社会资本理论。

（三）企业社会资本通过创业导向的中介传导间接影响创业绩效的机理探求，拓展了企业社会资本作用模式的研究，更丰富了古思和金斯伯格（Guth and Ginsberg，1990）以及科文和斯利文（Covin and Slevin，1991）提出的创业导向概念模型的内涵

很多学者实证检验了企业社会资本对技术创新的影响（Presutti, Boari and Fratocchi, 2007）。但对企业社会资本通过创业导向的中介作用间接影响创业绩效的经验研究几乎没有。本书开创性地将创业导向作为企业社会资本与创业绩效的中介变量，构建并实证检验"企业社会资本—创业导向—创业绩效"的结构模型，拓展了企业社会资本作用模式的研究。同时，针对近年来创业导向的研究焦点已经从是否采用创业导向战略转到了公司创业导向战略的影响机制方面，本书把科技型中小企业社会资本作为创业导向的前因变量进行研究，系统深入地探讨了企业社会资本对创业导向的促进作用，丰富和发展了西方学者所提出的创业导向概念模型的内涵。

二　实践意义

本书将在以下三个方面对企业实践发挥指导作用：

1. 我国是一个创业活动比较活跃的国家，但同时又是一个创业失败率较高的国家。这种高失败率一方面是因为创业企业资源的匮乏，另一方面也是由于我国处于"非良好状态"的创业环境（高健和姜彦福等，2006）。企业社会资本作为突破环境限制获取创业资源的通道之一，是企业创造不可模仿的重要来源（Fuller – Love, 2009）。通过对我国科技型中小企业社会资本的测量及其作用机制的探讨，企业可以据此评价与测量其社会资本的高低，帮助企业找准影响企业社会资本的关键点和突破口，同时可以清晰地了解企业外部关系网络中哪些因素对创业导向和创业绩效产生影响以及影响的大小和路径，这对我国科技型中小企业高效搭建和积累社会资本，从而提升其创业绩效具有很强的指导意义。

2. 通过对创业导向的内容结构及其测量的探讨，为我国科技型中小企业采取创业导向战略模式提供有意义的实践指导。我国科技型中小企业实现可持续发展的明智选择是采取创业导向战略模式：积极学会并善于去适应市场，不断开拓新业务和提供新服务；紧紧围绕顾客进行产品技术创新，培育超前和先动的意识；学会改变自己，适时地对组织战略进行更新，以适应环境和竞争态势变化的需要。唯有如此，我国的科技型中小企业才能顺利化解金融危机带来的不利影响，才能适应当前中国社会经济转型时期的复杂动荡环境。

3. 通过构建企业社会资本—创业导向—创业绩效的协同作用模式，

为我国科技型中小企业积极获取和有效整合外部创业资源，提高自身的创业导向水平，走内、外源结合的发展道路提供了一种思路。在当今竞争日益激烈的市场环境中，低水平的企业社会资本或者创业导向都无法支持科技型中小企业做强、做大、做长。企业社会资本与创业导向的协同整合意味着企业对外界环境将具有更敏锐的认识与反应能力，意味着企业能够更好地实施变革与创新策略，也意味着企业可以持续地从社会资本中获益并保持持续的创业精神。研究科技型中小企业社会资本与创业导向对创业绩效的协同整合影响，对科技型中小企业如何加强社会资本与创业导向的有效结合提供了实践上的指导。

第三节　研究对象和关键概念界定

一　研究对象

本书的研究对象是科技型中小企业社会资本影响其创业绩效的机制，属于企业层面的研究。在评价和分析企业社会资本、创业导向和创业绩效的基础上，运用数理统计方法和结构方程模型方法，分析科技型中小企业社会资本、创业导向和创业绩效三大主体变量之间的关系。

二　关键概念界定

1. 企业社会资本：本书把企业社会资本界定为企业建立在信任和规范基础上的外部关系网络的结构、范围和质量，以及镶嵌在其中的一切可动员的外部资源。这些外部关系网络包括企业与客户、供应商的联系，与联盟企业、竞争对手及其他企业的联系，与科研机构、高校及科技中介的联系，以及与政府部门、金融机构、行业协会和风险投资机构的联系。

2. 公司创业：本书把公司创业界定为在已建立企业内部，为了促进组织成长和提高组织绩效，以群体力量追求共同愿景而进行的产品技术创新、新业务开拓和组织战略更新活动，这些活动表现出了创新性、先动性、竞争性和冒险性特征。按照全球创业观察（Global Entrepreneurship Monitor，GEM）报告的标准，已建立企业是指渡过了初创期 42 个月以后的企业，否则称为新创企业（张玉利，2007）。

3. 创业导向：本书把创业导向界定为由组织战略更新、新业务开拓和产品技术创新三个维度构成的一种创业姿态和精神（Guth and Ginsberg，1990）。是测量"公司创业度"的重要概念和代理变量。

创业导向具有三重意义：一是可以促进公司创业行为的发生和效率的提高；二是能反映企业适应外部环境并从事创业活动的承诺、能力和愿望；三是强调企业要不断加强内、外部资源的整合以求不断地创新。

4. 创业绩效：本书所指的创业绩效界定为已建立企业的经营效果和成长效果。本书采用创业绩效相对指标的主观评价方法，分别从财务指标和战略指标入手予以综合衡量。

第四节　本书的预期创新

从科技型中小企业社会资本的角度研究公司创业行为，是一种全新的视野，这方面的话题已经引起国内外学者的极大兴趣。在梳理和继承现有研究成果的基础上，本书预期在以下四个方面具有一定的创新性：

1. 开创性地将衡量公司创业度的创业导向变量引入资源基础观的研究逻辑中，构建并验证科技型中小企业"社会资本—创业导向—创业绩效"的分析模型。基于以往学者分别针对社会资本—组织绩效、创业导向—组织绩效双变量关系研究的局限性，本书以我国科技型中小企业创业为考察背景，提出了"社会资本—创业导向—创业绩效"的协同作用模式，将"社会资本—创业导向—创业绩效"三组变量进行整合研究，以企业社会资本为外生潜变量，创业导向与创业绩效为内生潜变量，同时创业导向也是中介变量，利用结构方程模型探讨三组变量之间以及其子维度之间的作用关系，形成了较为全面系统的科技型中小企业"社会资本—创业导向—创业绩效"的研究体系，是对企业社会资本理论研究和公司创业理论研究的补充和完善。

2. 把科技型中小企业社会资本作为创业导向的前因变量进行研究，丰富和发展古思和金斯伯格（1990）以及科文和斯利文（1991）提出的创业导向概念模型。在创业导向概念模型中，很多学者已经提及但目前还没有进行系统整合研究的一些因素，比如，科文和金斯伯格（1990）模型中的"价值观"、"信仰"、"社会性";科文和斯利文(1991)模型中的"组织资源和能力";扎拉(Zahra,1993)修正模型中提及的外部环境中存在着的"创新机会的丰富性"以及阿诺诺和法约勒(Aloulou and Fayolle,2005)模型中提及的"机会方法"和"资源方法"等,这些因素其实都和企业社会资本这个概念有关。企业社会资本恰恰是一个横跨企业外部环境和内部因素的概念,它既属于企业的一种资源,同时它又来源于企业外部的社会网络联系。也就是说,如果我们从社会资本的角度去研究创业导向,不仅符合前人的研究逻辑和思路,而且可以把这些因素纳入一个整体概念中去进行系统的分析,可以说这既是继承了现有的研究成果,同时也是对前人研究的丰富和发展。

3. 基于企业层面并从企业外部联系的视角,构建科技型中小企业社会资本的测量模型,揭示科技型中小企业社会资本的内涵及其对创业绩效的作用机理,充实了社会资本的相关理论。企业社会资本测量方面的研究虽然取得了一些标志性成果,但至今尚没有一致性的结论。自从哈皮特和戈沙尔(Nahapiet and Ghoshal,1998)提出了社会资本的结构维度(structural dimension)、关系维度(relational dimension)和认知维度(cognitive dimension)以来,学者们关于社会资本的研究大多借鉴了这一划分方法。但是,关于各维度具体指标的确定却众说纷纭,关于企业外部联系视角的社会资本维度指标就更少有人涉猎。实际上,不同的指标体系有不同的适用性,用同一个指标体系无法衡量不同类型企业的不同层面以及不同视角的社会资本。本书将基于企业层面,从企业外部联系的视角提出科技型中小企业社会资本的维度结构及其测量模型,同时采用因子分析方法进行检验,并在此基础上实证分析科技型中小企业社会资本对创业绩效的作用模式,此方面的探讨对深刻把握科技型中小企业社会资本的内涵及其作用机理具有重要的实际价值,充实了社会资本的相关理论。

4. 界定科技型中小企业创业导向的维度结构,构建并验证创业导向的测量模型。西方学者对创业导向的维度结构划分有两种标准:一种是米勒和弗里森(Miller and Friesen,1982)的维度划分框架,即按照开创性特征划分创业导向;另一种是古思和金斯伯格(1990)的维度划分框架,即按照创业企业的特定行为来划分创业导向。本书根据西方学者针对公司创业所提出的创业导向维度结构和测量模型,结合我国科技型中小企业创业的特征，认为我国科技型中小企业创业导向包括产品技术创新、新业务开拓以及组织战略更新三个维度，并采用探索性因子分析和验证性因子分析来检验本书的研究构思。以我国科技型中小企业的创业为考察背景，对创业导向的维度结构和测量模型进行构建并验证，这方面的探讨对公司创业理论的深入研究具有重要意义。

第五节　研究方法、技术路线和结构安排

一　研究方法

本书采用理论研究与实证研究相结合的方法，遵循"文献阅读→访谈→理论框架构建→提出研究假设→问卷形成和样本调查→统计分析（证实或者证伪假设）→形成结论"的研究思路，具体内容如下：

（一）理论研究

本阶段主要包括两方面的内容：一是在确定研究问题的基础上，系统深入地查阅和梳理国内外与本书研究相关的文献资料，发现以往研究中理论方法和视角的不足，找准本书研究的切入口和拟解决的关键问题。二是结合本书的研究主题，在对相关文献进行综述的基础上，通过逻辑推理和理论演绎，构建相应的理论框架，并提出一系列待检验的研究假设。

（二）实证研究

首先，借鉴前人的研究成果并结合本书的研究情景，设计合适的调查问卷。为了确保研究变量测量的信度和效度，需要通过小规模访谈来提升研究量表的质量，通过小样本调查来分析和净化研究量表的测量条款（corrected – item total correlation，也就是 CITC 法），然后再进行探索性因子分析。

其次，利用大规模的调查数据对建构的理论模型进行检验。具体分析过程为：一是对大样本数据进行描述性统计分析，评估样本数据在数量上和质量上是否符合研究要求；二是进行验证性因子分析（CFA）、个别变项信度、建构信度、收敛效度和区分效度检验；三是通过结构方程模型（SEM），分析中介作用的四个判定条件，比较完全中介作用模型和部分中介作用模型的拟合程度，依据检验结果对理论模型进行调整，通过进一

步地验证来确定最佳匹配模型。

最后，对本书提出的研究假设进行检验。

二 技术路线

技术路线反映了本书的总体研究规划和思路，提供了一种为达到研究目的，科学合理地解决研究问题的可行路径和框架设计。在本书的总体构思和分析过程中，所遵循的技术路线如图 1.1 所示。

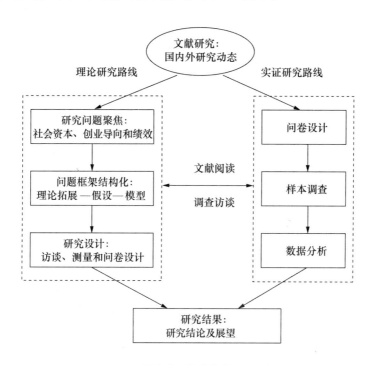

图 1.1 技术路线

三 研究结构与流程

本书的总体结构共安排为 7 章，各部分的主要内容如下：

第一章说明本书的研究背景和意义、研究对象和目的、研究方法和研究流程以及总体结构安排。

第二章在系统回顾社会资本理论和创业相关理论的基础上，对社会资本和创业导向关系研究、社会资本和创业绩效关系研究、创业导向和创业绩效关系研究进行梳理和分析，总结和发现以往文献中理论研究方法和视角的不足，从而形成本书的初步思路。

第三章界定科技型中小企业的范围及其社会资本的定义，对科技型中小企业创业导向的特征进行挖掘，归纳科技型中小企业创业所需的四大资源。同时，深入探讨科技型中小企业社会资本对创业绩效的影响机制，并从创业导向的视角剖析科技型中小企业社会资本对创业绩效的影响路径。

第四章根据文献探讨及相关的理论研究，构建企业社会资本、创业导向和创业绩效关系的理论模型，并提出企业社会资本和创业导向、企业社会资本和创业绩效、创业导向和创业绩效，以及企业社会资本、创业导向和创业绩效之间内在传导机制的一系列变量关系假设。

第五章首先对调查问卷的设计原则和步骤进行说明，并结合现有的研究基础，阐述各变量测量条款的产生过程；其次通过小规模访谈，保证测量条款的合理性；最后对调查问卷进行小样本预测，对初始测量条款进行CITC 净化和信度分析，并对研究变量进行探索性因子分析。

第六章首先介绍样本数据的收集渠道和方法，对样本数据进行统计描述。其次对研究涉及的三大主体变量进行验证性因子分析、个别变项信度、建构信度（整体信度）、聚合效度和区分效度检验。再次通过结构方程模型，分析判定中介作用的四个条件，比较完全中介模型和理论假设的部分中介模型的拟合程度，根据检验结果对理论模型进行完善和优化，确定最佳匹配模型，对本书提出的研究假设进行检验。最后对检验结果进行概括和分析。

第七章对本书整个研究进行归纳总结，分析本书存在的局限性和需改进之处，指出后续研究的方向和应该注意的问题。

全书的研究流程和总体结构安排如图1.2 所示。

研究流程　　　　　　　　　　　　　　对应章节和内容

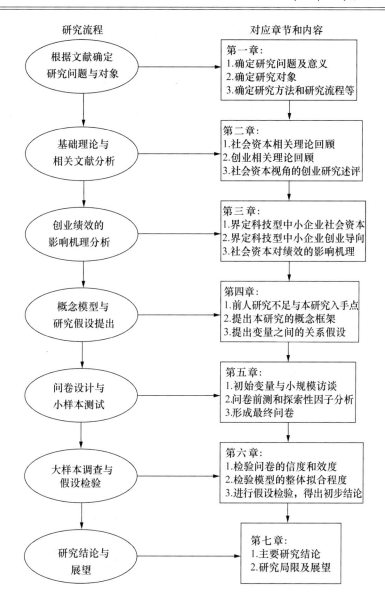

图 1.2　研究流程与结构安排

第二章　研究涉猎的文献综述

第一节　社会资本相关理论

一　社会资本的研究历史

"社会资本"的概念最初是由经济学的"资本"演变而来的。从严格的经济学角度看，资本是在以追求利润为目标的行动中被投资和动员的资源，它既是生产过程的结果，又是生产过程的要素。20世纪60年代，舒尔茨和贝克（Schultz and Becker）把"人力资本"（human capital）的概念引入经济学的分析框架当中，使"资本"的概念首次摆脱了具体的物质形态，向广义的、抽象的层次扩展。但从西方人力资本研究的现有成果看，经济学者们虽将关注点转移到了"人"身上，但这里的"人"还是比较笼统的"独立人"，而非处于社会关系中的人。人不仅是资源要素之一，而且也是运用资源的主体，人在运用资源要素的过程中，不仅是作为独立人出现的，更经常的是以社会群体出现的。因此，人力资本理论的缺陷就在于忽视了人在运用资源时的主体存在状态——社会关系，忽视了社会关系对经济的影响作用。因此，"社会资本"（social capital）概念的出现则弥补了人力资本理论的不足[①]，将经济学家惯于忽视的社会关系和社会结构纳入资本分析的范畴中，企图以此将社会资源对经济体系的意义描

----

① 20世纪20年代，学者哈尼丹（Hanifan）在研究社区的著作 *The Community Center* 中首次用"社会资本"一词，解释社区参与在当地教育成果形成过程中的作用，他认为社会资本是小区成员之间信任、合作、集体行动的基础，也是一种可促进个人于小区中发展人际关系网络的资源——转引自汪轶（2008）。

绘出来（朱国宏，2003）。可以说，社会资本概念的出现，正是"资本概念不断泛化"的结果（李惠斌和杨雪冬，2000）。

把社会资本引入社会学研究领域，首先出现在 20 世纪七八十年代的社会学界，其中最为著名的是法国社会学者皮埃尔·布迪厄（Pierre Bourdieu）关于社会资本的研究。1980 年，他在《社会科学研究杂志》上发表的短文《社会资本随笔》中，正式提出社会资本的概念，把资本划分为经济资本、文化资本和社会资本三种基本类型，认为社会资本是"实际的或潜在的资源的集合体，这些资源同大家共同熟悉或认可的制度化关系的持久网络的占有联系在一起。这一网络是大家共同熟悉和认可的，并且是一种体制化的关系网络"。随后，布迪厄（1985）将社会资本区分为两类基本要素：一类是社会关系本身，这个关系是让个人能够成为群体的成员；另一类是建立关系后所能获得的资源的质和量。在他的研究中，社会关系网络不是自然形成的，而是必须通过投入资源才能形成，并从集体性拥有资本的角度为每个成员提供支持。

自 20 世纪 70 年代起，社会学界的研究者开始关注社会资本的不同内容（Oxoby，2009）。格拉诺维特（Granovetter，1985）从个体关系网络能为其带来的资源出发，按照交往时间、熟悉程度、互惠服务以及情感密切性等指标将人们之间的关系分为弱关系和强关系两种类型。他的研究认为，强联系容易产生重复信息，因为强联系往往发生在社会特征较为相似的人群中，这些人之间由于来往较为密切，信息交流较为充分，信息的重叠性很高。相反，不经常和疏远的联系能够连接组织中其他分离的群体和个体，从而能够获得新颖的、有价值的信息。因此，弱联系是更为有益的社会资本。

美国芝加哥大学的巴特（Burt，1992）教授从结构观点探讨网络的结构化及其成员的联系情形，他认为社会资本不仅是交往者所拥有的资源，同时也是交往者的社会结构，据此他提出了著名的"结构洞"（structural hole）理论，将分析对象从网络中的资源转向网络中的结构及其分配结果。以三角网络为例，如果三人中两两建立起联系，这个系统被认为是闭合的。在一个闭合系统中，任何信息和资源都有可能以最短的路程直接流向网络中的任何一点上。巴特认为，在社会网络中并非所有的节点都是有联系的，如果切断三角系统中的任一方的联系，那些没有联系的节点就形成了"结构洞"。在巴特的观点中，个体占据网络的关键位置，将具有更多控制信息和接受信息的机会，从而获得更多社会资本。

美籍华裔社会学者林南（Lin，1999）对格拉诺维特的"弱关系"理论做了解释和发展。他提出三大理论假设：（1）弱关系强度假设：一个人的社会关系网络异质程度越大，通过弱关系摄取社会资源的几率越高。（2）地位强度假设：人们的社会地位越高，摄取社会资源的机会越多；（3）社会资源效应假设：人们的社会资源越丰富，工具性行动的结果越理想。在其随后出版的《社会资本：社会结构与行动的理论》一书中，林南（2001a）指出，真正有意义的不是弱关系本身，而是弱关系所连接的社会资源。具体来说，个人参加的社会团体越多，其社会资本越雄厚；个人的社会网络规模越大、异质性越强，其社会资本越丰富；个人从社会网络摄取的资源越多，其社会资本越多。

此外，经济学界和管理学界也逐渐介入到社会资本问题的研究中来。在经济学界，美国学者詹姆斯·科尔曼（James Coleman，1988）发表了《作为人力资本发展条件的社会资本》一文，明确使用了社会资本这一概念。科尔曼（1990）进一步提出，社会资本是产生优势利益的社会结构功能，第一次将社会资本概念与经济学理论结合在一起，从而引起了经济学界对社会资本的产生、发展及其效用进行研究的兴趣。哈佛大学教授罗伯特·普特南（Robert Putnam，1993a）在意大利南部就社会资本问题进行了长达二十年的调研，写出了《让民主政治运转起来》一书，对宏观社会资本如何通过凝聚力和关系网络来影响区域经济发展速度进行了探讨，发现社会资本能够创造出繁荣的经济发展局面，显著增加物质资本和人力资本的投资回报率。美籍日裔学者福山（Fukuyama，1995）在著作《信任：社会美德与创造经济繁荣》中，通过对欧美、日韩以及中国香港、中国台湾等地区的研究后指出，美国、德国、日本等经济发达国家企业规模不断扩大、经济不断发展的原因在于这些地区的信任程度较高，而信任正是社会资本的一种表现形式。

在管理学界，不少学者尝试以企业组织为分析对象来研究社会资本（Nahapiet and Ghoshal，1998；Moran，2005；Ferri，Deakins and Whittam，2009），重点探讨了社会资本对企业组织的影响，这方面有代表性的研究主题见表2.1。

表 2.1   社会资本对组织的影响

研究主题	研究学者
市场发展	Ikeda（2008），Lewis and Chamlee - Wright（2008） Christian and Eli（2009）
组织内部跨部门的 资源交换	Tsai and Ghoshal（1998） Hansen and Avital（2005），Gabbay and Zuckerman（1998）
新智力资本的创造	Nahapiet and Ghoshal（1998），Anderson（2008）
供应商和客户关系	Wu，Kim and Yeniyury et al.（2006） Vickery，Jayaram and Droge et al.（2003），Kwon（2009）
产品创新	Tsai and Ghoshal（1998），Moran（2005）
组织认同（承诺）	Pastoriza，Ari no and Ricart（2008，2009） Krause，Handfield and Tyler（2006）
战略联盟的形成	Simonin（1999a，1999b） BalajiKoka and Prescott（2002）
企业创业	Inkpen and Tsang（2005） Kim，Hindle and Meyer（2008） Ferri，Deakins and Whittam（2009）

资料来源：笔者整理。

二 社会资本的概念和层次

（一）社会资本的概念

社会资本是社会学和经济学相互交融的词汇，是一个非常有用的概念，但也是一个非常复杂的概念，不同的观点很多，造成了其复杂性（Oxoby，2009）。布朗大学的社会学教授迈克尔·伍尔科克（Woolcock，1998）曾就社会资本概念问题一针见血地指出，"在社会资本身上，历史学家、政治学家、人类学家、社会学家和决策者以及各个领域内的各个阵营，又一次找到了一种公开的和建设性的共同语言"。根据对已有的代表性文献进行归纳，大致可将社会资本的定义划分为四种类型：

1. 将社会资本定义为一种社会网络（Bourdieu，1985；Burt，1992）。布迪厄（1985）将社会资本定义为"实际的或潜在的资源的集合体，这些资源同大家共同熟悉或认可的制度化关系的持久网络的占有联系在一起。这一网络是大家共同熟悉和认可的，并且是一种体制化的关系网络"。换言之，布迪厄把社会资本看做是一种网络结构，它的产生来源于人际间各种关系的交往。巴特（1992）把社会资本定义为"一种能够带来资源和控制资源的网络结构"，在他看来，社会资本是相互关联的所有组织共同拥有的，因而，它被认为是一种结构的观点。持网络观点的学者认为，社会资本从形式上来看就是社会网络，是嵌入在两个或更多的参与者之间的关系结构。

2. 把社会资本定义为规范与信任（Putnam，1993b，1995；Woolcock，1998；Fukuyama，1995）。普特南（1995）认为"社会资本指的是社会组织的特征，例如信任、规范和网络，它们能够通过推动协调的行动来提高社会的效率"。伍尔科克（1998）把社会资本看做是"信息、信任以及个人社会网络中的互动规范"。在福山（1995）眼中，社会资本是"建立在社会或其特定的群体之中或成员之间的信任普及程度及由此形成的非正式规范"。世界银行（1998）把社会资本定义为"决定一个社会各种社会交互作用性质与数量大小的种种制度、关系和规范"。Pastoriza，Arino 和 Ricart（2008，2009）将其定义为信任、互惠、相互作用和制度，社会资本能够强化契约责任、处罚以及加强名誉认可。这些学者一致认为，社会资本是群体所共有的资本，通过群体成员之间的协调与沟通，培养互惠的行为模式，提高对彼此的信任，进而促进网络中各项资源的流动效率。

3. 把社会资本定义为资源（Coleman，1988；Nahapiet and Ghoshal，1998；Lin，2001）。科尔曼（1988）指出，社会资本应根据其功能来定义，它不仅是社会结构的组成部分，同时也是一种个人资源，即"社会结构资源作为个人拥有的资本资产，即社会资本"。林南（2001b）指出，"社会资本是投资在社会关系中并希望在市场上得到回报的一种资源，是一种镶嵌在社会结构之中并且可以通过有目的的行动来获得或流动的资源"。这种界定包含三个方面的内容：一是强调不能离开社会关系或者社会网络谈社会资本；二是强调社会资本是一种可以带来增值的资源；三是认为社会资本不仅是资源，而且是人们为了获得各种效益的投资活动，在强调社会资本先天性的同时也说明了人的行为的能动性。哈皮特和戈沙尔（1998）在研究中指出，社会资本是"镶嵌在个人或社会组织占有的关系网络中的、通过关系网络可获得的、来自关系网络的实际或潜在资源的总和"。持资源观点的学者认为，社会资本是通过人际间的互动和信任，进行资源与信息交换的资源。

4. 把社会资本定义为能力（Portes，1998；边燕杰等，2000）。波茨（Portes，1998）认为，社会资本是"个人通过他们的成员资格在网络中或者更宽泛的社会结构中获取短缺资源的能力，这种能力不是个人固有的，而是个人与他人关系之中所包含的一种资产"。国内学者边燕杰和丘海雄（2000）认为，社会资本是行动主体与社会的联系以及通过这种联系摄取稀缺资源的能力。这一类学者普遍接受社会资本的本质是资源，但必须要通过关系网络的发展和积累去运用这种资源。

从以上分类可以看出，不同学者从不同角度提出了各自的见解，但到目前为止，还没有形成界定清晰并且被广泛接受的社会资本的定义（Adler and Kwon，2002；Oxoby，2009）。这不仅影响了人们对社会资本本质特性的认识，制约了社会资本理论的发展与应用，同时也刺激了人们对社会资本更进一步的研究兴趣。正如哈珀（Harper，2001）的观点，社会资本之所以具有强大的解释力，部分原因恰恰在于它具有宽泛的概念。本书对社会资本的代表性定义进行了总结，如表 2.2 所示。

表 2.2　　　　　　　　　社会资本定义的部分研究总结

层次	作者	社会资本的定义
微观层次	布迪厄（1985）	社会资本是实际或潜在的资源集合体，这些资源是与为大家所共同熟知或认同的制度化关系的持久网络的占有相联系的
	贝克（1990）	社会资本是个体从特定的社会结构中获得的资源，并将资源用于获取利益：这种资源产生于个体间关系的变化
	Belliveau、Reilly 和 Wade（1996）	社会资本是个人关系网络和制度中的社会联系
	波茨（1998）	社会资本是一种社会行动者通过社会网络或其他社会结构中的关系获取利益的能力
	Ikeda（2008）	社会资本是熟人相互间或多或少的制度化关系及其所形成的持久网络中真实或潜在的资源的集合

续表

层次	作者	社会资本的定义
微观层次	费里、迪金斯和惠姆塔（2009）	社会资本是能够提供支持性资源的人数，而这些支持与资源是被期望的，并且可以让其随意处置的
	Presutti 和 Boari（2009）	社会资本是一种社会个体创造，是动员组织内和组织间的网络联系来获取其他社会个体资源的过程。
宏观层次	科尔曼（1990）	从功能的角度，社会资本是拥有两个共同特征的多种实体，这两种特征分别为各种社会结构以及次结构中个体的特定行动
	普特南（1995）	社会资本是社会组织中诸如网络、规范和信任等特征，它促进互惠的协调和合作
	福山（1995）	群体或组织中成员能为共同目标而共同工作的能力；社会资本是群体成员共享的非正式价值观或规范，是成员间的相互信任
	Brehm 和 Rahn（1997）	社会资本是一种社会公民间解决群体问题所形成的合作关系网络，它促使解决集体行为问题
	Inglehart（1997）	是在一种自愿产生的网络中，成员间彼此信任和容忍的文化
	Chamlee-Wright（2008）	社会资本是群体内的一种行为期望，这会影响其成员的经济性目标寻求行为
	Jones 和 Sophoulis（2009）	社会资本是在公民社会内发展的自发途径和过程，它促进整个集体的发展
中观层次	巴特（1992）	朋友、同事和更能普遍的联系，由此可以获得使用财务和人力资本的机会
	劳里（Loury，1992）	自然形成的人际之间的社会关系，有助于获取市场中稀有价值的技能和资源
	Nahapiet 和 Ghoshal（1998）	镶嵌在个人或社会组织占有的关系网络中的、通过关系网络可获得的、来自关系网络的实际或潜在资源的总和
	伍尔科克（1998）	社会资本包括个人社会网络中的信任、信息和互惠的规范
	Adler 和 Kwon（2002）	社会资本对个人或群体都存在好处，是由长期稳定的社会关系所产生的个人和集体资源
	瓦格纳等（Wagner et al.，2008）	社会资本是影响个人行为以及经济增长的社会关系网络
	卡登和梅纳斯（Carden and Meiners，2009）	社会资本是一系列影响成员间关系的社会结构因素，可以作为生产或效用函数的自变量

资料来源：本书在 Adler 和 Kwon（2002）基础上增加和整理。

（二）社会资本的层次

从表2.2中的总结可以看出，尽管这些定义从大的方面来说很相似，即社会资本包含几个关键的构成部分如合作、信任、规范、网络联系和价值观等，并且都认为社会资本是社会关系的存储（Hitt，Ho - Uk and Yu-cel，2002），都强调正式和非正式组织的社会资本对提高网络成员行动效益的重要影响和意义（Adler and Kwon，2002），但它们之间依然存在分析层次上的差别。

一些学者将社会资本分为微观层次、中观层次和宏观层次（Brown，1999）。布朗（Brown，1999）认为，微观层次的社会资本是以个体为中心，探讨个体与外部网络的连接与互动情况，即所谓的外部社会资本；宏观层次的社会资本对于一个群体、社会或国家而言，是指群体的内部社会资本，探讨其整体的网络结构、成员间的互动关系、信任、规范机制等。中观层次的社会资本是一种结构嵌入的观点，研究的重点是特定社会网络的结构化、社会网络中自我之间联系的状况，以及资源作为其特定结构的结果从该网络中形成的途径。

Adler 和 Kwon（2002）将微观层次和中观层次的社会资本合称为"外部社会资本"，因为它产生于某一行动者的外在社会关系，其功能在于帮助行动者获取外部资源，所以也称为社会资本的"桥梁形式"（bridging forms）。而宏观社会资本则被他们称为"内部社会资本"，因为它形成于行动者（群体）内部的关系，其功能在于提升群体的集体行动水平，所以也称为社会资本的"联结形式"（bonding forms）。张方华（2006）将知识型企业的社会资本分为内部视角的社会资本和外部视角的社会资本，其划分内容如表2.3所示。

表2.3 内外部视角下的企业社会资本

社会资本类型	研究内容
内部视角企业社会资本	各部门之间的信任和合作程度
	知识型员工的轮岗制
	知识型员工之间的信任和知识共享
	内部培训，团队学习

续表

社会资本类型	研究内容
外部视角企业社会资本	商业网络，包括与客户、供应商、战略联盟、竞争者、咨询机构等之间的关系网络
	信息网络，包括展览会、专业期刊、互联网、数据库和专利文献等
	研究网络，包括与公共研究机构、技术转移组织、大学等之间的网络
	关系网络，企业高层管理人员和知识型员工与外部的客户、供应商、竞争对手、战略联盟、大学和科研机构等之间的个人关系网络
	参与网络，包括参与各种地区级、国家级和国际级的关系网络的程度

资料来源：张方华（2006）。

本书认为，社会资本是镶嵌于行为主体的社会结构和关系网络中的、可以在有目的的行动中摄取或动员的现实资源，以及由关系网络衍生出的潜在资源的总和。本书主要关注科技型中小企业这一行为主体的社会资本对其创业导向及创业绩效的影响，属于上述学者所界定的外部社会资本范畴。

三 社会资本的维度划分

在社会资本的研究过程中，社会资本的维度问题一直是学者们关注的焦点。在诸多文献中，既包括单一维度的社会资本研究，也包括多维度的社会资本研究。

单一维度的社会资本研究多数以"信任"作为衡量社会资本的指标（Leana and Buren，1999；Pastoriza，Arino and Ricart，2008，2009）。比如，福山（1995）认为，社会资本的表现形式就是信任，在探讨了信任这种社会资本与经济效率、经济规模、经济发展以及繁荣之间的关系后，得出基于信任的社会资本是创造经济繁荣的源泉的结论。也有学者以信任、组织的规范性气候以及沟通作为组织的社会资本（Smith et al.，2009）。杨瑞龙等（2002）认为，社会资本的衡量主要基于人们相互之间的信任度。中国台湾学者罗家德等（2007）提出，可以从信任的来源及传递来研究社会资本问题。正是由于无法准确地测量社会资本的概念，上述学者在实证研究过程中都把"信任"作为社会资本的构成。

以格拉诺维特（1973）、克拉克哈特（Krackhardt，1992）和汉森（Hansen，1999）为代表的学者强调社会资本即表现为联系的强度。格拉诺维特（1973）提出了"弱联系优势"的概念，认为个体若能在有限的时间与精力条件下，大量地建立不重复的联系，而每一个联系只需投入少量的成本即可建立和维持，这将为个体带来相当大的优势。克拉克哈特（1992）则从另一个角度提出了"强联系优势"的概念，认为个体若能与数个其他个体共同建立密集的互动网络，则此网络的凝聚力及团结性将非常高，有助于内部成员之间的互助合作与沟通协调。强联系所建立的关系质量相当高，成员之间彼此认同和信任，有助于群体的绩效表现。汉森（1999）则认为，强联系理论关注知识的流动，弱联系理论关注相关信息与其他资源的发现，两者关注的角度不同，因而得出了矛盾的结论。汉森（1999）对项目团队的研究表明：在转移阶段，强联系促进了知识在项目团队中的转移，尤其是隐性知识的转移；在搜寻阶段，弱联系为项目团队提供了利用知识的机会以及非重叠知识。

另一派学者主张用网络结构反映社会资本的维度，代表人物有巴特（1992）、林南（2001b）、Alder 和 Kwon（2002）。巴特（1992）的"结构洞"理论认为，所谓的社会资本主要是从人际网络结构中来，一个人若在人际网络上占有关键位置，即其在网络中所处的位置能联结两个或以上互不联结的次团体，此个体便能获得较高的社会资本。林南（2001b）同样用网络结构作为社会资本的维度，并且用网络位置（即彼此间的联系桥梁）、结构位置和共同的行动目的三个子维度来细化网络结构的概念。Alder 和 Kwon（2002）也强调社会资本即为社会结构，社会结构中包含市场关系、社会关系及正式的层级关系，并且认为规范、信任等内容是通过影响社会结构而对社会资本产生作用。值得一提的是，不少学者在实证研究中，以个体在社会网络中的中心性作为社会资本的测量指标，探讨其对个体行为的影响（Settoon and Mossholder，2002；Kim，Hindle and Meyer，2008）。

多维度的社会资本研究者认为，社会资本的来源及其影响常常不容易分割清楚，且社会资本是一个复合概念，不能仅用一两个指标来测量。科尔曼（1988）认为，社会资本可以分为宏观社会资本和微观社会资本。他认为宏观社会资本由群体的规范支持、群体内部自发性的公民参与和适合的组织结构三方面构成。微观社会资本主要由个体的义务与期望、获得信息的潜力和权力地位的影响三方面构成。科尔曼进一步指出，社会资本是理性且有利可图的，着眼于未来可能获取的利益，当每个个体都存在着一种期望时，便形成了网络成员普遍信任的基础。需要关注的是，社会资本依赖于人际网络这个载体所传递的物质。因此，他将社会资本划分为"信任"和"人际网络"两个维度。普特南（1993a）在研究意大利行政区域形成过程中提出，应将社会资本划分为信任、规范和公民参与网络三部分内容。Gabbay 和 Zuckerman（1998）将社会资本归纳为"关系维"（tie approach）和"结构维"（structural form approach）两种维度。Krishna 和 Uphoff（1999）认为，社会资本包括认知型社会资本和结构型社会资本，其中认知型社会资本由规范、价值观和相互信任三个子维度构成，结构型社会资本由网络结构和相互作用子两个维度构成。

在对社会资本多维度的划分中，学者 Nahapiet 和 Ghoshal（1998）提出的社会资本维度模型，具有划时代的意义。他们综合已有文献所提及的联系观点、结构观点、认知观点以及信任观点等，认为社会资本应当包括"结构维度"（structural dimension）、"关系维度"（relational dimension）以及"认知维度"（cognitive dimension）三个维度，如图 2.1 所示。

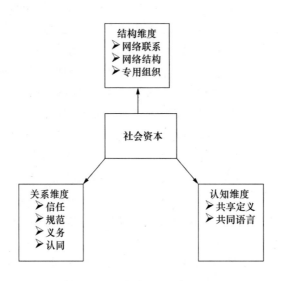

图 2.1 社会资本的维度划分

资料来源：Nahapiet 和 Ghoshal（1998）。

　　社会资本的结构维度是从个人嵌入的社会关系结构以及与这些结构相联系的益处出发，研究个体所拥有的社会资本对其获取外部资源的作用。比如，贝克（1990）将社会资本视为关系网络结构所提供的价值。科尔曼（1988，1990）和普特南（1993）认为，紧密而封闭的联系网络可以通过产生规范性的认可机制和高度的信任感而提高合作的效率。巴特（1992）指出，充满"结构洞"的社会结构可以通过获取外部更新、更好的信息而非冗余信息来为个体带来更多益处和创造更好的机会。林南（1999）指出，个体完全可以通过各种关系网络来获取自己所需的资源。金、欣德尔和迈耶（Kim，Hindle and Meyer，2008）提出，企业在其所处的网络中的位置对其社会资本的质量以及获取都会产生影响，比如，处于关系网络中心位置的企业会比其他企业获得更多的专利许可等。

　　社会资本的关系维度则是从一个给定的他人（a given alter）与一个给定的自我（a given ego）之间的双向关系出发来探讨社会资本对个体的作用，其关注焦点主要集中在个体如何通过协调与他人之间的双向关系来获取和交换隐性或显性知识以及如何相互学习（Nahapiet and Ghoshal，1998；Dyer and Singh，1998）。通过个体之间长期的交往与互动，逐渐形成相互间的可信赖性和信任的关系（Fukuyama，1995；Putnam，1993），这种关系有助于产生积极的合作行为。这种观点强调，个体可以通过其所拥有的社会资本而与其他主体建立可信赖性和信任的关系，并由此从其他主体那里获取各种资源，比如，通过他人提供的信息或通过他人的社会地位来获取自己所需要的资源（Tsai and Ghoshal，1998）。同时，个体也可以通过建立各种功能性的社会关系而受益，例如，弱联系能够从关系比较疏远的其他社会群体中得到新的异质性信息（Granovetter，1973），而强联系则能够为个体带来互惠、信任和义务等（Uzzi，1997；Gabbay and Zuckerman，1998）。

　　社会资本的认知维度是从促进实现共同目标的共有规则（code）和范式（paradigm）角度研究社会资本。正如哈皮特和戈沙尔（1998）所指出的那样："人们在某种程度上拥有共同的语言会提高他们接近他人并获取信息的能力。如果他们的语言和行事规则不同，就容易造成他们之间的分离并限制他们之间的交流。"在一个组织内部，共同的愿景和价值观可以提高企业的社会资本，同时也有助于组织的运行和目标的实现（Tsai and Ghoshal，1998）。

随着社会资本维度研究的不断深入，学者们意识到社会资本的维度划分与研究目的和研究对象有关。此后，学者们对社会资本的研究尽管大多遵循哈皮特和戈沙尔（1998）的维度划分思路，但也会根据研究对象和目的的不同，对三个维度的具体内容做一些修改和调整。如在 Tsai 和 Ghoshal（1998）的研究中，关系维度选用信任，结构维度选用网络联系，认知维度选用共享价值观来研究组织的社会资本。

四　企业社会网络理论

社会资本的结构维度试图客观地描述行动主体间的互动现象，恰恰这也正是社会网络理论所关注的焦点问题。事实上，社会网络一直是研究社会资本的重要工具（Reagans and Zuckerman，2001；Reagans and McEvily，2003；Kirchmaier，2009）。社会资本的无形性决定了企业社会资本要通过某种载体来表现其价值，这个载体就是企业的社会网络。两者的联系在于社会网络是社会资本的一种重要表现形式，并且是社会资本赖以产生的根源和载体，社会资本则比社会网络的概念更为宽泛和深刻，能够用来分析社会网络效用及其产生和发展的机制。

持开放系统观点的组织理论学者和结构社会学家们早就指出，组织环境中最重要的因素就是组织与外部各种联系所构成的社会网络。该理论强调，经济行为和其他社会行为一样，不可能在一个孤立的封闭系统中进行，而是深深地嵌入在所处的各种社会关系网络之中（Granovetter，1985；Gulati，1998）。

所谓网络，是指由节点（Nodes）和连线（Links）构成的一种特定的结构和集合。就社会网络而言，其节点表现为具有一定资源的行动主体（个人、部门或组织），连线就是存在于相关行动主体之间的各种静态和动态的连接关系，它可以是朋友关系和竞争关系，也可以是贸易关系和联盟关系，也可以是上下级关系。总之，它是一种多点对多点的复杂联系，联系中的每个节点都共享着多种利益，是每个节点挖掘自身资源、利用社会资源的重要渠道。通常，作为网络节点的各行动主体都具有某种存量的资源，这种资源水平会在网络互动中得到优化和放大（王凤彬，2006）。从社会网络的视角来看，企业处于一个由顾客、供应商、政府部门、金融机构和竞争对手等外部相关组织相互作用、相互影响的网络环境中（蔡莉等，2007），这些主体之间的关系不单单是一对一的二元关系，更是一种相互关联、相互依存的网络关系和商业生态系统（Iansiti and Levien，2004；Capo – Vicedo，Exposito – Langa and Molina – Morales，2008）。凭借这种网络关系，企业可以共享或获得该网络系统内的资金、信息、技术和市场，通过模仿和学习来进行知识的沟通、交流和转移，充分发挥网络组织的规模经济和范围经济的优势（Gulati，Nohria and Zaheer，2000），最终提升企业的创新创业能力。

从 20 世纪 90 年代开始，企业网络及其关系管理的研究，受到越来越多学者们的关注，所谓的"战略网络"文献大量涌现（Gulati，Nohria and Zaheer，2000；Koka，Madhavan and Prescott，2006）。战略管理理论认识到企业隐含的、不可模仿的社会关系网络和其成功的合作伙伴——分销商、供应商、联盟伙伴、互补者、顾客、政府部门和科研机构等，是"创新的关键来源"、"能力的关键来源"、"组织学习的关键来源"（李焕荣和林健，2004）。另外，企业社会网络本身也是企业的一种战略性资源，可以作为获取信息和资源的渠道（罗家德，2003）。良好的企业网络关系是获取高收益的基础，是一种有价值的社会资本。古拉蒂（Gulati，2000）探讨了企业战略网络对企业行为和经营绩效的影响，发现企业所处的战略网络不同，导致了企业之间关系密切程度和信任程度的不同，也带来了企业网络资源或关系资源的不同，并最终影响企业的经营绩效。

对企业社会网络的关注使战略研究的视角逐渐地从波特的价值链转向了合作竞争时代的价值网络，企业社会网络可以给企业带来正常水平以上的盈利，包括各种关系租金和潜在利益（Dyer and Singh，1998），如表2.4 所示。

表 2.4　　　　　　　　企业社会网络的作用及潜在利益

企业社会网络的作用	潜在利益的表现
集体剩余的创造 （组织绩效）	增加总利益 范围或规模经济 风险或负担共担

续表

企业社会网络的作用	潜在利益的表现
垂直一体化 （企业战略联盟）	比层级制更低的固定成本 交易成本通常比市场更低 专业化改善效率 范围经济和资产互补的效率大于市场效率 更好的激励和更快地转向，创新的构想和实施相结合
资源共享和互补	无形资源更难复制，有助于创造"因果模糊性" 异质性提供了竞争优势
建立信任与协作效应	共担风险 反复交易建立声誉和信用 合作或联合的经济增长
信息获取与共享	信息共享有助于合作者决策 更直接的联系有助于减少信息不对称 增加网络联系可能增大相对于竞争者的信息不对称 信息可以导致专门技能的价值新发现 信息不对称创造了相对于竞争者的"因果模糊性"

资料来源：转引自罗仲伟（2000a，2000b）。

五　企业社会资本的构成及内涵界定

（一）企业社会资本的构成

企业总是处在一个与外部组织相互影响、相互作用的社会网络环境中，处于网络中的企业与外部组织之间的信任和互动是产生社会资本的重要源泉，互动频率的高低体现了双方之间关系的密切程度。处于网络中的企业与外部组织之间的社会交往和联系，可以使企业获得价值连城的信息，捕捉到令企业起死回生的商机，争取到风险小获利大的项目（边燕杰和丘海雄，2000）。企业社会网络是企业社会资本的表现形式，企业社会网络的资本化就是企业社会资本。按照企业社会网络的分类方法，对企业社会资本也可进行相对应的划分。

任何企业所嵌入的网络大都可以分为三个层次，即横向关系网络、纵向关系网络和社会关系网络，如图 2.2 所示。

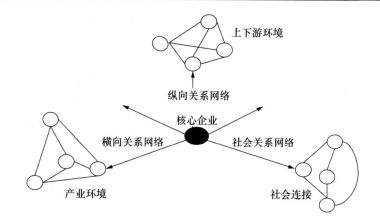

图 2.2 核心企业的社会网络层次

张方华（2004）将企业社会资本分为横向关系资本、纵向关系资本和社会关系资本（见表 2.5）。从图 2.2 和表 2.5 可以看出，张方华（2004）对企业社会资本的划分与企业社会网络层次的分类在逻辑上是一致的，可见，从企业的外部联系视角研究企业社会资本有其合理性。

表 2.5   **企业社会资本的分类和构成**

企业社会资本	内容构成
纵向关系资本	企业与客户之间的关系
	企业与供应商之间的关系
横向关系资本	企业与战略联盟之间的关系
	企业与同行业竞争对手之间的关系
	企业与其他企业之间的关系
社会关系资本	企业与高校和科研机构之间的关系
	企业与中介组织之间的关系
	企业与政府部门之间的关系
	企业与行业协会之间的关系
	企业与金融机构之间的关系
	企业与风险投资机构之间的关系

资料来源：张方华（2004）。

1. 纵向关系资本。企业的纵向关系资本指的是通过价值链与供应商和客户等之间建立的关系网络。这种关系网络是企业获取技术信息和市场需求信息的主要渠道，也是企业缓解研发资金短缺和获取外部新知识的重要途径。特别是领先用户的新产品开发知识和市场需求信息，是企业保持创新性和先动性的源泉。

2. 横向关系资本。企业的横向关系资本指的是企业与竞争对手、战略联盟以及其他企业之间建立的各种横向关系网络。通过这些网络，企业可以从竞争对手和联盟伙伴那里了解到市场推广和新产品开发方面的知识以及行业技术发展的动态，还可以与其他企业进行各种形式的技术合作和联盟，以降低创新的市场风险以及财务成本，为企业的冒险性创新提供一定程度的保护。

3. 社会关系资本。企业的社会关系资本指的是企业与中介组织、大学和科研机构、金融机构和风险投资机构、政府部门等各种外部组织之间建立的各种关系网络。企业可以从中介组织那里获取和了解最新的市场需求信息；可以从大学和科研机构那里掌握和了解最新的科学技术成就，获取和共享最新的科学知识和技术信息；可以通过金融机构与风险投资机构来获取企业发展所需的资金；还可以从政府部门那里及时获得有关资金扶持计划、政策信息和税收优惠等，这些都为企业抢先一步提供了帮助。

（二）企业社会资本的内涵界定

迄今为止，企业社会资本尚缺乏公认的定义。参考国内外学者对社会资本以及企业社会资本的研究，本书将企业社会资本界定为企业建立在信任和规范基础上的外部关系网络的结构、范围和质量，以及镶嵌在其中的一切可动员的外部资源。这种界定主要基于以下两方面的考虑：

1. 企业社会资本的主体是企业而非个人

目前，在企业社会资本的有关研究中，对其行为主体的界定还存在着一定程度的模糊性。由于社会资本的研究源于个人层次，一些研究将企业的社会资本与企业内个人的社会资本（企业家社会资本或企业员工的社会资本）混同起来。例如，边燕杰和丘海雄（2000）在实证企业社会资本的功效时，更多地将企业家社会资本等同于企业社会资本。虽然企业社会资本的累积与企业内成员个人的社会交往是分不开的，但若将企业内成员所拥有的社会关系网络（包括企业家社会网络）纳入企业社会资本的范畴，可能会模糊企业社会资本的主体。当然，企业层面和个人层面的社会资本并非是严格区分开来的，两者之间存在一定的交互关系。本书强调企业作为企业社会资本的主体，其外部的网络联系范围和质量对于创业导向和创业绩效的作用。

2. 企业社会资本在本质上是一种资源

通过对这种资源的动员和使用，可以为企业带来以信息收益为代表的各种利益。企业社会资本可以替代或补充其他资源。作为一种替代，企业有时可以通过紧密的联系弥补人力或金融资本的缺乏。在更多的情况下，企业社会资本可以补充其他形式的资本。例如，企业社会资本可以通过减少交易费用从而提高经济资本的效率。

第二节　公司创业理论

一　创业与公司创业

过去的几十年里，创业一直是实践领域和学术界关注的焦点。创业已经成为经济发展的主要动力之一。众所周知，创业活动有利于创新，有利于提升国家和地区竞争力，有利于创造新的就业机会（Audretsch and Thurik，2000；Teece，2007）。经济合作与发展组织（OECD）1996 年曾经研究了其成员国在近二百年发展中经济增长和就业之间的关系，结果发现，由创新活动引起的经济高增长与高就业率之间高度相关。近二十多年来，创业现象吸引了国际一流学术期刊越来越多的关注。《管理学会评论》（AMR）和《战略管理杂志》（SMJ）都在为研究创业不同方面的问题作贡献（Davidsson，2004）。

创业是一种非常复杂的现象，其含义和研究视角广泛。学术界对于创业本身并没有一个明确和公认的定义。创业研究的文献资料表明，由于学者们在定义创业的概念时，过于侧重表达自己的观点，而忽视了他人的研究基础，从而使"创业"成为一个广义标签，涵盖了广泛的研究领域（Shane and Venkataramaran，2000）。在西方，尽管创业概念已被采用了两个多世纪，但学者们仍在扩展、重新阐释和修改创业的定义。创业定义的多样化除了由于创业现象本身的复杂性以外，还因为学者们在不同的学科领域对创业展开研究（包括经济学、管理学、社会学、心理学等），另外，研究层面也涉及个体创业层面和公司创业层面，从而容易产生含义上的分歧。

创业实质上是一组创新活动的实施过程，而非仅涉及企业家的心理特质。即无论是冒险家还是普通人，只要是通过创新的手段，更有效地利用资源，为市场创造出新的价值，都符合创业的本质（Stopford and Baden - Fuller, 1994）。创业强调"能否创造新的价值"，不单指创立新公司。尽管创业通常是以创立新企业而出现，但创业远不止青睐新事业，在一些已建立的企业，只要有旺盛的创新活动，创业姿态依然高亢（Shane and Venkataraman, 2000; Morris et al., 2008）。

进入新世纪以来，知识与技术的变革在加快，全球化使企业的竞争在加剧，给现有企业带来了极大的挑战。为了保持持续的创新活力和竞争优势，很多现有企业把创业当做一种重要的战略选择，企业创业成为一种普遍的现象。因此，创业研究已经超越了原有的对企业家个体以及新建企业的研究，进入了一个更复杂、更整合的研究层次。这样，创业研究的对象就与企业的历史长短、规模大小无关，创业研究不仅关注新建企业，也关注已存在企业如何获得新生。

米勒（1983）在一项决定不同类型公司（简单小公司，较大型公司）创业因素的研究中，指出"最重要的不是谁是关键的行动者，而是创业过程本身以及培育和阻碍它的因素"，并正式提出公司创业（corporate entrepreneurship）的概念，认为"创业就是与产品、市场和技术革新相关的公司活动"，无论是新建企业还是已存在企业都需要面对新进入的抉择，而新进入行为代表了企业的战略行为。米勒（1983）将创业研究的焦点从创业者个体转移到公司层面，从而使公司创业在战略管理理论与创业理论的交叉融合中产生，形成了一个新兴的理论分支，并成为近三十年来的研究热点。

学者们认识到企业创业可以作为创造价值和持续创新的手段，可以作为建立和重构企业资源的手段，用来提高企业的竞争地位，改变企业的经营现状并实现持续成长。德鲁克（Druck, 1985）认为，除非具备创业能力，否则，今日的企业尤其是大企业，将无法在这一变迁迅速及创新的时代中继续生存。就现有企业来说，企业创业被视为企业成长及战略修正的手段（Landstrom and Laveren, 2009）。企业创业对企业复兴和绩效提升有重要作用（Morgan, Linda and Jenny, 2009）。企业创业不仅对大企业重要，对中小企业也非常重要。不仅对营利性组织有利，对整个经济发展也很有利，公司创业可以通过创建新产业、提高生产率、获取先动优势等方式影响整个经济的发展（Covin and Slevin, 1989）。

1990 年，美国《战略管理杂志》（SMJ）发表了关于公司创业的特刊，这标志着公司创业正式成为战略管理研究中的一个新兴分支。申德尔（Schendel, 1990）在该刊的引文中特别强调了创业主题，提出"创业是当今战略管理的核心议题"。20 世纪 90 年代以来，对已建公司创业战略或创业导向的研究，已成为理论界和实践领域关注的热点，是战略管理研究中引人注目的前沿领域之一（张映红，2005, 2008）。

尽管企业创业的意义在理论界和实践领域得到了广泛的重视和认可，但关于公司创业的内涵还没达成一致看法（Morgan, Linda and Jenny, 2009）。本书整理出相关学者对公司创业的不同界定，如表 2.6 所示。

表 2.6　　　　　　　　　　公司创业的定义

作者	公司创业的定义
Burgelman（1984）	公司创业是通过内部新的资源组合来拓展公司竞争领域以及发掘相应机会的过程
Vesper（1984）	公司创业是由中低层员工所体现出的主动性创新，这种创新是由下属创造的，没有被高层期望、要求或允许
Jennings and Lumpkin（1989）	公司创业是公司在更新产品或新市场方面的扩展，如果一个组织开发高于平均水平数量的新产品或新市场，那么这个组织就是创业型组织
古思和金斯伯格（1990）	公司创业包括两种现象和过程：（1）现存组织中新业务的产生，即内部创新或风险；（2）关键思想更新的组织变革，即战略更新
科文和斯利文（1991）	公司创业是通过内部产生新的资源组合，扩展企业能力和机会的范围
扎拉（1993b, 1996）	公司创业是组织更新的过程，包含两个不同但又相关的维度，战略更新和创新或风险

作者	公司创业的定义
Sharma and Christman（1999）	公司创业是团队或个人结合现有组织的行动，促进组织更新或创造新组织的创新活动
科文和迈尔斯（1999）	公司创业包括：持续开拓新市场或产品、战略更新、组织年轻化、重新定义事业领域
Shane and Ventakaraman（2000）	公司创业是通过发现、评估、创造、利用新事业机会为现有企业创造价值的过程
Antoncic and Hisrich（2001）	公司创业是在现存组织内的创业行为，包括新业务创建及其他创新活动，诸如开发新的产品、技术、服务、战略和管理经验
Hornsby，Kurakko and Zahra（2002）	公司创业是企业在组织内部发展与执行各种创新活动
德斯和爱尔兰（Dess and Ireland，2003）	公司创业可以看做在现有组织中开展内部革新、开拓新业务、联盟、合资；也可以看做通过资源新组合或组织战略更新创造新财富
休斯和摩根（Hughes and Morgan，2007）	公司创业不同于例行活动，而是需要创造、利用或扩充资源的新方法，是组织的一种战略行为
莫里斯、库拉特科和科文（Morris，Kuratko and Covin，2008）	公司创业是通过不确定性的管理把个人思想转换为集体行动的组织过程
Yiu 和 Lau（2008）	公司创业包括现有组织中新业务的产生以及对缺乏活力的停滞的业务的变革
摩根、林达和詹尼（Morgan，Linda and Jenny，2009）	与已建公司相联系的决策、实施及其结果，建立在资源新组合和市场机会识别基础之上，以战略变革和创新为核心的组织行为特征

资料来源：在张映红（2005）基础上增加和整理。

由表2.6可以概括出公司创业具备以下三个特点：（1）公司创业是针对既有规范而言的，意在打破企业已有的惯例；（2）公司创业是针对既有组织而言的，而不是新创企业；（3）公司创业有多种表现形式，如产品服务创新、新业务投资、自我更新、公司流程创新、新组织创造、风险承担、超前行动、内部创业和竞争侵略等。

本书把公司创业界定为在已建立企业内部，为了促进组织成长和提高组织绩效，以群体力量追求共同愿景而进行的产品技术创新、新业务开拓和组织战略更新活动，这些活动表现出了创新性、先动性、竞争侵略性和一定的冒险性特征。按照全球创业观察（GEM）报告的标准，已建立企业是指渡过了初创期42个月以后的企业（张玉利，2007）。

二 创业导向的维度划分

扎拉等（1999）指出，研究者对于公司层次的创业现象所使用的名词多有不同，如创业态势（entrepreneurial posture）、创业精神（entrepreneurship）、公司创业（corporate entrepreneurship）、创业战略（entrepreneurship strategy）以及创业导向（entrepreneurial orientation）。不过，其表达的内涵极其相似。创业导向是众多关于公司创业术语中最具有代表性的一个，创业导向主要流行于采取实证研究的文献中，成为实证研究中测量"公司创业度"的重要概念。同时，正是由于创业导向所具有的考察公司整体创业特征的研究视角，使其具备了从"战略角度来研究创业"的良好概念属性，从而在战略管理研究中获得了广泛的应用（张映红，2005、2008）。本书也采用创业导向来描述企业层面的创业行为程度，将其视为测量公司创业的代理变量。

米勒和弗里森（1982）首次对创业导向的维度进行了划分，他们认为，创业型企业应该具有高度的创新性、冒险性和先动性。米勒（1983）在一篇经典文献中对简单型企业（simple firm）、计划型企业（planning firm）和有机型企业（organic firm）进行了比较分析，发现熊彼特所强调的创业精神不但可以发生在个体企业家身上，而且可以发生在有机组织的各个职能层面，体现了有机型企业的公司创业精神。米勒认为，创业型企业敢于承担适度风险，积极从事产品与市场创新，主动向竞争对手发起挑战，并且喜好超前认知与行动。反之，保守型企业则被认为是那些高层管理者倾向于规避风险、消极被动及缺乏创新精神的企业。米勒进一步指出，创业型企业的创新性、冒险性和先动性三个特征须同时具备，缺一不可。即若创新仅是模仿（没有冒险性），而不是发明，创新性也是无效的，或者若企业不具备先动性，其创新性也是无效的。在此后的二十多年里，很多学者对创业导向的维度构成进行了理论和实证探索，对于何种特

征或行为构成创业导向，迄今尚无定论。表2.7总结了创业导向维度划分
的不同的代表性观点。

表 2.7 创业导向的维度划分及定义

作者	所用概念	维度名称	维度定义
米勒和弗里森（1982）	创业战略	产品与技术创新	引入新产品/服务或者新技术，寻找解决市场和生产问题的新方法
		风险性	对可能失败的决策所愿意作出的资源投入承诺和大胆行动
		先动性	努力尝试领先于竞争对手，而不甘只做跟随者
科文和斯利文（1989）	创业态势	创新性	大量的、频繁的产品创新和与之相应的、向技术领先方向发展的趋势
		风险性	承担在不确定条件下决策和行动失败的后果
		先动性	公司倾向于积极、大胆地向行业竞争对手发起挑战的先锋本质
古思和金斯伯格（1990）	公司创业（导向）	创新和新业务开拓	在现有组织内部进行创新和新业务拓展活动
		战略更新	通过创造性地资源配置来实现产品和技术的新组合
扎拉（1993b，1996）	公司创业（导向）	创新和新业务开拓	通过市场发展或者产品、过程、技术和管理创新来开拓新业务
		战略更新	经营理念的重新定义，组织变革
伦普金和德斯（Lumpkin and Dess，1996）	创业导向	自主性	个体或团队提出创意或构想，并能完成这项工作的独立行动
		创新性	倾向于从事或支持可能产生新产品、新服务或新技术流程的新创意、新事物、新试验和新创造
		风险性	对不确定性和可能带来负面结果的事件的接受程度，对资源投入和承诺的高杠杆效应
		先动性	利用先动优势来寻求预先占有机会，以及率先进入新兴市场
		竞争侵略性	一种直接的、强烈的挑战竞争对手的欲望和冲动，企图以此来获得进入权力或改进现有的地位

续表

作者	所用概念	维度名称	维度定义
科文和迈尔斯（Covin and Miles, 1999）	创业导向	持续重构	新产品的引进或与目前行业相关的新市场的进入
		组织变革	通过内部创新提升组织功能或战略执行效果
		战略更新	新的经营方向的追求
		领域的重新界定	新的以前未从事过的产品或市场领域的创造和开发
Antoncic 和 Hisrich (2001)	公司内部创业	新业务开拓	寻求和进入与公司现有产品或市场相关的新业务领域
		自我更新	公司战略的重塑和组织变革
		创新性	新产品或服务开发，新技术的改造
		先动性	公司高层在寻求提高竞争力方面的定位，也包括采取主动出击、竞争性攻击等行为
海顿（Hayton, 2002, 2005）	创业导向	创新	引入新产品或服务、新技术，寻找解决市场和生产问题的新方法
		新业务开拓	进入与公司现有产品和市场相关或无关的新业务领域
斯坦姆和埃尔夫林（Stam and Elfring, 2008）	创业导向	创新性	新产品和服务的开发，技术和生产工艺的创新
		风险承担	对具有失败可能性的决策或行为所愿意作出的资源投入承诺和大胆行动
		超前行动	主动出击并快速捕捉获利机会，始终让自己处于竞争的领先地位和有利位置
		新业务开拓	通过提供新产品和服务进入新的业务领域，或者在现有业务相关的领域开发新业务

资料来源：在 Antoncic 和 Hisrich（2001）基础上修改和增加。

从表 2.7 中可以看出，现有文献对创业导向的维度划分主要有两种方法：

1. 以米勒和弗里森（Miller and Friesen，1982）为代表的根据创业企业特征为标准的维度划分方法。自从米勒和弗里森（1982）提出创业导向的维度包括创新性、冒险性和先动性以后，很多学者沿着该思路进行了探索。科文和斯利文（1989）对上述维度划分进行了细化，并且形成了公司创业导向的测量量表（ENTRESCALE）。伦普金和德斯（1996）在总结前人研究成果的基础上，对创业与创业导向的概念进行了区分，指出，创业强调内容（content），注重应该进入的事业，是一种静态描述；而创业导向则强调程序（process），注重创业的过程、惯例与决策活动，是对创业活动过程的动态描述，主要解释创业活动为什么会产生这样一个核心问题，并在米勒的基础上增加了自治和竞争侵略性两个维度。虽然自治毫无疑问与创业过程具有重要的相关性，但自治只是描述了支持创新、风险和先动的条件而不是独立的维度（Hayton，2002，2005）。竞争侵略性是作为先动性概念的补充，虽然先动性表明企业会成为市场中的先动者，竞争侵略性考虑了企业不必是先动者却被认为是创业的情形，即具有竞争侵略性的企业可以通过在它们自己的市场中做不同的事情来挑战已建立的企业（Hayton，2002，2005）。因此，竞争侵略性作为一个新的维度扩大了这个概念的范围。伦普金和德斯（1996）的主要贡献是增加了竞争侵略性维度，并且认识到这些维度是可以独立变化的（Hayton，2002，2005）。奈特（Knight，1997）后来又对这些维度进行了合并，只保留了创新性和先动性的维度，国内学者张映红（2005，2008）在公司创业战略的研究中也采用了这种划分方法。

2. 以古思和金斯伯格（1990）为代表的根据创业企业特定行为为标准的维度划分方法。与上述学者突出创业特征的维度划分标准不同，古思和金斯伯格（1990）根据创业企业的特定行为来定义创业导向，认为创业导向维度包括内部创新或新业务开拓和战略更新两个。他们认为，当企业追求这些过程中的任何一个时，它都是创业型的，即一个企业可能聚焦在内部创新，或者根据环境重新进行自我定位。扎拉（1993b，1996）在其后来的研究中也采用了此种维度划分方法，把创业导向划分为了内部创新或新业务开拓和战略更新两个维度。科文和迈尔斯（1999）提出了四种一般的创业行为类型：组织的变革、持续的重构、业务领域的重新界定和战略的更新。海顿（Hayton，2002，2005）在研究智力资本对高新技术企业创业导向的影响中也采纳了上述的维度划分建议，他把高新技术企业的创业导向划分为创新、新业务开拓和战略更新三个维度，但他认为，战略更新现象在高新技术企业里很少见。Ant-oncic 和 Hisrich（2001）、斯塔姆和埃尔夫林（2008）则把上述这两种划分方法的维度进行了合并。其中 Antoncic 和 Hisrich（2001）把创业导向划分为新业务开拓、创新、先动性和战略更新四个维度。斯塔姆和埃尔夫林（2008）把创业导向划分为创新性、新业务开拓、风险承担和超前行动四个维度。

虽然这两种定义创业导向的方法是不同的，但上述两种划分标准下的维度研究都有其合理性，并且显示出其内在逻辑的一致性，即被古思和金斯伯格（1990）、科文和迈尔斯（1999）所描述的公司特定行为（如战略更新、新业务创建、领域重构、产品技术创新等）也可以按照米勒和弗里森（1982）、伦普金和德斯（1996）的定义（创新性、风险性、自主性、竞争侵略性和先动性）来描述，如表 2.8 所示。

表 2.8　　　　　　　　　创业导向两种划分标准的对比

学者	行为标准	特征标准
费斯珀（Versper, 1984）	（1）新战略方向 （2）自治商业单元运转 （3）新产品开发 （4）冒险 （5）形成或分割冒险群体 （6）独立运转或新的开始	（1）（2）先动性 （3）（4）创新性 （5）（6）冒险性
古思和金斯伯格（1990）、扎拉（1993b，1996）	（1）内部创新或新业务开拓 （2）战略更新	（1）创新性、先动性 （2）创新性
金斯伯格和海（1994）	（1）内创业 （2）内部公司冒险 （3）合并与获取 （4）创业合作与竞争	（1）（3）创新性 （2）冒险性 （4）竞争侵略
斯托普福德和巴登、富勒（Stopford and Baden - Fuller, 1994）	（1）新商业冒险 （2）组织重组 （3）框架破裂型变革	（1）冒险性 （2）（3）创新性

学者	行为标准	特征标准
科文和迈尔斯（1999）	（1）持续重构 （2）组织变革 （3）战略更新 （4）领域重新界定	（1）（2）（3）创新性、先动性 （4）冒险性、创新性
海顿（2002，2005）	（1）创新 （2）新业务开拓 （3）组织战略更新	（1）（2）（3）创新性 （2）先动性
Tang 和 Kreiser 等（2009）	（1）游戏规则改变 （2）公司冒险 （3）组织变革	（1）（3）创新性 （2）冒险性

资料来源：本笔者整理。

　　海顿（2005）指出，米勒和费里森（1982）创业导向维度的划分方法是最为广泛运用的，但这种流行仅仅表明这种定义的开创性特征。古思和金斯伯格（1990）方法的优势在于更容易操作化，即古思的定义直接指向了企业特定的、看得见的创业行为，该创业行为彰显出了企业创新性、冒险性、先动性或竞争侵略性的偏好（Hayton，2005）。为了使研究更具可操作性，同时增加对企业实践的指导性和启发性，本书将按照古思和金斯伯格（1990）的维度划分标准，把创业导向的维度划分为新业务开拓、产品技术创新和组织战略更新三个维度。

三　创业导向的三个理论模型

　　关于公司创业的研究目前还处于探索阶段，但已显示出巨大的活力和吸引力。近三十年来，学者们的研究兴趣大多围绕创业导向的概念模型及其发展，研究主线一直沿着公司创业的影响因素以及公司创业如何对企业绩效产生作用这个大方向。关于公司创业的影响因素，已有的文献或者从企业的外部环境要素或者从企业的内部组织要素来分析，目前学术界更倾向于建立一个整合的公司创业理论模型，即"企业的外部环境和内部组织要素—公司创业—组织绩效"的模型。现有的大部分公司创业文献基本上是围绕以下三种主流的创业导向理论模型展开的，它们是公司创业和创业导向实证研究的基础。

（一）古思和金斯伯格（1990）的概念模型

古思和金斯伯格（1990）的概念模型主要侧重于把公司创业与战略管理联系起来考虑，如图2.3所示。古思和金斯伯格（1990）提出的公司创业概念模型，第一次从战略管理（战略领导、战略模式等环节）的视角来认知公司创业。他们认为，公司创业特指已建立公司的特定创业行为，一般都伴随着两种行为过程：新业务开拓或创新和战略更新。从战略的视角来看，公司创业的影响因素可以说是来自战略管理过程的每个环节，这些环节包括外部环境、战略领导、战略模式以及组织绩效；反过来，公司创业也会对战略管理的关注焦点同时也是战略管理过程的最后环节——组织绩效产生影响。从图2.3中还可以看出，公司创业的影响因素即战略的各个环节之间也存在着相互作用。

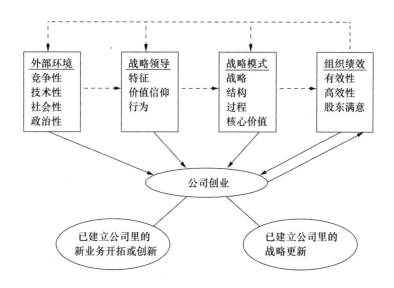

图2.3　古思和金斯伯格（1990）公司创业概念模型

（二）科文和斯利文（1991）的概念模型

科文和斯利文的"作为企业行为的创业的概念模型"是公司创业文献中最受欢迎的模型（Zahra，1993），他们提出了一个很有前景的研究日程，丰富了公司创业的研究。他们把企业层面的创业现象称为创业态势，与创业导向同义。他们的模型整合了以往的研究发现，把公司战略、高层管理价值和哲学、组织资源、组织文化和外部环境纳入了一个清晰的理论框架中，并详细阐述了公司创业贡献于公司绩效的可操作化条件。整合的目的是充分考虑管理因素的干预，因而减少公司创业是偶然或神秘的观点。公司创业研究领域的学者们大多认为这是该领域中形成未来研究的一项重要任务和一个重要的贡献（Zahra，1993）。科文和斯利文的模型主要讨论了以下几个问题：（1）创业态势的特征。他们采用了米勒（1982）的定义，认为具有创业态势的企业应该具有创新性、冒险性和先动性；（2）认为外部环境变量、战略变量和内部变量对公司创业态势具有较强的影响，而公司创业导向也会对外部环境、战略变量和内部变量产生影响。（3）创业态势与公司绩效之间存在相互影响，即创业态势对公司绩效具有较强的影响，公司绩效反过来也会影响创业态势。（4）环境变量、战略变量和内部变量对创业态势和公司绩效之间的关系具有调节作用（见图2.4）。

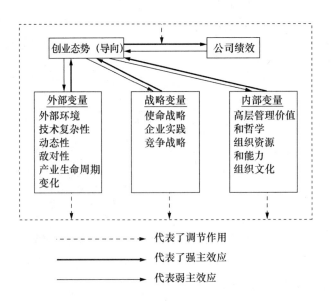

图2.4　科文和斯利文（1991）公司创业概念模型

扎拉（1993）在充分肯定该模型的基础上，也作了一些完善。他在没有改变公司创业、公司绩效、环境变量、内部变量和战略变量之间关系趋向的基础上，主要针对变量的具体内容进行了修订，从而提升了模型的准确性和全面性。扎拉（1993）对科文和斯利文（1991）模型的修订主要包括四个方面的内容：

1. 对环境变量的修订。他简化了外部环境变量的分类，删掉了科文和斯利文（1991）模型中的技术复杂性变量，认为技术复杂性变量和环境动态性变量有重叠，动态性已经包括技术复杂性。同时，扎拉增加了一个科文等没有涉及的重要的环境特征，即产业中创新机会的"丰富性"。扎拉指出，产业生命周期已经综合表达了环境动态性、敌对性和丰富性层面的变化，所以，产业生命周期与敌对性、环境动态性和丰富性也有重叠。因此他认为外部环境可以采用敌对性、动态性和丰富性三个变量，或者只采用产业生命周期一个变量。

2. 对公司创业变量的修订。扎拉（1993）采用了更为宽泛的公司创业行为定义，在他修订的模型中，不仅包括创业行为本身，还包括创业行为的正式化、持久性的类型。同时他强调研究中需要考虑不同类型公司创业活动的差异性。

3. 对内部变量的修订。扎拉（1993）把内部变量归为四类：组织结构（包括集权化、正式化、复杂性、有机性）、组织文化（开放性和授权）、管理价值和背景（包括年龄、过去经验和功能技术）和管理过程（包括参与和公平性）。

4. 对公司绩效变量的修订。扎拉（1993）将公司绩效划分为财务绩效和非财务绩效。他认为创业过程中获得的非财务绩效可以转化为财务绩效。

（三）Aloulou 和 Fayolle（2005）的创业导向规划模型

创业导向规划也即创业导向的选择和培育过程。创业企业要在环境分析、机会分析和资源分析的基础上进行创业导向规划（见图2.5）。

创业导向是企业战略导向的一种。企业在进行战略规划时，对环境的分析、机会的分析并与内部资源的匹配有利于加强公司创业导向，先于竞争对手抓住有利的成长机遇。对环境的系统扫描能使企业不断调整其战略定位，有利于对竞争对手的行动作出及时反应。企业领导者在进行创业导

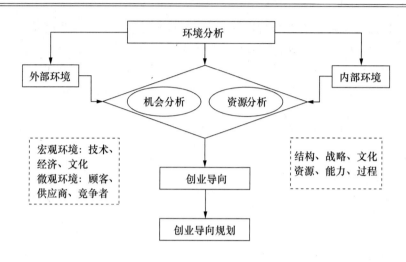

图 2.5　Aloulou 和 Fayolle（2005）创业导向规划模型

向规划时要考虑以下两种分析方法：

1. 基于机会的方法。这种定位方法使企业能够理解并抓住最好的商业机会，并规划如何开发。这种方法也便于企业利用自身经验去监控市场、技术发展和竞争对手的行为。

2. 基于资源的方法。这种定位方法用于判断企业竞争所需的资金、人才、技术和信息资源。当资源不足时，一个有抱负的企业将会选择合作战略，使其能够快速进入新市场。

（四）本书从三个理论模型中得出的重要启示

从以上三个创业导向理论模型可以看出，学者们普遍认同外部环境因素和内部组织因素共同构成了公司创业行为的前因变量，而组织绩效则是公司创业的结果变量的观点，正如扎拉（1993）所言，这是该领域中形成未来研究日程和方向的一项重要标志及贡献。从上述模型中我们还可发现，很多学者已经提到的但目前还没有系统整合研究的一些因素，比如古思和金斯伯格（1990）模型中的"价值观"、"信仰"、"社会性"；科文和斯利文（1991）模型中的"组织资源和能力"；扎拉（1993）修正内容中提及的外部环境中存在着的"创新机会的丰富性"以及 Aloulou 和 Fayolle（2005）模型中提及的"机会方法"和"资源方法"等，这些因素其实都和企业社会资本概念有关。企业社会资本恰恰也是一个横跨外部环境和内部因素的概念，即它既属于企业的一种资源和能力，同时它又产生于企业外部的社会网络联系之中。也就是说，如果我们从社会资本的角度去研究创业导向，不仅符合前人的研究逻辑和思路，而且可以把这些元素纳入一个整体概念中去系统地进行探究，可以说这既是继承了前人的研究成果，同时也是对前人研究的一点补充。

四 创业绩效

绩效是有关组织运作最终成果的一个整体性概念，是对组织目标达成程度的一种衡量。衡量绩效的标准会因为研究目的的不同而不同。究竟采用何种恰当的方法来衡量创业绩效，学术界并没有达成一致意见，很多研究倾向于强调哪些变量的信息容易收集，而不是哪些变量更为重要（Cooper，1995）。

衡量创业绩效比较困难的原因有：首先，目前缺乏成熟的理论对创业绩效进行界定，对创业绩效指标的选取进行指导（Brush and Vanderwerf，1992；Chandler and Jansen，1992）。尽管以墨菲（Murphy，1996）为代表的学者对其进行了跟踪研究，取得了一些有价值的成果，但还存在一些问题。其次，研究者难以获取客观、可信的创业绩效数据。创业企业往往不愿透露自己的真实财务数据，而企业经营者们的主观评价又可能因为心理阀值的不同而造成评价标准不一。最后，即使研究者获取了真实的绩效数据，但由于以往创业研究中对绩效指标的定义存在着较大差异，因而也很难对多个研究结果进行深入的比较分析，即创业绩效的变化究竟是由于研究焦点的不同而引起的，还是仅仅由于绩效测量指标选取的不同而引起的（Cooper，Gimeno-Gascon and Woo，1994）。

目前，创业研究中的创业绩效理论主要源于组织理论和战略管理的研究（Blackburn and Kovalainen，2009）。墨菲等（1996）指出，组织理论中组织效能（organizational effectiveness）的衡量有系统资源论、组织目标论和利益相关者论三种基本的理论视角。战略管理研究将以上三种绩效理论视角进行了整合，便形成了多层次的组织绩效测量结构。第一层结构是财务绩效，也是组织效能的核心。这一层测量结构被认为是必需的，但它并不能充分地界定整个效能。第二层结构是运营绩效，其主要关注能决定最终财务绩效的一些关键性因素，如产品质量、市场份额等。第三层结构是董事会评价绩效，主要关注大股东的满意感等。

墨菲等（1996）对 1987—1993 年创业研究领域中所有以创业绩效为因变量的 51 篇实证文章做了回顾分析，结果发现，60% 的研究（51 篇中有 31 篇）只采用一维或二维的绩效结构分析，而没有一篇文献中的绩效结构采用五维以上的分析，其中采用最多的三个绩效维度是效率（30%）、成长（29%）和利润（26%）。通过比较分析，墨菲等（1996）发现过去二十年的创业研究中关于绩效的测量很少具有一致性，研究者使用了多种多样的测量工具和方法，缺乏结构效度。因此，他们建议未来的创业绩效研究应遵循以下原则：（1）尽量对绩效的多个维度进行测量；（2）提供具有理论依据的绩效量表；（3）考虑控制变量如行业、规模等的影响；（4）清楚表明绩效维度的含义[①]。

如何对创业绩效进行测量迄今还没有达成一致意见，但是，越来越多的学者认同墨菲等（1996）的观点，即如果采用单一指标去测量创业绩效，可能会得出不客观的结论。在后续的研究中，学者们主要提出了生存性、成长性和营利性三类创业绩效的衡量指标。许多研究者都把生存作为创业成功的基本维度（Chrisman，Bauerschmidt and Hofer，1998）。由于新创企业面临着极大的不确定性，又缺乏足够的资源，生存下来就表明其已具有一定的管理和技术水平。成长性被很多学者认为是更能代表创业绩效的指标（Brush and Vanderwerf，1992；Brown，1996；Teece，2007）。Wiklund 和 Shepherd（2003）认为，成长性指标比财务指标更能客观、全面地衡量创业绩效，数据也更容易获取。霍伊等（Hoy，1992）指出，销售增长是衡量成长性的最恰当指标，包含了公司短期和长期的变化。同时霍伊等（1992）还发现，很多创业者也认同把销售增长当做衡量创业绩效的最关键指标。最后，创业绩效的测量也应当考虑到企业的营利性。学者们常用到的营利性指标包括资产回报率、投资回报率、销售利润率和销售收益率等（Murphy et al.，1996；Tang et al.，2008；Rauch，Wiklund and Lumpkin，2009）。

一些学者对创业绩效是采用绝对指标还是相对指标持有不同的观点（Shane et al.，2003；Davidson，2004）。不过，与行业内有意义的竞争对

---

① 转引自沈超红（2006）。

手进行比较有两个明显的优点：一是可以排除外界不可控因素的影响。创业企业和竞争对手都面临着行业中同样的宏观环境，创业绩效的好坏可以直接归因于组织自身的因素。二是便于跨阶段、跨行业比较。不同的创业阶段、不同的行业其绩效常模（norm）是不同的，和相当条件的竞争对手作比较和与绩效常模作比较具有一致性，同时还可以检验创业实践与创业理论的外部效度（沈超红，2006）。

从创业绩效的评价方法上看，现有的实证文献除一些对创业绩效采取客观数据衡量以外，还有很多研究是采用管理者或创业者的主观评价来衡量创业绩效。研究发现，由企业高层提供的主观绩效与企业实际绩效之间具有相当高的一致性（Dess and Robinson，1984）。沃尔等（Wall et al.，2004）的研究也发现，主观绩效与客观绩效的衡量结果呈现一致性。当客观绩效数据不易获取（如某些企业不愿或不能向研究者透露财务数据）或无法获取（如公司事业部、分支机构无独立财务数据）时，可用主观评价数据来代替客观绩效数据进行研究。

采纳上述学者们的建议，结合本书研究的具体情景和对象，本书将采用对创业绩效的相对指标进行主观评价的方法，分别从财务指标和战略指标入手进行综合衡量。财务指标是传统的衡量企业绩效的标准，对于企业而言，财务指标永远都占据着重要地位。而战略指标又和企业的成长及未来息息相关，因此应将二者结合起来考虑（Tang et al.，2008；Rauch，Wiklund and Lumpkin，2009）。

第三节　社会资本、创业导向与创业绩效的关系

一　社会资本与企业绩效

许多学者对社会资本与企业绩效的关系进行了深入研究。根据本书所涉猎的相关文献来看，发现很多研究者根据不同的文化背景和研究目的对社会资本的内涵和维度构成进行了拓展，研究层次涉及个体层面、组织内部门或团队层面、企业层面、战略联盟和网络层面，研究结论也存在很大的差异。

Yli - Renko、Autio 和 Tontti（2002）从企业层面的内部社会资本角

度，探讨了新创技术型企业中的社会资本和国际成长的关系，发现社会资本和国际销售增长存在正相关关系。Balaji、Koka 和 Prescott（2002）将社会资本定义为企业从联盟中能获取的信息利益，发现社会资本和企业绩效及员工人均销售收入正相关。Hsieh 和 Tsai（2007）在对中国台湾90家高科技企业的新产品投放战略研究中发现，企业社会资本与新产品的市场表现呈显著的正相关。Tjosvold 等（2007）使用台湾股票交易市场中家族公司的样本数据进行研究时发现，非家族成员的 CEO 其社会关系对其薪酬具有重要的决定作用，而家族成员的 CEO 其薪资水平与社会资本不相关，这说明家族企业在选用 CEO 上非常看重其"关系"或者该 CEO 所拥有的社会资本。Kwon（2009）对韩国122家进出口商为样本进行了研究，发现进口商和出口商之间的关系嵌入和结构嵌入对双方的绩效产生正向作用。边燕杰和丘海雄（2000）是国内第一次提出企业社会资本概念的学者，他们认为，企业法人代表通过纵向联系、横向联系和社会联系摄取稀缺资源的能力是一种社会资本，通过对广州市188家企业的调查数据分析，验证了企业社会资本对企业的经营能力和经济效益有直接的提升作用。国内其他学者如张方华（2006）、刘寿先（2008）、孙俊华和陈传明（2009）等也得出类似的结论。

然而，佛罗里达等（Florida et al.，2002）的经验研究结果表明，社会资本与创新绩效之间甚至存在着相反的关系，他们认为，社会资本得分高的组织会由于自满或者与外部信息和挑战隔绝而阻碍创新。Presutti、Boari 和 Fratocchi（2007）的研究从社会资本的关系维度、结构维度和认知维度出发，发现关系维度和认知维度与知识获取绩效呈负相关。刘林平（2006）在对企业社会资本的研究中发现，企业所投入的构建社会关系网络的费用与企业绩效之间并不如人们所期待的那样有强烈的正相关关系。龚鹤强和林健（2007）从关系运作和关系认知两个方面去界定关系维度的社会资本，发现关系维度的社会资本不仅不能有效地提高销售额和利润率，甚至起负面作用。

还有一些学者如汉森、波多尔尼和普费弗（Hansan，Podolny and Pfeffer，2001）及张其仔（2002）认为，社会资本与研究开发绩效或者技术创新绩效之间的关系不确定。从企业层面探讨社会资本与绩效关系的部分研究总结见表2.9。

表 2.9　　　　　　企业层面社会资本—绩效关系的实证研究

作者	研究维度	绩效指标	样本	研究结果
Kale、Singh 和 Perlmutter（2000）	合作伙伴的适合性，关系资本，冲突管理	从联盟伙伴的学习绩效、核心资产保护	212 家企业	基于联盟伙伴之间的相互信任和互动而形成的关系资本可以提高组织学习绩效，同时能抑制联盟伙伴的机会主义行为，并防止关键知识的外溢
Yli – Renko、Autio 和 Tontti（2002）	联系管理，客户参与，供应商参与	国际销售增长、组织学习绩效	56 家企业	社会资本增进新的技术信息传播，通过提高组织解决问题的效率而促进学习绩效和国际销售
McEvily 和 Marcus（2005）	信任，信息共享，合作问题解决	竞争能力获取、质量管理	234 家企业	信任和信息共享对于企业竞争优势的获取至关重要，合作问题的解决在促进复杂和难以编码化知识的转移中起很大作用
莫兰（Moran, 2005）	直接联系，间接联系，关系亲密程度，信任	管理人员的任务绩效、销售和创新绩效	120 家企业	结构嵌入（直接联系和间接联系）对销售绩效有较强的影响，关系嵌入（亲密程度和信任）对产品和流程创新绩效的影响更强
Li（2005）	信任，共同愿景	子公司知识流入绩效	75 家在华子公司	信任对子公司与东道国当地企业的知识共享的影响更大，共同愿景对母子公司之间的知识转移和共享影响更大
Tsai（2006）	关系嵌入，结构嵌入	知识吸收能力、创新绩效	212 家企业	具有丰富社会资本的网站的知识吸收能力和创新绩效较高，并且一个网站如果具有较高的中心性、结构洞和网络密度，则更易转移客户知识

续表

作者	研究维度	绩效指标	样本	研究结果
Hsieh 和 Tsa (2007)	社会资本,技术机会和市场特征	创新性产品的市场投放战略	90 家中国台湾高科技企业	技术机会和社会资本对创新性产品的市场投放战略具有显著的正效应;在市场增长率提高的情况下,社会资本和市场投放战略之间的显著正效应加强
克劳斯、汉德菲尔德和泰勒 (2007)	关系发展,买方承诺,共享价值观,信息共享	企业绩效(成本、质量、交货时间和制造灵活性)	370 家企业	社会资本的认知维和关系维在降低成本方面更重要,认知维和结构维对产品质量,交货时间和制造灵活性方面更重要
Presutti、Boari 和 Fratocchi (2007)	关系维度、结构维度、认知维度	经济绩效创新绩效	107 家企业	社会资本的结构维度与知识获取之间显著正相关,而关系维度和认知维度与知识获取负相关
Capo – Vicedo、Exposito – Langa 和 Molina – Morale (2008)	社会网络、认知匹配、情感匹配、共同规范、信任	知识转移绩效	32 家企业	社会网络与知识转移绩效不存在正的相关关系;认知匹配、情感匹配和信任要素与知识转移绩效正相关;而共同规范与知识转移绩效不存在正的相关关系
安德森(Anderson, 2008)	信息容量、信息多样性、信息丰富性	经理人员的执行绩效和管理绩效	103 家企业	社会资本能给经理人员带来信息容量,信息多样化和信息丰富性。经理人员的社会资本与执行绩效和管理绩效正相关
Kwon (2009)	关系嵌入、结构嵌入	企业绩效:净收入和资产回报	122 家韩国企业	关系嵌入和结构嵌入在进出口企业网络中对其绩效产生正相关

资料来源:在王立生(2007)的基础上增加和整理。

二 创业导向与企业绩效

国内外大多的公司创业研究结论表明，创业导向是促进组织成功的重要因素。很多学者的实证研究也表明，创业导向与企业绩效间呈正向影响关系。并且威克兰（Wiklund，1999）的纵向研究表明，公司创业活动对组织的长期绩效贡献比短期绩效作用更大，因此，创业导向是一种长期战略，而非短期战术行为。奈特（Knight，2000）在对跨国公司创业导向的实证研究中发现，在国际化背景下，创业导向能促进跨国企业市场战略的实施，进而促进整个组织绩效的提高。我国学者张映红（2005，2008）和刘预（2008）分析了转型经济环境下中国企业的创业活动与创业绩效的关系，得出的结论与国外的研究大致相似。

因为研究背景、选取变量以及研究对象的不同，也有一些学者的研究出现不一致的结果。他们认为创业导向与企业绩效之间并不存在必然的直接关系，在模型中考虑到一些情景因素也许可以获得更准确地解释（Dess，Lumpkin and Covin，1997）。在贝格利和博伊德（Begley and Boyd，1987）以及 Tang、Kreiser 和 Marino（2009）的理论探讨文献中，均提出了创业导向的不同维度与企业绩效存在着不一致关系的观点。Shane 和 Venkataraman（2001）及 Wang（2008）的实证研究表明，冒险性同企业绩效之间存在非线性的关系，创新性和企业绩效之间存在正向关系。Baker 和 Sinkula（2009）的实证研究指出，先动性可以使企业快速反应市场，超前追求环境中的商业机会，从而促进企业绩效的提升。伦普金和德斯（Lumpkin and Dess，2001）对竞争侵略性和先动性两个维度与组织绩效的关系进行了实证研究，发现先动性维度对于企业的销售回报、销售增长和获利性都具有显著的正向影响，而竞争侵略性维度对企业的销售增长、销售回报和获利性都几乎没有影响，并且环境动态性会增强先动性与绩效的正向关系。蔡莉（2004）和 Tang 等（2008）分别以中国的创业企业为研究样本，实证结果表明，创业导向与企业绩效呈倒 U 型关系。

在探讨创业导向与企业绩效关系的研究中，大多数学者采用多重构面的绩效指标来衡量二者间的关系，单一绩效指标容易导致两者间关系的错误推论（Rauch，Wiklund，Lumpkin and Frese，2009）。以往研究中学者们经常采用的绩效指标有：成长性指标、获利性指标和其他指标。成长性指标主要包括员工人数增长、市场份额、绝对的销售增长、相对的销售增长等；获利性指标主要包括资产回报率、投资回报率、销售利润率、销售收益率、净利润等；其他指标包括整体绩效、产品质量、品牌形象、利益相关者的满意度等指标。表 2.10 是创业导向与企业绩效关系的部分实证研究总结。

表 2.10　　　　　　创业导向—绩效关系的实证研究

作者	研究维度	绩效指标	样本	研究结果
扎拉（1993b，1996）	新业务开拓、创新、战略更新	财务绩效	102 家企业	创业导向对企业绩效有正向作用，且受某些环境变量所调节
德斯、科文和伦普金（1997）	创新性、冒险性、先动性	销售成长、投资回报	32 家多元化经营公司	创业导向与公司战略、环境交互作用共同影响企业绩效
威克兰（1999）	创新性、冒险性、先动性	成长性、获利性	132 家中小企业	创业导向对企业绩效有正向影响，考察时间由一年延长为两年时会增强此正向关系
巴雷特和贝卢恩（Barrett and Balloun，2000）	创新性、冒险性、先动性	销售成长、获利情况	142 家企业	创业导向对企业绩效有正向影响，且市场营销战略能进一步推动二者之间的关系
奈特（2000）	创新性、先动性	销售收益、市场份额	87 家跨国企业	国际化背景下，创业导向促进市场战略的实施，进而促进组织绩效
Antoncic 和 Hisrich（2001）	新业务开拓、创新、自我更新、先动性	成长性、获利性	192 家不同国家企业	跨国比较研究，发现创业导向对企业绩效有正相关关系
Dimitratos Lioukas 和 Carter（2004）	创新性、冒险性、先动性	外国市场的销售比率、市场运作满意度	152 家跨国型企业	部分支持创业导向对企业国际绩效有正向影响，国内环境的不确定性强化此正向关系，其他环境因素并不显著影响两者关系
威克兰和谢泼德（Wiklund and Shepherd，2005）	创新性、冒险性、先动性	成长性、财务绩效	413 家中小企业	创业导向对中小企业绩效有正向影响，取得资金的便利性与环境动态性不会对此关系有影响

作者	研究维度	绩效指标	样本	研究结果
Moreno 和 Casillas（2008）	创新性、组织更新、先动性	资产回报率、销售利润率	96家企业	创业导向会促进企业财务绩效，这种效应随着时间的推移而不断增强，敌对环境也会增强这种关系
布莱克伯恩和布鲁希（Blackburn and Brush, 2008）	新业务开拓、创新性、冒险性、先动性	销售增长率、销售利润率、获利能力	126家企业	创业导向与企业绩效有正相关关系，创业环境、组织结构对创业导向与企业绩效的关系具有调节作用

资料来源：在张慧（2007）的基础上增加和整理。

三　企业社会资本与创业导向

关于企业社会资本和创业导向关系研究的文献非常少，笔者认为，原因可能有两个：一是两者的概念均缺乏高度清晰和一致的界定，它们与其他相关术语常常出现混淆不清的情况，比如，企业社会资本与企业家社会资本、内部社会资本与外部社会资本等；创业导向也经常与创业战略、创业姿态、创业精神混用，因而在一定程度上阻碍了两个概念领域的深入研究。二是企业社会资本和创业导向均可发生于个体、团队与组织三个层次，多层次的复杂性也可能阻碍两个概念间关系的进一步探究。

尽管如此，还是有一些学者从不同的视角探讨企业社会资本和创业导向二者之间的潜在联系以及加强彼此有效性的研究。一些学者指出，成功的创业活动可能与拥有更多的企业社会资本有关，因为企业社会资本可以提高一个企业评价复杂环境和创造新的知识密集型产品或服务的能力，同时企业社会资本作为快速获取信息的渠道也能使企业超前行动，更有条件进行新业务和新市场的开拓。莫兰（2005）的研究表明，以执行导向和创新导向为衡量内容的企业任务绩效，随着企业间关系紧密度和信任度的提高而不断提高。邦纳和沃尔克（Bonner and Walker, 2004）的实证研究表明，顾客的关系嵌入以及关系质量与企业的新产品发展正相关。西姆塞克、卢巴特金和弗洛伊德（Simsek, Lubatkin and Floyd, 2003）指出，越来越多的学者已经认识到企业社会资本在催生公司创业行为方面担当着重要角色。公司创业行为被嵌入在企业社会资本之中，公司创业度的大小由企业与其社会网络之间的作用关系所决定，公司创业行为的方向也会受到社会网络的影响。西姆塞克等（Simsek et al.，2003）在一项网络嵌入如何对公司创业导向产生影响的研究中，把公司创业行为分为渐进型创业行为（incremental entrepreneurial behavior）与根本型创业行为（radical entrepreneurial behavior）两种类型，并指出企业所处的嵌入性对上述两种不同的创业行为有不同的影响。Yang（2004）也探讨了企业社会资本对创业导向的影响，把企业与外部组织间的连接分为直接连接和间接连接，提出了间接连接与开发式创新正相关，直接连接与利用式创新正相关的假设观点。但 Yang（2004）和西姆塞克等（2003）的研究仅停留在理论层面，并没有进行实证分析。

根据上述三个关系领域现有文献的研究进展总结，我们可以发现，企业社会资本和公司创业导向都有着十分广泛的研究领域和研究课题。社会资本与企业绩效、创业导向与企业绩效是目前国内外学者进行实证研究的焦点，并且大多数实证研究支持了企业社会资本与组织绩效有正向关系，公司创业导向与组织绩效有正向关系。少数学者虽然也产生了把企业社会资本与公司创业导向整合起来进行研究的兴趣，并且从理论上提出了企业社会资本与创业导向间可能的动态演变与影响关系，但还是非常缺乏相应的实证研究以检验二者之间复杂、动态的关系。而这也恰好为本书以此为切入口进行研究提供了一定的空间。

第四节　基于社会资本理论视角的创业研究述评

一　基于社会资本理论视角的创业研究搭起了产业结构理论和资源基础理论之间的桥梁

产业结构理论强调企业所处的产业环境，忽视了企业内部因素也能够导致相互间绩效的差异；而资源基础理论在很大程度上将绩效归因于企业内部拥有的资源和能力。随着企业网络、战略联盟和资源依赖等强调组织间关系的理论的出现，社会资本对企业行为和绩效形成方面的解释越来越为学者们所接受。企业嵌入于各种交换关系的社会网络中，该网络为企业提供潜在的信息、资源、市场和技术，企业利用网络中的规模经济和范围经济，更容易达成其战略目标（Gulati et al.，2000）。企业社会网络深刻地影响着企业的行为和绩效。在网络关系中互动的商业或非商业往来，可以帮助企业获得更多资源，更便利地接近市场以及发现新的商业机会，通过知识流通、相互学习以及资源共享来获取效益（Fuller－love，2009）。可见，社会资本，一方面是作为企业现实的或潜在的资源而存在，另一方面它又产生于企业与外部环境的互动和联系之中，所以说，社会资本理论搭起了产业结构理论和资源基础理论之间的桥梁。

二　基于社会资本理论视角的创业研究是对资源基础理论的补充

创业绩效不仅取决于企业自身内部所拥有的资源，而且还取决于嵌入在各种社会关系网络中的难以被竞争对手模仿的各种资源和能力（Hage-doorn，2006）。企业是嵌入在社会网络中的一个节点，除了自身所拥有的内部资源以外，还可以通过社会网络中的各种联系来获得自身所不具备的关键性资源，企业之间不同形式的各种联系确实能够为企业带来可观的关系性租金（Dyer and Singh，1998）。特别是企业与外部组织之间的异质性连接可以作为竞争优势的一种来源，因为这些连接能够使企业更容易获得额外的资源（Luo，Griffith，Liu et al.，2004）。企业从社会网络中获取的战略性资源，在对其进行有效配置、集成和整合的基础上，就可以创造出新的资源能力、商业模式和新业务，进而实现更好的创业绩效（周小虎，2006）。可见，从社会资本理论的视角探究创业过程，是对资源基础理论的补充。

三　基于社会资本理论视角的创业研究凸显了创业企业社会资本的功用性质

社会资本除了可以给企业带来直接的创业资源如技术知识、市场信息和管理经验等以外，还可以通过转换为其他形式的资本来促进公司创业行为的发生。创业企业在组合它们资源的过程中，必须认识到社会资本的可转换性质，这样才能更有效地配置资源，从而提升企业的创业绩效（Beamish and Kachra，2004）。普特南（1993b）从东亚地区经济增长的研究中得出结论，社会资本可以转化为金融资本或其他资本。波茨（1998）也强调，通过社会资本，行为者能够获得经济资源（补充性贷款、投资窍门、保护性市场），能够通过与专家或有知识的个人接触提高自己的文化素养（具体的文化资本），能够与有权授予信任状的机构建立密切联系

（制度化的文化资本）。这些能够授予有价值的信任状的机构包括政府机构、金融机构、风险投资机构、担保机构等。

四　基于社会资本理论视角的创业研究是对创业绩效形成机理的全面解读

在日趋复杂和动荡的竞争环境中，大量的企业或主动或被动地选择网络融合的方式参与到创业和创新的市场活动中来。对于创业网络和创新网络中的节点企业而言，除了要充分利用自身的特殊资源和能力以及特殊的价值活动（节点优势）来创造绩效以外，更需要通过与外部组织间的连接来对网络整体的资源实现共享、整合、互补和运用（网络优势），从而获取协同效应和规模效应，以进一步提升自身的经营绩效。美国的硅谷和中国的中关村都是网络优势和节点优势相结合的典范。从社会资本理论的视角对创业绩效进行解读，可以更全面地把握创业绩效的形成机理。

五　基于社会资本理论视角的创业研究有助于区分企业家社会资本和企业社会资本

早期的创业研究大多围绕着企业家的个性特质展开，然而，这种认为企业家非同常人的研究并未证实个性特质与创业行为之间存在着什么必然联系（Begley and Boyd, 1987）。20 世纪 90 年代以后，创业研究的视角开始从企业家的个性特质逐渐转移到了企业家所嵌入的社会制度环境上来，其中一个热门话题就是对企业家社会资本的研究（Ulhoi, 2005）。国内也有很多学者关注企业家社会资本与创业绩效关系的研究（李路路，1997；石秀印，1998；周小虎，2002；李新春和苏琦，2008；孙俊华和陈传明，2009）。但如果以企业家个体层面的社会资本作为考察对象，分析其对企业整体运作绩效的影响，将低层次嵌入的个体社会资本与高层次嵌入的组织绩效联系起来，这种研究可能会犯所谓的"还原谬误"，即"以微观（个人）层次的考察来推断企业这一相对较为宏观层次的行为及其结果的研究方式"（王凤彬和李奇会，2007）。况且随着现代企业制度的建立和不断完善，企业家个人的光环将逐渐消失，企业层面社会资本的搭建和积累将对组织绩效产生越来越重要的影响。

第三章 科技型中小企业社会资本对创业绩效的影响机制

社会资本是投资在社会关系中并希望在市场上得到回报的一种资源，是一种镶嵌在社会结构中并且可以通过有目的的行动来获得或流动的资源，不能离开社会关系或者社会网络谈社会资本（Lin，2001b）。任何经济组织或个人都悬浮或镶嵌于由多重社会关系交织而成的复杂、重叠和交叉的社会网络之中，而社会资本则建立在社会网络的基础之上。没有社会网络作为基础，社会资本就成为"无本之木，无源之水"（孙凯，2008）。社会资本蕴藏于社会网络，并且是网络成员的一种收益来源，社会网络停止运行，社会资本也就不复存在了（Adler and Kwon，2002）。社会资本不会自动存在于网络之内，但当个体有机会进入该网络、想要参与该网络并有能力从中获得收益或者为其他网络成员提供收益时，社会资本便被激活。从这个意义上来说，社会网络以及基于其基础之上的社会资本，为分析科技型中小企业创业绩效的形成机理提供了一个新的理论视角。

第一节 科技型中小企业社会资本

一 科技型中小企业及其社会资本

关于中小企业的划分标准，我国的《中小企业标准暂行规定》（国经贸中小企〔2003〕143号）有明确的界定，工业类中小型企业须符合以下条件：职工人数2000人以下，或销售额3亿元以下，或资产总额为4亿万元以下。其中，中型企业须同时满足职工人数300人及以上，销售额3000万元及以上，资产总额4000万元及以上；其余为小型企业。

关于科技型中小企业的划分标准，目前，我们国家没有专门的文件予以界定，各级地方政府在政策操作中采取的标准也不一样。不过，根据国务院办公厅转发科技部、财政部《关于科技型中小企业技术创新基金的暂行规定》的通知（国办发［1999］47 号）中的要求，对提出申请的企业要求具备以下条件：

1. 创新基金支持的项目应当是符合国家产业技术政策、有较高创新水平和较强市场竞争力、有较好的潜在经济效益和社会效益、有望形成新兴产业的高新技术成果转化的项目。

2. 职工人数原则上不超过 500 人，其中具有大专以上学历的科技人员占职工总数的比例不低于 30%。经省级以上人民政府科技主管部门认定的高新技术企业进行技术创新项目的规模化生产，其企业人数和科技人员所占比例条件可适当放宽。

3. 企业应当主要从事高新技术产品的研制、开发、生产和服务业务，企业负责人应当具有较强的创新意识、较高的市场开拓能力和经营管理水平。企业每年用于高新技术产品研究开发的经费不低于销售额的 3%，直接从事研究开发的科技人员应占职工总数的 10% 以上。

本书为了取样的方便，对科技型中小企业的界定作了适当的放宽，即符合职工人数 2000 人以下，或销售额 3 亿元以下，或资产总额为 4 亿元以下，同时主要从事高新技术产品的研制、开发、生产和服务业务的企业，都是本书所指的科技型中小企业，这些企业主要分布在电子信息、软件、创意、动漫、工业设计、生物医药、新能源与高效节能、新材料、光机电一体化、资源再生利用和环保、高技术服务业、节能减排以及利用高新技术改造传统产业领域 13 个类别。

关于科技型中小企业社会资本的界定，借鉴大多数学者的观点，结合本书研究的对象和具体情景，我们把科技型中小企业社会资本界定为科技型中小企业建立在信任和规范基础上的外部关系网络的结构、范围和质量，以及镶嵌在其中的一切可动员的外部资源。科技型中小企业外部关系网络中的主体包括政府科技主管部门、大学、科研机构、金融机构、科技中介、客户和供应商、风投机构、竞争对手、行业协会和联盟企业等。

二　科技型中小企业社会网络的演进

（一）初创时期自发形成社会网络

科技型中小企业具有高度的不确定性和风险，既缺乏资源的体制内获取渠道，又没有传统市场上的交易信用。因此，科技型中小企业必须也只能依靠自身的外部网络来获取资源。初创时期科技型中小企业自发形成的社会网络，也是创业者个人的人际关系网络，它是以个人身份为基础的社会关系网络，具有内聚性、嵌入性和路径依赖性的特点，如表3.1所示。初创时期网络节点之间的联系大多源于创业者个人的人际关系，企业经济行为嵌入在创业者个人的人际关系网络之中。在这种成员数量较少、相对封闭的内聚性网络中，节点间的合作大多基于亲情、相互认同感和社会信任。所以，企业基本依赖创业者先前的以个人身份为基础的关系网络，路径依赖性非常高。

表 3.1　　　　　　　　　　初创期科技型中小企业的社会网络

特点＼表现	嵌入性	内聚性	路径依赖性
主要特征	节点间关系更多地出于个人人际关系，商业交易在社会网络中进行	稠密的网络，节点间联系密切，交易非经济性	企业高度依赖企业家预先存在的个人社会网络
产生原因	不为别的企业认同，难以与其他企业建立关系	节点是基于相互认同因素、社会义务和亲情依赖	无力进行开创性的探索，必须依赖已存在的以个人身份为基础的网络
评价分析	嵌入式节点提供持续不断的支持也许是有些企业获取资源的唯一渠道	非经济性交易对初创期企业至关重要，企业未来不确定性越大，就越依赖内聚性网络	企业家预先存在的个人社会网络限制了网络的柔性与适应性
发展方向	发展方向向以嵌入式网络和正常市场联系为主的网络过渡	非嵌入式节点增加，内聚性减少。节点联系更加稀疏和脆弱	由路径依赖性的网络过渡到有意识管理的网络

资料来源：在孙凯（2008）的基础上修改整理。

初创时期的网络特征显然不能满足企业成长的需要，企业必然要和更多的其他节点发生以市场交易为目的的商业关系，让原本嵌入性、内聚性和路径依赖性都很高的企业网络吸纳更多的非嵌入式节点，减少稠密性，克服可能出现的重复性较高、异质性不足的问题。这些非嵌入式节点可以帮助企业与更广泛的外部组织建立联系，使科技型中小企业易于获取丰富多样的信息、技术和资源，也使得科技型中小企业有可能拥有其他企业发展所需的资源，从而提升了科技型中小企业在网络中的价值。实践表明，当科技型中小企业同时具有嵌入式节点和正常市场交易节点时，获取融资贷款等资源的可能性最大且成本较低（孙凯，2008）。

（二）初创期后的协同创新社会网络

信息化和全球化使世界技术创新的速度在不断加快，科学技术的复杂性和综合性也在不断增强。对于渡过了初创期"死亡之谷"的科技型中小企业来说，仍然暴露出创新能力弱、研发投入不足、技术信息匮乏、创新人才短缺等问题，科技型中小企业的创新活动日益受制于有限的资源与能力。此种条件下，科技型中小企业要想继续成长必须寻求外部技术及其他资源的支持。然而，仅仅靠科技型中小企业独立完成技术及资源的搜寻和识别，不仅风险大，而且成本高，就算是大型企业也不可能单独完成从基础研究到技术研发的一系列过程。此时，政府和科技中介就要充分利用社会分工的比较优势，促进各创新主体共享和互补优势，实施集成式的技术创新。因此，构建基于共享和互补的协同创新社会网络，对于降低企业的技术创新风险和搜寻成本，提高企业的技术创新效率，具有十分重要的现实意义。

所谓协同创新社会网络，是指以科技型中小企业为核心，以科技中介为纽带，以科技创新资源为主线而形成的与其他各行为主体（大学及科研机构、政府、其他企业、金融机构等）在交互式作用中建立的能够促进或激发创新、相对稳定的正式或非正式的关系总和（唐丽艳、王国红等，2008）。

协同创新社会网络的参与主体包括科技型中小企业、大学、科研机构、科技中介、政府、金融机构和其他企业等。参与主体的数量越多，创新网络的节点就越密集，创新主体间接触和交流的机会越多，创新的机会以及创新的成功率也就越大。假如创新主体的数量较少，创新网络的节点连线就不足规模，就会大大弱化创新网络的功能发挥。科技型中小企业是创新网络中最为活跃的节点，也是创新网络中最为重要的组成部分，共同的愿景使各创新主体有机地结合在一起。这种新型的协同创新社会网络包括以下几种联结：

1. 科技型中小企业通过科技中介与政府部门的联结。政府在构建协同创新网络中发挥着重要作用，不仅要为网络营造健全有序的市场环境、产业配套环境和政策法律环境，还要对中介机构进行大力扶持和正确引导。科技型中小企业通过科技中介积极与政府部门合作，可以充分利用政府推动中小企业创新发展的各项政策、计划和法规。只有科技型中小企业、政府部门和科技中介建立了交互式联系，节点之间的关系链条才能建立并得以稳固，协同创新网络才能更加有效。现实中，我国众多的科技型中小企业已经借助各类科技中介的作用，积极参与以政府为主导的各种创新计划之中，如科技攻关计划、"产学研"联合开发工程等。

2. 科技型中小企业通过科技中介与大学及科研机构的联结。大学及科研机构是技术和人才的战略高地。建立与大学及科研机构的联结，对于技术和人才相对匮乏的科技型中小企业来说，关系到企业技术创新的效率和竞争优势的搭建。同时，科技中介掌握着大量的科技成果信息，在技术评估、项目机会识别和市场调研方面有天然的优势。科技型中小企业可以通过科技中介与大学及科研机构建立紧密的合作，具体包括建立"产学研及科技中介"联合体、共同承担科研项目、共建高科技公司等。

3. 科技型中小企业通过科技中介与金融机构的联结。各类金融机构是企业发展所需资金的主要提供者，科技型中小企业的持续创新与发展离不开资金支持。科技型中小企业应加强与金融机构的沟通与合作，在科技中介机构所提供的初次信用担保基础上，与金融机构建立战略性伙伴关系，逐步建立起科技型中小企业自身的信用，创造银企联动的双赢连接模式。

4. 科技型中小企业通过科技中介与跨国企业的联结。随着我国对外开放政策的全面实施以及经济实力的增强，近年来，我国已成为跨国公司研发投资的热点。可以借鉴"研发外包型"的运作模式，即科技中介牵头组织科技型中小企业完成跨国企业的研发项目。研发投资有着显著的溢出效应，跨国公司的研发投资在弥补我国企业研发投资不足的同时，也带来了世界上最先进的技术、人才以及管理经验。科技型中小企业通过合作技术创新可以融入更大范围和更高层次的协同创新社会网络中，这对提升自主创新能力和培养国际视野具有重大意义。

二　科技型中小企业社会资本的功能

贝克（2009）等指出，由于中小企业的组织形式（虚拟组织）、营销策略（客户网络、营销网络等）、合作方式（联合投资、战略联盟等）、竞争手段（合作性竞争、依存性竞争等）等越来越体现出网络特征，因此，社会网络以及蕴藏其中的社会资本正逐渐成为中小企业的重要资源。科技型中小企业社会资本具有以下功能：

（一）科技型中小企业社会资本的构建能够使交易成本大大降低

科技型中小企业通过与其下游经销商、上游供应商建立紧密的社会网络关系，可以降低后者的讨价还价能力。科技型中小企业的社会网络有助于外部市场交易的内部化，节省大量的谈判、审查、监督等交易成本。通过良好的客户关系网络和营销网络，科技型中小企业可以减少对产品推广、市场开发等营销费用的投入，同时稳定的客户关系可为科技型中小企业节省巨额的佣金，并且顾客的忠诚将在无形中增加竞争对手的进入壁垒。

（二）科技型中小企业社会资本的构建有助于通过合作实现双赢或者多赢

首先，科技型中小企业通过社会网络的搭建，可以与其网络伙伴甚至竞争对手共同致力于产品推广、技术研发、项目投资和市场开拓等，从而实现风险的分散与收益的分摊。科技型中小企业所从事的是高收益、高风险的事业，其控制力和判断力都是有限的，社会网络的搭建正好可以弥补科技型中小企业自身的不足。

其次，科技型中小企业与知名企业的联盟，可以提升其公众形象，通过模仿和学习机制，科技型中小企业可以减少试错风险。

最后，科技型中小企业通过与竞争对手的联盟，可以降低竞争风险，减少外界阻力，从而最终通过网络协同作用实现双赢或者多赢。

（三）科技型中小企业社会资本的构建有助于转变企业的竞争观念

在产品短缺时代，市场由卖方控制，企业无须考虑通过产品差异化来满足顾客要求。由于没有市场竞争压力，企业只需考虑如何提高效率进行大规模生产。随着技术的进步和经济的发展，卖方市场开始向买方市场转变，市场竞争日趋激烈，顾客的需求越来越个性化，对企业的期望也越来越高。社会资本的构建可以使科技型中小企业摒弃传统的恶性竞争理念，走一条在合作中竞争、在竞争中合作的新路子，共同将利益蛋糕做大，这样就可以有效地避免"囚徒困境"问题。

（四）社会资本强化了科技型中小企业社会网络的构建及网络优势的发挥

由于科技型中小企业所寻求的资源具有指向性，因此科技型中小企业的社会网络总是针对特定的对象，并且该网络具有自我复制性、自我强化性和自我选择性。科技型中小企业社会网络的自我选择性是指科技型中小企业在不断试错中，通过前验与后验的比较和判断，逐步形成其评价与选择社会网络的标准；科技型中小企业社会网络的自我复制性是指网络成员的社会网络即间接网络可以最终演变为企业的直接网络，网络成员在互动机制和学习机制的作用下逐渐同化，小而简单的社会网络逐渐聚合成大的、复杂的社会网络；科技型中小企业社会网络的自我强化性是指社会网络的构建具有规模经济性和路径依赖性，即当科技型中小企业一旦形成其网络选择标准，这种标准将成为约定俗成的制度来指导科技型中小企业社会资本的积累，并且随着社会网络的不断复制与扩散，维系网络的平均成本也将越来越低，这种规模经济性更促使了科技型中小企业通过以不断降低的社会网络成本代替经济成本的方式来创业①。

第二节　科技型中小企业的创业导向和创业资源

一　科技型中小企业创业导向及其特征

根据前面的文献回顾，创业导向实际上描述了公司层面在运营、组织架构和资源分配等方面所表现出的一种积极进取、勇于开拓和行动领先的经营哲学（Dess and Lumpkin，2005）。它可以从公司战略决策的过程入手，通过描述该过程中一些重要特点来定义公司的创业行为（Green，Covin and Slevin，2008）。公司在战略决策过程中所体现出的高创业导向会给组织带来竞争优势，即高创业导向的组织往往更具有策略上的攻击性：勇于创新、开拓，决策大胆，试图抓住一切扩张、盈利的机会，适时进行组织变革，在各个方面抢占先机并将对手置于非常困难的境地（Dess

---

① 转引自孙凯（2008）。

and Lumpkin, 2005)。因此，它们能够在艰难的环境中求得生存，在宽松的环境中获得更多的发展机会。

本书认为，科技型中小企业的创业导向包括产品技术创新、新业务开拓和组织战略更新三个构面，它具有以下五个特点：

（一）新业务开拓领域的广泛性

科技型中小企业依靠产品技术的领先性进行新业务领域的开拓，必然要求与市场和客户的联系极为紧密。所以，基于产品设计、客户服务、工艺流程设计、服务外包、知识输出、技术输出、商业模式输出、品牌输出等方面的新业务开拓，领域非常广泛。特别是新兴产业链的兴起和发展，为科技型中小企业开拓新业务提供了巨大的市场空间。

（二）组织战略更新的匹配性

科技型中小企业大多处于竞争异常激烈、与外界环境互动性非常频繁的新型行业，技术进步的加快与顾客需求的变化必然会要求科技型中小企业内部不断地进行组织战略方面的更新，既包括产品市场定位的重新思考，也包括组织内部资源的重新配置，从而增强与外部环境之间的匹配性、适应性和互动性。

（三）注重产品技术创新的应用性

遵循合理实效的原则，科技型中小企业的技术创新和产品创新，主要着眼于现在而非将来。科技型中小企业很少从事投资大、见效慢、项目多的基础性技术创新。科技型中小企业生存和发展的迫切性，决定了其更注重应用技术的创新。

（四）创新机制的灵活性

科技型中小企业大多掌握着某种专利产品或专利技术，但一般没有自己独立的研发机构。因此，可以与科研机构和大学共同进行开发创新，也可以运用所掌握的信息情报资料，借助网络成员的力量进行创新。在产品技术创新上，科技型中小企业善于捕捉商机，离市场较近，跟进步伐快，在机制与效率上的优势更为明显。

（五）创新资源的外部依赖性

科技型中小企业由于自身资源的局限性，所以更强调利用外部资源，更强调与外界合作，通过学习与合作进行创新技术的吸收和扩散。近年来，随着我国科技体制的改革和官、产、学、研合作渠道的畅通，科技型中小企业利用外部资源进行创新的意识进一步增强。

可见，采取创业导向的战略模式，是科技型中小企业保持不断创新和积极进取的力量源泉，是科技型中小企业求得健康成长和可持续发展的秘密武器。

二　科技型中小企业的创业资源

（一）创业资本

通常又被称作创业投资、风险资本或风险投资。美国创业投资协会把创业资本定义为：由企业人员连同管理经验一起投入新兴的、迅速发展的、具有对经济作出重要贡献潜力的企业的资金。英国企业投资协会对创业资本的定义则要宽泛得多，认为凡是对未上市企业进行的权益投资，都可称作是创业资本的投资，并且此类企业具有潜在成长性，投资期限是中长期的。对于我国科技型中小企业来说，目前创业资本的获取途径主要有六种：

1. 创业者本人及其亲友筹集的原始资本。在美国，由于有大量的"天使投资"，这就导致美国的创业者及其亲友筹集的原始资本的比例不高。但在中国等东方国家和少数的欧洲国家（如意大利、法国）等重视家族观念或者是社会信用体系不完善的国家，创业者及其亲友筹集的原始资本就是创业资本的最主要和最重要的来源。

2. "创业天使"投资。"天使投资"一般只面向正处于种子期的企业，投资额比较小，对项目的判断完全基于投资者的直觉和经验，"天使投资"的存在对于中小企业的创新是非常必要的（陈晓红等，2008）。受中国目前富裕阶层投资意识和总体投资环境的限制，"天使投资"在中国至今还没有形成气候。因此，我国科技型中小企业获取国内"天使投资"的数量不会太大，而要想获得国外的"天使投资"更是难上加难。所以，我国的天使资本市场尚待大力培育和发展。

3. 创业投资基金和创业投资公司。创业投资基金是创业资本市场上最大的资金供应者，每只创业基金的背后都有一批支持者提供资金。基金的运作由一些合作经营者来管理，他们只从利润中取得佣金。创业投资基金的投资者还包括一些传统的金融机构和养老基金等。由于良好的投资业绩，一部分创业投资基金可成为公开上市的创业投资公司。随着资本实力的增强，创业投资公司能为更多的创业项目提供资金，帮助更多的中小企业成长和发展。

4. 民间有息借贷。我国存在着普遍而发达的民间借贷行为。在中国，越是经济发达的地区，乡邻亲友之间的有息借贷也越多。无息的民间借贷行为是一种集体的自助行为，有息的民间借贷才是一种金融行为，而且这种金融行为与国内商业银行的运作模式有很大的不同，但是在我国的许多地区它又是创业资本的主要来源，所以十分值得研究和关注。

5. 我国各级政府设立的不同类型的科技型中小企业创新基金。在我国，政府的资金支持是中小创新型企业资金来源的一个重要组成部分。综合各国的情况来看，政府的资金支持一般能占中小创新型企业外来资金的10%左右，具体多少取决于各国对中小企业的重视程度以及各国的文化传统。截至2008年年底，我国国家创新基金共立项14450项，支持金额88.4亿元，带动地方、银行贷款和企业投入400多亿元，培育了一大批创新型科技企业。据科技部和财政部的统计，自2000—2008年年底，国家创新基金支持企业累计实现销售收入2092亿元，出口创汇34亿美元，上缴税金225亿元（丁学东，2009）。

6. 通过创业板上市进行融资。2009年年末，我国启动了酝酿已久的创业板计划，创业板首批挂牌交易的高科技企业就有28家，并且这28家中有11家承担过国家创新基金项目。可见，国家创新基金和创业板上市是我国科技型中小企业拓宽资金来源的重要渠道（丁学东，2009）。

（二）创业技术

在科技型中小企业创业的过程中，技术资源占有十分突出的地位。企业的技术水平往往对企业总体的资源配置方式起根本性和决定性的作用。由于科技型中小企业自身的技术资源有限，所以在成长和发展过程中需要更多地汲取和依赖社会网络中的技术资源。

一般而言，技术资源的获取有三种主要途径：一是创业者或企业自创；二是企业联合开发；三从外部接受转移。对于科技型中小企业而言，拥有自主知识产权的技术创新固然重要，但从外部社会网络中获取技术支持也是一种非常有效的方法，技术资源通过转移而获取的途径主要有：（1）从大学和科研机构获取技术性和人力资本性技术资源；（2）从科技中介获取知识性和信息性技术资源；（3）从大型企业研发中心或者专业研发机构获取技术资源；（4）从专利拥有人处获取技术资源；（5）通过研发联盟合作开发和共享技术资源。

（三）创业信息和商业机会

从创业的一般过程来看，创业者第一阶段首先要能够发现、评估新的市场机会；第二阶段准备并撰写商业计划；第三阶段确定并获取创业所需资源；第四阶段是实际管理新创企业。在这整个过程中，创业者都需要大量的信息支持，既包括资本市场、产品市场、技术市场和劳动力市场方面的信息，也包括客户需求、竞争对手情况、政府及科技中介方面的信息。

商业机会作为一种特殊的信息资源，是中小企业要特别予以关注的（张玉利和李新春，2006）。如何利用商业机会，要把握好以下几点：

（1）商业机会作为一种信息资源，具有很强的时效性。要利用好商机，决策必须果断迅速，行动必须积极到位，否则容易贻误战机，失去发展契机。

（2）商业机会的利用过程中往往受到资源条件的制约，因此科技型中小企业的战略视野和经营思路要开阔。知识经济时代，在合作中竞争已经成为一种趋势，科技型中小企业要想抓住商机，必须在更广的范围内寻找最合适的合作伙伴，解决资源瓶颈问题。

（3）商业机会的利用过程中要注意防范风险。在商业机会的捕捉和利用过程中，容易犯只看见利益而看不见风险的错误，要时刻保持理智和清醒，一次失足就有可能造成科技型中小企业创业的灭顶之灾。

（四）创业所需的管理能力

企业是一个由多种经营资源构成的集合体，科技型中小企业的成长不仅体现为这些经营资源的蓄积扩张过程，更体现为其结构调整和战略更新的过程，这就需要组织内部具备相匹配的管理能力。彭罗斯（Penrose，1959）认为，企业是在特定管理框架之内的一组资源的组合，企业成长障碍的出现是由于企业不能有效地协调其资源和管理职能。企业成长理论的一个核心结论就是企业成长的障碍是因为管理能力的供给不足（Penrose，1959）。

科技型中小企业的成长和发展离不开管理能力，科技型中小企业在创业的不同阶段所面临的管理能力障碍及其原因也不尽相同。从表3.2可以发现，科技型中小企业成长过程中的很多问题与管理能力有关，还有一些问题是与社会资本和创业导向密切相关，并且呈现出相互影响和互为因果的特征。

表 3.2　　　　　　科技型中小企业的管理能力障碍及可能原因

表现 阶段	管理能力障碍的表现	原因透析
初创期	市场打不开；创业资源筹集的困境；商业计划不完善；企业营运和盈利模式模糊；有限的创业资源如何配置	网络欠缺，信息量不足；未构建社会资本；不重视商业计划；以为已经找到了商业盈利模式；对自己的产品技术缺乏准确定位
成长期	短期利益驱使；盲目扩张；缺乏一种系统化的组织制度；公司创业行为的弱化	高素质人才的缺乏；新业务开拓中的战略规划不清晰；组织战略更新的滞后；创业精神和创业导向的减弱
成熟期	创业者和职业经理人的不协调；多元化选择困境；组织官僚化	企业文化的重塑困难；企业控制权的争斗；企业骄傲自满或者过于自信

　　资料来源：笔者整理。

三　科技型中小企业创业资源的整合

　　创业的过程就是创业者组合创业资源、形成产品（或服务）并创造价值的过程。熊彼特（Schumpeter，1934）认为，"创业者的功能就是实现新组合"，这种新组合的对象就是创业资源。创业者实施新组合的途径包括产品（或服务）创新、工艺创新、市场创新、原材料创新和组织创新，新组合的目的就是实现产品（或服务）的市场价值并创造超额利润。因此，创业资源是科技型中小企业必须时常评估和反复权衡的重点对象。

　　创业资源的获取途径主要有外部获取与内部积累两个方面。现实中，大部分科技型中小企业都会遇到资源短缺的问题，特别是在创业和发展的前期。一方面，企业的创新和成长需要大量资源；另一方面，科技型中小企业自身还很弱小，缺乏自我积累资源的基础。所以，科技型中小企业要不断提升利用外部资源的能力，只有从社会网络中获取充足的创业资源，才能实现快速成长。

　　科技型中小企业自身拥有以及从外部获取的创业资源，必须加以有效整合和优化，才能形成企业的核心竞争力，才能经受住市场的考验。如果不充分利用社会资本和社会网络中显在的或潜在的资源，就会导致社会资本的消失，造成资源浪费，最终导致企业被市场所淘汰。资源整合和优化，就是把科技型中小企业所拥有的技术资源、信息资源和知识资源在时间和空间上加以合理配置、重新组合，以实现资源效用的最大化。通过资源整合和优化打造科技型中小企业的竞争优势，符合现代企业的经营理念和社会资本理论的精髓。

第三节　科技型中小企业社会资本对创业绩效的影响分析

良好创业绩效的形成原因是复杂的、多视角的，对于自身资源匮乏的科技型中小企业来说更是如此。科技型中小企业创业绩效的形成过程是以企业为核心的多个主体交互作用的动态过程，是知识、资金、信息、人才等资源转化和互补的动态过程。社会资本的概念正好反映了此种共享和交互的特性，它对科技型中小企业创业绩效的提升具有积极的作用。根据 Nahapiet 和 Ghoshal（1998）的社会资本维度划分方法，我们可以进一步探索科技型中小企业社会资本对创业绩效的影响机制和影响路径。

一　科技型中小企业社会资本对创业绩效的影响机制

（一）社会资本结构维度的影响

科技型中小企业社会资本的结构维度是指科技型中小企业社会关系网络的各种联系的总和及其结构特性，体现的是关系网络的整体特性，反映的是企业网络联系是否存在以及联系的多少问题。社会网络学者们设计出很多可以反映网络微观结构的参数去勾画网络的整体特征，如网络位置、网络规模、网络中心性、网络强度、网络范围、网络异质性等（Burt，2000；Lin，2001a，2001b）。下面就主要的特征参数对创业绩效的影响作进一步的分析：

1. 网络规模是科技型中小企业在其社会网络中与外部组织之间的连接数量。科技型中小企业获取创业资源的重要渠道就是与网络成员之间的网络连接。通过网络连接，网络成员之间能够互相学习和直接交流，获得新的技术和市场信息。拥有更大网络规模的企业将会占有更多可能的资源渠道，可以更及时地以较低成本获取有用的信息和知识，可以更多地获取共享资源的机会，这对提升科技型中小企业的创业绩效是非常有利的。

2. 较大的网络规模不一定必然引起科技型中小企业资源和信息的更多集聚，也即资源和信息的获取数量还与网络成员所拥有的信息和资源的异质性有关。如果企业网络中各节点的资源基础相同，它们都向核心企业提供相同的知识和信息，那也就谈不上资源的共享和互补，企业网络可用资源的数量也就不会增加（Burt，1992）。因此，科技型中小企业社会资本的高低不仅受网络规模的影响，还受网络异质性的影响。通过更多的异质性节点来获取更多的互补性信息和资源，可以有效地提升科技型中小企业的创业绩效。

3. 网络关系强度反映了网络成员之间联系的紧密程度。科尔曼（1990）分析了"强连接"的社会网络，认为虽然关系维持成本相对高些，但由于网络成员间关系密切，内聚度高，所以连接紧密的网络明显比连接松散的网络具有更高的集体社会资本。格拉诺维特（1973）用情感强度、互动频率、互惠程度和亲密程度来衡量网络关系强度。网络关系强度能够提升网络成员之间的信任程度（Inkpen and Tsang，2005；Wagner and Fernandez – Gimenez，2009）。科技型中小企业与外部组织之间的"强连接"，可以促进相互间的协作和资源共享，从而有利于提升创业绩效。

4. 如果企业频繁更换社会网络中的合作伙伴，那么必然会增加企业的信息搜寻成本、交易监督成本和关系维护成本。网络关系的维持时间是获得网络优势的重要保证，相对稳定的网络成员可以在彼此之间建立相对稳固的关系。网络成员间相互熟识的程度不仅是双方信任和合作的基础，还是他们决定是否帮助他人的重要因素。科技型中小企业社会网络的稳定性还有利于帮助网络成员建立起共享资源的信心，降低机会主义行为的倾向（Gulati，1998），从而提升科技型中小企业的创业绩效。

（二）社会资本关系维度的影响

科技型中小企业社会资本的关系维度主要衡量企业社会网络的存在质量，如这些网络联系中是否具有信任和规范、是否具有承诺和隐私等。关系维度关注网络关系中所蕴涵的情感属性以及网络成员之间的关系质量。如果对待同一网络成员存在着情感上和态度上的差异，即使是两个占有相同网络结构的科技型中小企业，也会导致相互间行为的重大差别。

1. 在社会资本的构成中信任占有重要位置，众多学者把信任看做是社会资本的一种表现形式或者是一种来源，一些学者甚至把信任等同于社会资本。信任可以激励积极的态度和行为，相互信任的双方能够找到解决冲突的有效方法。Pastoriza（2008，2009）等认为，对于中小企业而言，由于大家的规模都很小，信用等级都很低，所以信任可以使网络节点之间的沟通更加顺畅，促成网络成员之间的互助合作。信任不仅有助于网络竞争力的维系，而且能够提升网络的凝聚力。可以说，信任程度的高低会直接影响科技型中小企业的创业绩效。

2. 规范是科技型中小企业社会资本的重要组成部分，是网络成员认可的行为准则和内心行为标准，代表了网络系统中的共识程度。科尔曼（1988）认为，在规范有效存在的地方，规范就构成了一种强有力的社会资本。在社会网络中，当控制一项行为的权利由其他行为者掌握，而非个体行为者掌握时，规范才存在（Pablos，2005；张维迎，2006）。网络成员共同遵守的规范节约了交易费用，确保了相关信息和行为的确定性，减少了整个网络的运转成本，使网络的整体利益和网络成员的长远利益得到统一。规范对科技型中小企业组织目标的实现、网络秩序的维护以及创业的可持续性提供了有利的条件。

3. 承诺对于科技型中小企业创业绩效的影响也非常大。社会学家费孝通将中国社会的深层结构概括为"差序格局"的社会。在中国文化中，关系、面子、知恩图报、缘分等行为承诺在维系社会秩序中发挥着重要作用。缘分可以成为建立社会关系的契机，关系、面子和知恩图报的承诺可以促使关系紧密的成员组织之间提供互助，可以使施惠者相信受惠者早晚会给予回报而不必担心只有付出。科技型中小企业作为中国文化大背景下的经济体，必然也会受到这些文化规范的约束。拥有丰富社会资本的企业事实上就是拥有充足的关系和面子，当然能够在这个充满复杂关系的社会中如鱼得水，游刃有余。

（三）社会资本认知维度的影响

科技型中小企业社会资本的认知维度是指嵌入在企业网络中的一种共享范式，比如共同愿景、目标、价值观及语言文化等。正如关系维度，认知维度也是关于企业网络的质量，不过认知维度是有关联系的认知质量，而关系维度是有关联系的情感质量，如网络成员是否真正理解对方等

（Turnley and Bloodgood，2002；Ferri，Deakins and Whittam，2009）。

1. 学者们已经认识到社会网络中特有的语言代码是有价值的资产（Kogut and Zander，1992；Chiu，Hsu and Wang，2006）。共享的语言和代码为网络成员提供了交流平台，促进了网络成员之间频繁交往的可能性，提高了网络成员沟通和共享信息的效率，否则，彼此的接触和交流就会受到限制。在现实的科技型中小企业社会网络中，尽管很多网络成员各自拥有独特的技术知识资源，却不一定能给整个网络带来创新，原因之一就是沟通障碍。

共享的语言和代码还为资源的共享和整合提供了一个共同的概念基础，为网络成员之间的互惠交换提供了可能（Bonner and Walker，2004）。共享的语言和代码提升了科技型中小企业共享和整合网络资源的能力，进而提高了其创业绩效。

2. 共同愿景是网络成员基于相互交流和融合后对未来所形成的一种"共识"。网络成员的共同愿景具有导向作用，可以提高网络的凝聚力。就科技型中小企业社会网络而言，合作基础中的"隐性"部分主要是网络成员的共同愿景和价值理念，其对网络成员的行为产生重要影响。共同愿景和文化是社会资本认知维度的基本要素（Inkpen and Tsang，2005）。当网络成员对未来价值、网络互惠拥有共同理解时，会有更多的机会自由交换信息和资源，避免不必要的误解，进而形成良好的合作关系。企业网络中共同愿景的理解和认同，可以把一个松散的连接系统聚集和整合起来，并最终影响到每个网络成员的经营绩效。

二 科技型中小企业社会资本对创业绩效的影响路径

上面一节对科技型中小企业社会资本对创业绩效的影响机制进行了详细分析。下面将从创业导向的视角，探讨科技型中小企业社会资本对创业绩效的影响路径。

（一）社会资本可通过提升科技型中小企业的新业务开拓能力和意识而影响创业绩效

新业务开拓不仅需要准确的产品和市场定位，还需要资金、人才、知识和信息等多项资源的配合。具备丰富社会资本的企业容易获得经验丰富的员工、专业化的信息以及客户和供应商的支持，也即良好的社会资本有助于科技型中小企业获取新业务开拓所必需的资源，从而提高其创业绩效。首先，科技型中小企业与大学和科研机构所建立的良好社会关系，可以为企业提供新业务开拓所需要的人才和知识。新业务开拓需要新领域的知识和人才，而大学和科研机构的主要功能就是知识和人才的生产、转移和传播。其次，科技型中小企业与政府部门所建立的良好社会关系和信任，有助于企业获得新业务开拓的经营许可和政府的优惠政策。再次，科技型中小企业与其他组织所建立的网络伙伴关系，有助于企业获得新业务开拓所需要的技术、信息、资金等资源。最后，科技型中小企业与客户所建立的良好关系，有助于企业及时了解客户需求，准确地进行产品和市场定位，提高新业务开拓的成功率。

（二）社会资本可以通过提升科技型中小企业的产品技术创新能力和意识来影响创业绩效

社会资本有利于企业与机构组织之间以及企业与企业之间的知识共享与信息交流。与产品技术创新有关的知识分为难以编码化的隐性知识和可编码化的显性知识。隐性知识具有默会性的特点，难以进行规范和编码，它只能通过面对面的接触才能得到传播和共享；而显性知识则可以用文字和数字表达，可以容易地以文件、数据、公式以及程序等形式进行传播和共享。丰富的社会资本既可以促进科技型中小企业对显性知识的获取，更保证了只有面对面接触才能获取的隐性知识。科技型中小企业利用社会资本分享和获取与创新有关的信息和知识，从竞争对手、客户、供应商、研发机构等外部组织那里了解各种产品市场和技术进展方面的信息，从而可以增加企业产品技术创新的空间和机会。如在美国硅谷，来自不同高科技公司的工程师们经常聚集在酒吧里，相互交换思想和创意，传播相关的知识和信息，讨论各种创新构想的现实性，这种交流既促进了新的技术思想的形成，同时在很大程度上又降低了产品技术创新的不确定性。

（三）社会资本可通过提高科技型中小企业组织战略的适应性以及战略更新的精准性而影响创业绩效

任何一个企业的组织战略，其产生和更新都不是孤立的行为。组织战略是企业与外部环境匹配的产物，是企业与外部环境互动的适应过程和自我免疫过程。一方面，科技型中小企业从产品研发到商业化运作整个过程中都存在着巨大的风险，这种风险是单个企业无法承受的，这就为科技型中小企业之间、科技型中小企业与其他组织之间的合作创新带来了契机。

而基于与合作创新匹配的企业组织战略就要有很强的针对性和适应性。恰好，社会资本不仅可以在合作创新的形成和协调方面发挥作用，还可在合作创新内部各成员间组织战略的匹配性和适应性方面发挥"胶合剂"作用，让合作创新网络更加有效。另一方面，组织战略更新的准确性取决于科技型中小企业对外界信息的判断质量。在当前经济和社会转型时期，体制内由于非经济因素或者行政层级的干扰，有可能阻塞或扭曲了信息流通渠道。体制外由于信息成为商品，竞争对手出于战略考虑往往散播不实信息，使信息获取存在着风险。无论是体制内还是体制外，科技型中小企业如果拥有丰富的社会资本，则可以通过网络成员以较低代价获得真实信息，从而提高战略更新的精准性，进而促进创业绩效。

（四）社会资本可通过促进科技型中小企业的超前行动而影响创业绩效

在我国当前的创业环境下，政府在公共资源的规划和配置方面依然掌握着最终决策权。科技型中小企业通过与政府部门的密切联系可以在很多产业政策和制度法规的空隙中超前行动，进而促进企业绩效的提升。所以，具备丰富社会资本的企业通过与政府部门的良性互动，可以以相对低廉的成本，更早地获取内部信息和资源的优先使用权，抢占发展的先机，这些都直接或间接地提升了企业的竞争力和经营业绩。

本章小结

本章对科技型中小企业社会资本对创业绩效的影响进行了理论分析。首先，界定了科技型中小企业的划分标准及其社会资本的定义，剖析了科技型中小企业社会网络的演进过程，总结了科技型中小企业社会资本的功能。其次，对科技型中小企业创业导向的特征进行了提炼，从管理角度归纳了科技型中小企业创业所需的四大资源。最后，分析了科技型中小企业社会资本对创业绩效的影响机制，并从创业导向的视角剖析了科技型中小企业社会资本对创业绩效的影响路径。

第四章 概念模型与研究假设

本章提出概念模型和研究假设。首先在对以往研究的进展和有待深入研究的问题进行总结的基础上，提出本书拟解决的问题。其次理清基于企业与外部组织之间的社会资本、创业导向和创业绩效关系的分析思路，提出本研究的概念模型。最后分析企业社会资本对创业绩效的直接影响，重点探讨企业社会资本通过创业导向间接影响创业绩效的中介作用机理，并在此基础上提出研究假设。

第一节 过去研究的进展与有待深入研究的问题

第二章对社会资本、创业导向和创业绩效方面的研究进行了回顾与评述，下面将以往研究取得的进展和有待解决的问题进行简要总结。该领域研究过去取得的主要进展有以下四个方面：

（1）把社会资本概念导入管理学研究领域。社会资本是一个源于社会学理论的概念，一开始是用来描述关系性资源和个人的连接，研究焦点在于网络带给个人的影响（Granovetter，1973，1985；Burt，1992；Lin，1999）。近年来，关于社会资本的讨论已经从社会学中强调对个人网络节点的考察，拓展到了管理学中强调对更宏观的网络节点（业务单位或企业）的考察。

（2）将企业社会网络作为影响企业绩效实现的重要资源。在竞争日益激烈的市场环境中，越来越多的企业有意识地通过社会网络来获取和利用外部资源，社会资本被很多学者认为是影响企业和经济发展的重要资本类型之一（Nahapiet and Ghoshal，1998；Tsai，2006；Kwon，2009）。大量的企业社会网络关系成为企业经营绩效和竞争优势差异的真正原因

（Adler and Kwon, 2002；Koka and Prescott, 2002；Pablos, 2005；Lewis and Chamlee - Wright, 2008）。

（3）社会资本的内涵非常丰富，有多种研究视角，在客观上为本书从影响公司创业导向和创业绩效的社会资本诸要素中进一步提炼提供了理论支持。

（4）在企业社会资本与企业绩效关系、创业导向与创业绩效关系方面的研究进行了很多有价值的探讨，为本书奠定了整体的研究基础。

关于本书拟研究的领域中还有一些有待深入探讨的问题，主要包括以下三个方面：

（1）目前关于企业社会资本的个体层面（企业家）和团体层面（组织内团队、部门）的研究较多，而外部联系视角的企业社会资本组织层面的研究相对较少。同时，企业社会资本的操作性定义和测量指标在不同的研究中存在着很大的差异（Balaji, Koka and Prescott, 2002；Ferri, Deakins and Whittam, 2009），企业社会资本这只"黑箱"在不同问题的研究中还需要探讨和细化。

（2）尽管少数学者的研究为企业社会资本和创业导向的整合奠定了一定的理论基础，如萨亚尔和古文利（Sanyal and Guvenli, 2000）、吉布斯和斯科特（Gibbons and Scott, 2005）、斯塔姆和埃尔夫林（Stam and Elfring, 2008）等学者研究了关系嵌入和结构嵌入对创业导向的影响关系。但是，从总体上看，对两者关系的研究还很欠缺，尤其是从社会资本和创业导向整合的视角来对科技型中小企业创业绩效进行研究还显得很不够。

（3）针对企业社会资本和创业导向内容结构的研究还很不统一，各维度要素的研究也还欠深入。例如，社会性互动、关系质量、新业务开拓和产品技术创新等维度本身仍然需要深入探讨，特别是这些维度的构成、选择如何与特定的行业相结合，这方面的研究相对较少。

第二节　本研究拟解决的问题

在总结以往研究的进展和不足基础上，本研究拟解决的问题主要有以下几个方面：

首先，从企业层面对社会资本的维度以及其作为创业绩效的自变量的作用进行更为深入的探讨。根据科技型中小企业与外部组织间的研究情境，将社会资本的维度在本书中提炼为企业与外部组织间的社会性互动、关系质量和认知三个维度，并将这三个维度进一步划分为九个子维度。Nahapiet 和 Ghoshal（1998），Tsai 和 Ghoshal（1998），Kale、Singh 和 Perlmutter（2000），Yli - Renko、Autio 和 Sapienza（2001），Yli - Renko、Autio 和 Tontti（2002），Moran（2005），Presutti、Boari 和 Fratocchi（2007），王立生（2007），刘寿先（2008）等从不同角度对三者与企业绩效以及其他变量之间的关系进行了研究，为本书将这三个方面作为影响创业绩效的自变量奠定了理论基础。

其次，从企业层面对创业导向的维度以及其作为中介变量的作用进行更为深入的分析。根据科技型中小企业与外部组织间的研究情境，将创业导向的维度在本研究中界定为组织战略更新、新业务开拓以及产品技术创新三个维度，并将这三个维度进一步划分为八个子维度。古思和金斯伯格（1990）、扎拉（1993b，1996）、科文和迈尔斯（1999）、Antoncic 和 Hisrich（2001）、海顿（2002，2005）、张健和姜彦福（2005）、张慧（2007）、Moreno 和 Casillas（2008）等从不同角度对三者与企业绩效以及其他变量之间的关系进行了研究，为本书将这三个方面作为企业社会资本和创业绩效之间的中介变量奠定了理论基础。

最后，通过一系列的规范分析，提出科技型中小企业社会资本、创业导向和创业绩效三大主体变量之间的逻辑关系以及研究架构，并通过实证方法来检验理论假设。萨亚尔和古文利（2000）、吉布斯和斯科特（2005）、斯塔姆和埃尔夫林（2008）等学者的研究为将企业社会资本与创业导向的整合奠定了一定的理论基础。而古思和金斯伯格（1990）、科文和斯利文（1991）、扎拉（1993）、Aloulou 和 Fayolle（2005）等学者所提出的理论模型则为本书将公司创业导向作为中间变量以及将创业绩效作为因变量奠定了理论基础。同时，本书在借鉴相关研究的基础上，将企业性质、企业规模、企业年龄、企业的区域属性和行业属性作为控制变量。

第三节 本研究概念模型的提出

一 本研究的理论出发点

根据第二章文献综述和第三章社会资本影响机制的理论阐述，结合本书的研究目的和情景，本书把科技型中小企业社会资本提炼为科技型中小企业与外部组织之间的社会性互动、科技型中小企业与外部组织之间的关系质量和科技型中小企业与外部组织之间的认知三个维度。这三个维度在学者们此前的研究中已经进行了一些有益探索，如 Tsai 和 Ghoshal（1998），Yli‑Renko、Autio 和 Sapienza（2001）、莫里森（Morrison，2002）以及 Ikeda（2008）等学者对社会性互动作为社会资本的维度进行了研究；Nahapiet 和 Ghoshal（1998）等学者对关系质量作为社会资本的维度也进行了探索。同时 Ghoshal 等学者 1998 年提出了社会资本的认知维度，但是，从组织层面对认知维度与组织绩效之间的经验研究几乎没有（Chiu，Hsu and Wang，2006）。本书将在众多学者现有研究的基础上，对这三方面的内容作进一步拓展，为概念模型和研究假设的提出提供铺垫。

（一）科技型中小企业与外部组织之间的社会性互动

Jarillo（1988）认为，组织在发展过程中需要许多资源，但是有些资源并不在其自身的控制范围内，所以组织间常常会出现交易行为，通过相互交易来获取他人或组织所拥有的资源，以促成自身目标的实现。Kumar、Scheer 和 Steenkamp（1995）根据资源基础理论提出，当组织相互依赖或分享对方资源时，组织间的互动行为就会产生，并且会随着资源依赖或分享程度的递增而不断加强。莫里森（2002）根据社会网络理论，提出要理解复杂的社会现象，不能仅仅考察社会关系的存在性，还要考察社会关系的互动模式。

赖斯（Rice，1987）指出，互动是在沟通交流中参与者角色转换的程度、快速响应的程度以及转换双方关系的能力。Haeckel（1998）认为，互动是由 10 个变量所构成的函数，这些变量包含涉入数目、互动的形式、转换的频率、互动的内容、同时性程度等[①]。本书根据科技型中小企业与

---

① 转引自王亭力（2002）。

外部组织之间互动的研究情境，借鉴 Yli - Renko、Autio 和 Sapienza（2001）及莫里森（2002）等学者关于社会性互动的观点，将科技型中小企业与外部组织之间的社会性互动定义为科技型中小企业与外部组织之间基于资源交流而交往的范围（或涉入数目）、频率、异质性（或质量）和稳定性。

关于组织间社会性互动与组织绩效的关系已有很多探讨，例如霍奇森（Hodgson，1998）认为，社会性互动可以促进产业内集体知识（collective knowledge）的创造和学习，这种知识创造往往受各方认同但又是非正式的社会惯例或规范的影响。Haeckel（1998）提出，通过组织间良好的互动关系，彼此可以分享更多的资源、信息或者经验，并进而获取组织间的最大利益。Gulati、Nohria 和 Zaheer（2000）提出，在伙伴合作的关系中，只有不断增加双方的互动，才会为彼此双方带来最佳绩效。考辛斯、汉德菲尔德和劳森（Cousins，Handfield and Lawson，2006）根据供应链内买卖双方之间的关系，认为社会性互动是指一方获取其他企业有关社会价值观和规范方面知识的过程，有利于双方合作的加深。Ikeda（2008）认为，企业间的社会性互动能提高沟通质量，改善企业关系，并对企业间的交易行为产生极大的影响。资源基础理论认为，组织彼此间的互动可以形成资源和能力的互补，从而明显地提升组织绩效。鉴于组织间社会性互动的重要角色，本书研究科技型中小企业与外部组织之间的社会性互动对创业绩效的影响。

学者们对于组织间社会性互动的维度划分还没统一。例如，Yli - Renko、Autio 和 Sapienza（2001）在其研究中将企业与客户之间的社会性互动作为单一维度的变量。王亭力（2002）将组织间互动分为沟通协调与资源共享两个子维度。王立生（2007）认为，企业与客户之间的社会性互动应从互动强度和互动质量两个方面进行分析。

本书对于社会性互动的研究主要从互动范围、互动强度、互动对象的稳定性和互动对象的异质性四个方面来进行分析，将科技型中小企业与外部组织之间的互动范围定义为企业在交往中可以有效地获取和利用外部资源的外部组织的数量。互动强度是指企业与外部组织之间利用不同方式进行沟通交流和资源共享的频度。互动对象的稳定性是指企业与某一交往对象交往时间的长短。互动对象的异质性定义为企业交往对象的多样性以及在此基础上进行资源交流的质量。

（二）科技型中小企业与外部组织之间的关系质量

关系质量的概念源自于关系营销理论。实际上，关系质量问题存在于任何组织之间、组织与个体之间以及个体之间的关系中。任何企业都不可能孤立存在，正如社会网络理论的观点，企业都是内嵌于由客户、供应商、竞争对手和其他组织所构成的关系网络中。Yli – Renko、Autio 和 Sapienza（2001）进一步指出，企业可以充分利用社会网络来进行资源的获取和开发。Pablos（2005）认为，如果对待同一外部组织存在着情感和态度上的差异，即使是两个占有相同网络结构的企业，也会导致相互间关系行为的重大区别。

学者们对关系质量的内涵所持有的观点有较大的差异。克罗斯比、埃文斯和考尔斯（Crosby，Evans and Cowles，1990）指出，关系质量是对买卖双方关系强度的综合评价，该评价从整体上符合双方的期望与需求，而这些期望与需求奠定在双方过去成功或失败的经历基础之上。史密斯和巴克利（Smith and Barclay，1997）认为，关系质量是包括多种正面关系结果的一种评价，总体上反映关系强度以及关系人在期望上的满足程度。亨尼格 – 图洛、兰格和汉森（Hennig – Thurau，Langer and Hansen，2001）提出，关系质量如同产品质量，可理解为在满足顾客关系需求上的合适程度。博利诺、特恩利和布拉德古德（Bolino，Turnley and Bloodgood，2002）认为，关系质量就是企业网络存在的质量，即在这些网络联系中是否存在信任、规范、隐私等。

本书根据科技型中小企业与外部组织之间的特定情境，借鉴 Yli – Renko、Autio 和 Sapienza（2001）及博利诺、特恩利和布拉德古德（2002）等学者的观点，将科技型中小企业与外部组织之间的关系质量定义为科技型中小企业与外部组织在社会往来中所形成的信任、彼此愿意维持长久关系的意愿以及对双方关系的共识程度。尽管对于关系质量的构成要素迄今还没有形成共识，但是，从很多学者的相关研究中还是可以发现信任、满意、承诺是关系质量研究中最主要的维度（Smith and Barclay，1997；Wulf，Gaby and Lacobucci，2001；刘人怀和姚作为，2005；Daly and Silver，2009）。鉴于以往关系质量的研究大多涉及的是企业和客户的关系，考虑到本书是探究企业与外部组织之间的关系质量，涉及的对象范围更广，"满意"维度就不能准确地反映这些关系的性质。所以，本书将从科技型中小企业与外部组织之间的信任、规范和彼此之间关系的承诺来对关系质量进行实证分析（信任、规范和承诺三个变量的含义在后面的假设提出中予以说明）。

（三）科技型中小企业与外部组织之间的认知

哈皮特和戈沙尔（1998）认为，认知是指能够有效地促进关系群体对集体目标、行为方式的共同理解而共享的各类符号、语言、行为范式等，也就是能促进个体间或组织间产生认同感或凝聚意识的资源。当组织间拥有越多的认知资源时，则组织的社会资本就越丰富。组织间的认知可以使网络成员以整体利益为先，减少自利行为并促进信息、技术和知识的流动。

本书在对相关研究进行分析的基础上，结合科技型中小企业所处行业中网络成员间沟通交流的特性，提出科技型中小企业与外部组织之间的认知包括共享的语言和代码以及共同愿景两个子维度。

相当多的学者已经认识到社会网络中特有的语言和代码是很有价值的资产（Kogut and Zander，1992）。语言和代码在频繁的使用和分享中得到强化，成为网络成员预见和理解彼此行为的基础（Chiu，Hsu and Wang，2006）。可见，共享的语言和代码是组织间交流的基本平台，是组织间发生交互行为的基本前提。现实网络中，虽然很多网络成员都各自拥有独特的技术和人才，但未必能给整个网络带来创新。原因在于：只有在关系双方对他们经由传递过程所获得的知识（尤其是隐性知识）具有共同的语言和理解基础时，也即在认知框架上比较接近时，对这一知识的利用与开发才有可能变为现实（王凤彬，2006）。

对于共同愿景的内涵及其在组织间交流中的作用，学者们基本上达成了共识。Tsai and Ghoshal（1998）指出，共同愿景包含组织间的共同目标、期望和抱负等，拥有共同愿景的组织更容易理解彼此的行为，增加资源共享和思想碰撞的机会。Calantone、Cavusgil 和 Yuahan（2002）认为，共同愿景为组织学习提供了方向，如果企业缺乏清晰的学习方向，就很难形成自己的核心能力。共同愿景还能使企业克服部门间协调的障碍，提高学习质量并较易达成创新的共识。Wong、Tjosvold 和 Yu（2005）认为，共同愿景作为一种治理机制可以降低机会主义行为，容易达成相互间的合作目标。Li（2005）指出，共同愿景是组织合作过程中的共同价值观、共同目标和信念，它为不同组织之间的知识交流和资源共享提供了沟通空间。

在借鉴上述学者有关共享语言和代码以及共同愿景的观点的基础上，本书认为，科技型中小企业与外部组织之间的共享语言和代码是指网络成员间在工作交流和沟通中频繁使用并专属共享的主要媒介工具。科技型中小企业与外部组织之间的共同愿景是指科技型中小企业网络成员间在共同目标、价值观、信念和期望上的共识程度。

二　概念模型的提出

科技型中小企业社会资本通过企业与外部组织间的社会性互动、企业与外部组织间的关系质量、企业与外部组织间的认知三个维度，分别对科技型中小企业创业导向的三个维度即组织战略更新、新业务开拓和产品技术创新产生影响；同时，企业社会资本还通过创业导向的中介传导作用间接对创业绩效产生影响；最后，企业社会资本对创业绩效也有直接的影响作用。根据第二章理论综述和第三章社会资本影响机制分析，结合第四章第三节理论基础的拓展论述，提出本书的逻辑思路和分析框架，如图 4.1 所示。

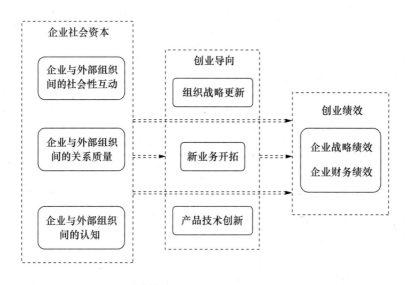

图 4.1　企业社会资本、创业导向与创业绩效的分析框架

根据以上提出的思路和分析框架，本书提出的概念模型如图 4.2 所示。

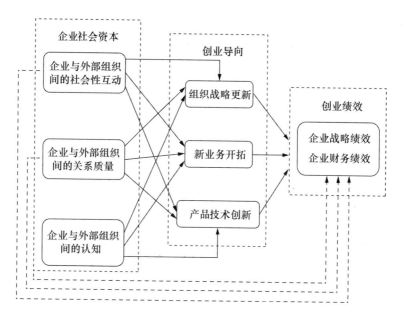

图 4.2　本书的概念模型

第四节　研究假设的提出

在第四章第三节理论基础的拓展论述中，本书提出，科技型中小企业社会资本可以从科技型中小企业与外部组织间的社会性互动、与外部组织间的关系质量和与外部组织间的认知三个维度来研究，其中与外部组织间的社会性互动包括互动范围、互动对象的稳定性、互动强度和互动对象的异质性四个子维度；与外部组织间的关系质量包括科技型中小企业与外部组织间的信任、规范和承诺三个子维度；与外部组织间的认知包括科技型中小企业与外部组织间的共享语言和代码以及共同愿景两个子维度。下面将按照科技型中小企业社会资本和创业绩效的关系、创业导向和创业绩效的关系，企业社会资本、创业导向和创业绩效的关系的逻辑顺序相应提出研究假设。

一　科技型中小企业社会资本和创业绩效

社会资本是资源基础理论的延伸和发展，主张竞争优势和企业绩效不仅取决于企业内部的资源，还取决于嵌入在企业网络关系中的资源和能力（Dyer and Singh，1998）。社会资本为中小企业提供了一种改善学习和取得知识、技术与资源的渠道，有助于提升其创业绩效（Yli - Renko，Autio and Sapienza，2001）。

古拉蒂等人（2000）从战略网络的角度分析了企业与外部组织之间的社会联系对企业行为和经营绩效的影响。他们认为，由于企业所处的战略网络不同，加之不同战略网络中节点之间的关系密切程度和信任程度也各不相同，因此各个企业的网络资源或关系资源也就不同，同时各个企业管理关系网络的能力存在差异，因而其对网络资源或关系资源的利用效率和整合能力也各有所异，从而影响了企业行为和经营绩效。边燕杰等人（2000）以我国企业为考察对象，在对企业社会资本及其功效进行了实证研究后指出，企业通过纵向联系、横向联系和社会联系摄取稀缺资源的能力是一种社会资本，并认为一个企业社会资本量的大小受其所处的经济结构和企业家能动性的影响，企业社会资本对其经营业绩有着显著的推动作用。Wong、Tjosvold 和 Yu（2005）的研究认为，企业社会资本有利于防止机会主义倾向，促进相互间的信息交流和合作，便于达成共识和集体决策，这些效应转化为企业协同费用的节约和管理效率的提高。蒂斯（Teece，2007）指出，在复杂多变的竞争环境中，企业对于资源的投入除了要维持现有的存量水平以外，还必须通过不断增加新资源的投入来保持和强化已有的竞争优势，社会资本当属其中的一项重要资源。戴利和西尔弗（Daly and Silver，2009）的研究指出，关系导向的战略能使企业创造与维持关系，借此企业可以建立持久的竞争优势。中小企业本身所能拥有的资源非常有限，要善于通过与外部组织之间的合作渠道取得。中小企业若能以网络独特的方式整合创业资源，将会比那些无法借此手段的竞争者拥有更多的竞争优势（Dyer and Singh，1998）。

综合以上分析，本书提出以下假设：

H1：科技型中小企业社会资本与其创业绩效具有显著正相关关系。

　　Haeckel（1998）认为，组织间良好的互动关系，可以使彼此间分享更多资源、信息或者经验，并进而获取组织彼此间的最大利益。考辛斯、汉德菲尔德和劳森（2006）指出，供应链内买卖双方之间的社会性互动可以有效地促进问题的解决以及成本的降低。社会性互动可帮助企业更好地理解客户运作机制及其价值观，从而使企业能够高效地配合和满足客户的需求，更有效地与客户进行沟通，因此也有利于企业的知识获取和创新。Michael、Jeen - Su 和 Mark（2005）认为，互动对象的异质性可以带来新的机会和对企业绩效有利的信息。Wu 和 Cavusgil（2006）指出，互动对象的稳定性有利于企业网络成员之间建立信任和互惠，而这对企业非常重要。王立生（2007）指出，互动强度反映了双方保持沟通渠道畅通的努力程度，频繁的社会性互动可以促进双方之间的关系，容易达成双赢局面。德克莱克等（De Clercq, 2009）在对企业适度冲突水平进行的研究中发现，良性的社会性互动对于组织创新有正向的关系。

　　基于此，提出以下假设：

　　H1：科技型中小企业社会资本与其创业绩效具有显著正相关关系。

　　H1a：科技型中小企业与外部组织间的社会性互动与其创业绩效具有显著正相关关系。

　　关系质量作为企业社会资本的一个维度，对企业绩效具有重大的影响。贾生华（2007）等关于关系质量和战略联盟绩效的经验研究表明，关系质量的四个子维度对战略联盟绩效具有显著的正向影响关系。林隆仪和李水河（2005）基于台湾地区交通服务业务外包数据的研究表明，外包双方之间的关系质量有助于降低成本，并提高服务的质量。

　　李新春和储小平等（2008）指出，不论是在个体之间还是在组织之间，信任对于沟通交流是非常重要的，相互间的信任可以影响伙伴的合作动机，可以有效地减少合作中的机会主义倾向，降低合同的执行和监督成本，从而提高双方整体的组织绩效。Goris、Vaught 和 Pettit Jr.（2003）认为，信任能够激励共同努力、高水平的协作和更积极的态度，管理中的信任与更好的绩效相连。当双方存在相互信任时，会更乐意相互分享对方的资源，不担心被另一方所蒙蔽，即资源交换行为在信任存在时才会出现（Tsai and Ghoshal, 1998）。

　　规范是关系质量的重要保障。从法律意义上看，现实中不可执行的关系型合约占 80% 以上，但要维持这 80% 的关系型合约的可执行性，必须依靠良好的商业规范（张维迎，2006）。所以，良好的商业规范是市场经济的组成部分，可以大大降低交易成本。良好的商业规范需要对欺诈行为实施集体惩罚，这意味着每个人不仅要惩罚欺诈过自己的人，也要惩罚欺诈别人的人，因为大量的商业关系是交叉的。这里的惩罚，就是不再与行骗者发生商业往来，让他成为孤家寡人，这样他就失去了社会资本框架内的所有资源。而遵从规范的企业不仅能够获取更多的资源共享机会以及由于共享和交换资源而带来的价值，而且还可以增强这种共享和交换的激励，增加合作的频率（张维迎，2006）。

弗里、迪金斯和惠塔姆（Ferri, Deakins and Whittam, 2009）认为，承诺包括愿意为组织付出努力、愿意接纳组织目标和价值观和愿意拥有组织成员身份三个特征。承诺是双方保持良好合作关系的重要保障，也是彼此双方对关系非常重视的一种体现。克劳斯、汉德菲尔德和泰勒（2007）根据美国汽车行业和电子行业的采购商与供应商之间关系发展的努力水平，对双方承诺和采购企业绩效之间的关系进行了实证研究，结果表明，采购者承诺对交货的及时性、成本节约、产品质量和制造的灵活性等都有显著的正影响。

基于以上分析，本书假设：

H1：科技型中小企业社会资本与其创业绩效具有显著正相关关系。

H1b：科技型中小企业与外部组织间的关系质量与其创业绩效具有显著正相关关系。

科技型中小企业与外部组织之间在进行技术知识和资源的转移时，双方共享的认知必须处于同一水平。也即只有双方建立了共享的认知模式，才可顺利地实现资源共享和转移。科技型中小企业与外部组织共享的认知模式源自两个方面，共享的语言和代码以及共同愿景。戴尔和辛格（Dyer and Singh, 1998）指出，网络成员在进行知识交流时会产生一种自我防卫机制，该机制可以有效地促进知识共享并防止"搭便车"行为，成员间的相互认知就是这样一种自我防卫机制。弗里、迪金斯和惠塔姆（2009）指出，组织间的相互认知使网络成员在熟悉的情景环境中沟通交流，能促进知识特别是隐性知识的转移以及吸收，从而有利于创新绩效的提升。

语言和代码是企业与外部组织间传播知识和信息的基本方式，在资源获取和转移中发挥着重要功能。对于技术含量高的行业而言,由于其特有的术语、技术专用的表述和非编码化的信息,导致该行业共享语言和代码尤为重要(王凤彬,2006)。技术进步就是不断地通过发展新的概念并不断投入应用之中实现的。科技型中小企业与外部组织间共享的语言和代码,有利于组合不同类型的隐性知识,从而不断催生新的概念。

共同愿景包含组织间的共同期望、目标与价值观,当组织间拥有共同愿景时,增加了资源交流和思想碰撞的机会,更易理解彼此间的行为而减少误解(Tsai and Ghoshal,1998)。Wong、Tjosvold 和 Yu(2005)认为,共同愿景作为一种治理机制可以降低机会主义行为,容易形成相互间的合作目标。Ye(2005)认为,共同愿景有利于彼此之间的知识交流和共享,有利于创造网络成员之间的双赢局面,并以代工企业为考察对象,对共同愿景与知识获取之间的关系进行了实证分析,结果表明,两者之间具有显著的正相关关系。

本书根据以上分析,提出以下假设:

H1:科技型中小企业社会资本与其创业绩效具有显著正相关关系。

H1c:科技型中小企业与外部组织间的认知与其创业绩效具有显著正相关关系。

二 科技型中小企业创业导向和创业绩效

公司层面的创业日益受到关注是因为它在提升公司竞争力方面发挥重要作用。李新春等(2008)对李锦记家族企业创业的案例研究表明,创业精神是企业与时俱进、不断变革和创新的主要动力。组织创新、导入新产品和导入新技术是典型的公司创业活动,率先从事此活动的企业将获得较好的财务绩效(Moreno and Casillas,2008)。随着产品和商业模式生命周期的缩短,仅依靠过去成功的经验来持续地赚取利润变为不可能,企业需要不断地寻找新的商机,而公司创业可以帮助企业实现这一过程。熊彼特主义者认为,创新的公司可以通过创造和引进新产品、新技术,从而提升企业绩效,它们也被形容为经济增长的引擎。先动性的公司可以借助先行优势,通过控制销售渠道、品牌差异以及专利技术来掌控市场,从而大幅度领先竞争对手并获取丰厚利润(Zahra and Covin,1995)。公司创业对企业的获利性和成长性都会产生积极的影响,那些适时进行组织战略更新的企业更有可能取得高的获利和成长(Antoncic and Hisrich,2001)。

威克兰（Wiklund，1999）认为，基于新业务开拓和产品技术创新的预先行动，会给企业带来先动优势，借此企业可获取较高的利润，而创新的产品也可以通过产品的差异化来获得市场的青睐。威克兰（1999）以132家中小企业为研究样本，验证了创业导向对企业绩效具有正向影响，并且考察时间由一年延长为两年时会增强此正向关系。伦普金和德斯（2001）以124位来自94家公司的高级管理人员为调查对象，实证研究了创业导向与企业绩效的关系，结果发现二者之间正相关，其中环境动态性会增强先动性与绩效的正向关系，环境不确定性会增强竞争侵略性与绩效的正向关系，早期生命周期阶段会强化先动性与绩效的正向关系。

国内很多学者对公司创业与组织绩效的关系也进行了研究。薛红志和张玉利（2006）认为，至少有两个理由可以说明公司创业与企业绩效存在着正相关关系。首先，创新有助于树立强势的市场声誉，从而扩大与竞争对手的差距。其次，公司创业倡导对市场机会的快速反应，有助于构建先动优势。吴道友（2003）发现，新业务投资、创新和行动领先对任务绩效有显著正向影响，自我变革和行动领先对周边绩效有显著正向影响。张映红（2008）和刘预（2008）在分别研究中国转型经济背景下的公司创业导向时发现，创业导向与企业绩效之间存在正相关关系，并且创业环境特征在二者关系之间发挥着重要的调节作用。

根据上述分析，本书提出假设：

H2：科技型中小企业创业导向与创业绩效具有显著正相关关系。

H2a：科技型中小企业的组织战略更新与创业绩效具有显著正相关关系。

H2b：科技型中小企业的新业务开拓与创业绩效具有显著正相关关系。

H2c：科技型中小企业的产品技术创新与创业绩效具有显著正相关关系。

三　科技型中小企业社会资本、创业导向和创业绩效

埃德尔斯顿等（Eddleston et al.，2008）认为，由于中小企业自有资源有限，所以中小企业要善于和其他组织建立网络联系，通过良好的合作来获得彼此需要的互补性资源，进而完成复杂的创业任务。两个以上的组织出于获取新技术、分担风险、规模经济、进入新市场和技术互补等动

机，会愿意建立网络关系，以共享资源来提高产品技术创新能力，获取开拓新业务所需的信息和人才，同时也可增强自身组织战略的适应性。

Yli - Renko、Autio 和 Sapienza（2001）从企业与其主要客户之间的关系资本出发，探讨了企业社会资本与其新产品开发、销售成本效率以及技术独特性之间的关系，得出企业社会资本与其新产品开发、销售成本效率以及技术独特性之间呈显著的正相关。张方华（2006）在对知识型企业社会资本与技术创新绩效关系的研究中，将企业的社会资本分为横向、纵向和与外部实体间的社会资本三个方面，实证分析结果表明，知识型企业这三个方面的社会资本与企业新产品产值、新产品数目、平均新产品产值和新产品销售额这些指标之间存在显著的相关性。Adler 和 Kwon（2002）从企业"关系维"社会资本的视角提出，企业成功的原因可以用它们与社会网络中其他组织间的联系强度来解释，即这种联系促进了企业从外部获取和整合知识（尤其是隐性知识），加速了企业组织学习的过程，从而缩短了新产品开发的时间，减少了新产品开发的成本和风险。

从以上分析可以发现，企业社会资本对创业导向有积极的影响作用，前者通过后者影响企业绩效，下面将具体分析创业导向三个维度的中介传导效应。

陈晓红等（2008）认为，政府掌握着项目审批、政策协调与公共资源分配的权力，企业与政府良好的互动关系可以获取更多的资金支持。其实，和政府的良好合作还可以及时获得产业信息，可以在更大程度上分享公共资源，这有利于提高企业应对环境不确定性的能力，促成了企业的先动优势，保证了组织战略的实施效果，从而有利于绩效的提升。同时，准确和及时的产业信息，提高了企业的市场敏锐度和市场认知能力，这种敏锐度和认知能力可以帮助企业根据客户和市场的需要快速、准确地进行自我定位，并且及时对自己的战略进行调整和更新。

刘寿先（2008）指出，当企业与网络成员之间联系紧密，即处于强联结时，彼此间就存在着较高的关系质量，也有着较高的信任水平和较多的信息交流，它可以提升企业的市场快速反应能力，而这种能力正是战略更新和调整的依据。所以，强联结所取得的知识信息，对于企业及时认知和把握外部机遇与威胁，形成可能的反应策略或战略更新是大有帮助的（Simsek，Lubatkin and Floyd，2003）。

　　社会资本可通过提高科技型中小企业组织战略的适应性以及战略更新的精准性而影响创业绩效。任何一个企业的组织战略，其产生和更新都不是孤立的行为。组织战略是企业与外部环境匹配的产物，是企业与外部环境互动的适应过程和自我免疫过程。一方面，科技型中小企业从产品研发到商业化运作的整个过程中都存在着巨大的风险，这种风险是单个企业无法承受的，这就为科技型中小企业之间、科技型中小企业与其他组织之间的合作创新带来了契机。而基于与合作创新匹配的企业组织战略就要有很强的针对性和适应性。恰好，社会资本不仅可以在合作创新的形成和协调方面发挥作用，还可在合作创新内部各成员间组织战略匹配性和适应性方面发挥"胶合剂"作用，让合作创新网络更加有效。另一方面，组织战略更新的准确性取决于科技型中小企业对外界信息的判断质量。在当前经济和社会转型时期，体制内由于层级太多或非经济因素的干扰，有可能使信息流通渠道阻塞或被歪曲。体制外由于信息成为商品，竞争对手出于战略考虑往往散播不实信息，使信息获取存在着风险。无论是体制内还是体制外，科技型中小企业如果拥有良好的社会资本，则可以通过网络成员以较低代价获得真实信息，从而提高战略更新的精准性，进而促进创业绩效。

　　根据上述分析，提出以下假设：

　　H3：科技型中小企业社会资本和组织战略更新之间具有显著的正相关关系，前者通过后者间接影响创业绩效。

　　H3a：科技型中小企业与外部组织间的社会性互动和组织战略更新之间具有显著的正相关关系，前者通过后者间接影响创业绩效。

　　H3b：科技型中小企业与外部组织间的关系质量和组织战略更新之间具有显著的正相关关系，前者通过后者间接影响创业绩效。

　　H3c：科技型中小企业与外部组织间的认知和组织战略更新之间具有显著的正相关关系，前者通过后者间接影响创业绩效。

　　社会资本可通过提升科技型中小企业的新业务开拓能力和意识而影响创业绩效。新业务开拓不仅需要准确的产品和市场定位，还需要人才、资金、信息和知识等多项资源的配合。对于一个社会资本丰富的企业而言，比较容易就可获得专业化的信息、经验丰富的员工以及客户和供应商的支持，也即良好的社会资本有助于科技型中小企业获取新业务开拓所必需的资源，从而提高其创业绩效。首先，科技型中小企业和大学等研究机构所建立的良好社会关系以及合作，有助于企业及时获取开拓新业务所需的对口知识和人才。新业务开拓需要新领域的知识和人才，而大学和科研机构的主要功能就是知识和人才的生产、转移和传播。其次，科技型中小企业与政府部门所建立的良好社会关系和信任，有助于企业获得新业务开拓的经营许可和政府的优惠政策。再次，科技型中小企业与其他组织所建立的网络伙伴关系，有助于企业获得新业务开拓所需要的信息、技术、资金等资源。最后，科技型中小企业与客户所建立的良好关系，有助于企业及时了解客户需求，准确进行产品和市场定位，提高新业务开拓的成功率。

企业与外部组织间的网络联系，比如企业与分销商之间强关系的发展，保障了分销网络的排他性和独占性，为现有竞争者或潜在进入者设置了有效壁垒。此时，社会资本就成为企业稳定和拓展市场的撒手锏和异质性资源，从而保证了企业绩效的实现。

企业与客户之间的社会性互动以及关系质量，在公司创意产生、强化新产品发展及缩短新产品上市周期方面，有较强的影响作用。客户参与新产品的发展活动被许多企业视为一种了解客户需求的有效方法。格鲁纳和霍姆伯格（Gruner and Homburg, 2000）在研究企业与客户互动是否会提高新产品的成功率时发现，与客户互动的强度在新产品发展的各阶段中都会影响新产品绩效，与客户的互动强度越高，新产品绩效也越高。邦纳和沃尔克（Bonner and Walker, 2004）的研究发现，客户关系质量与新产品发展有显著的关联性，并且这符合社会交换理论，客户关系纽带为企业提供了合作、开放、高质量的信息互动和快速反应，这直接导致并促进了新产品的发展。

根据以上分析，提出相应假设：

H4：科技型中小企业社会资本和新业务开拓之间具有显著的正相关关系，前者通过后者间接影响创业绩效。

H4a：科技型中小企业与外部组织间的社会性互动和新业务开拓之间具有显著的正相关关系，前者通过后者间接影响创业绩效。

H4b：科技型中小企业与外部组织间的关系质量和新业务开拓之间具有显著的正相关关系，前者通过后者间接影响创业绩效。

H4c：科技型中小企业与外部组织间的认知和新业务开拓之间具有显

著的正相关关系，前者通过后者间接影响创业绩效。

社会资本可通过提升科技型中小企业的产品技术创新能力和意识而影响创业绩效。社会资本有利于企业与企业之间以及企业与机构组织之间的信息交流与知识共享。与产品技术创新有关的知识分为可编码化的显性知识和难以编码化的隐性知识。显性知识可以用文字和数字表达，可以容易地以文件、数据、公式以及程序等形式进行传播和共享；而隐性知识具有默会性的特点，难以进行规范和编码，它只能通过面对面的接触才能得到传播和共享。丰富的社会资本既可促进科技型中小企业对显性知识的获取，更保证了只有面对面接触才能获取的隐性知识。科技型中小企业利用社会资本获取和分享与创新有关的知识和信息，从客户、竞争对手、供应商、研发机构等外部组织那里了解各种产品市场和技术进展方面的信息，从而可以增加企业产品技术创新的空间和机会，同时在很大程度上又降低了产品技术创新的不确定性。

社会资本有利于企业获取各种创新资源。产品技术创新具有复杂性和不确定性的特点，不仅依赖于信息与知识，还需要物质资本、人力资本、金融资本和社会资本等多项资源的共同配合，因而加强网络成员间的联系至关重要。企业可以利用丰富的社会资本享受网络伙伴互补资源带来的好处，从而增加企业创新的空间和机会。另一方面，企业的社会资本对智力资本的创造与更新起着有益的作用，也有利于企业产品的创新（Nahapiet and Ghoshal，1998）。

企业社会资本有利于推动网络成员间的信任与合作，促进合作各方对于产品技术创新活动的长期投入和承诺，进而促进科技型中小企业持续不断的创新活动。企业网络中的相互信任程度越高，网络成员就越乐意去进行实验性的组合创新，这大大增加了创新成功的机会。

根据以上分析，提出相应假设：

H5：科技型中小企业社会资本和产品技术创新之间具有显著的正相关关系，前者通过后者间接影响创业绩效。

H5a：科技型中小企业与外部组织间的社会性互动和产品技术创新之间具有显著的正相关关系，前者通过后者间接影响创业绩效。

H5b：科技型中小企业与外部组织间的关系质量和产品技术创新之间具有显著的正相关关系，前者通过后者间接影响创业绩效。

H5c：科技型中小企业与外部组织间的认知和产品技术创新之间具有显著的正相关关系，前者通过后者间接影响创业绩效。

第五节 研究假设总结

在对科技型中小企业社会资本、创业导向和创业绩效的关系进行理论演绎的基础上，本书提出了 20 个研究假设。假设分为两类：第一类是验证性假设，包括 H1、H1a、H1b、H1c、H2、H2a、H2b、H2c 8 个假设。这类假设已有学者做过分析，并通过经验研究加以证实。第二类是开拓性假设，包括 H3、H3a、H3b、H3c、H4、H4a、H4b、H4c、H5、H5a、H5b、H5c 12 个假设。这类假设其他学者很少研究，或者虽有相关理论分析，但尚未通过经验研究加以证实。

验证性假设和开拓性假设的汇总见表 4.1。

表 4.1　　　　　　　　　　研究假设汇总

	假设内容	假设类型
H1	科技型中小企业社会资本与创业绩效具有显著正相关关系	验证性假设
H1a	科技型中小企业与外部组织间的社会性互动和创业绩效具有显著正相关关系	验证性假设
H1b	科技型中小企业与外部组织间的关系质量和创业绩效具有显著正相关关系	验证性假设
H1c	科技型中小企业与外部组织间的认知和创业绩效具有显著正相关关系	验证性假设
H2	科技型中小企业创业导向与创业绩效具有显著正相关关系	验证性假设
H2a	科技型中小企业的组织战略更新与创业绩效具有显著正相关关系	验证性假设
H2b	科技型中小企业的新业务开拓与创业绩效具有显著正相关关系	验证性假设
H2c	科技型中小企业的产品技术创新与创业绩效具有显著正相关关系	验证性假设
H3	科技型中小企业社会资本和组织战略更新之间具有显著的正相关关系，前者通过后者间接影响创业绩效	开拓性假设
H3a	科技型中小企业与外部组织间的社会性互动和组织战略更新之间具有显著的正相关关系，前者通过后者间接影响创业绩效	开拓性假设
H3b	科技型中小企业与外部组织间的关系质量和组织战略更新之间具有显著的正相关关系，前者通过后者间接影响创业绩效	开拓性假设

续表

	假设内容	假设类型
H3c	科技型中小企业与外部组织间的认知和组织战略更新之间具有显著的正相关关系，前者通过后者间接影响创业绩效	开拓性假设
H4	科技型中小企业社会资本和新业务开拓之间具有显著的正相关关系，前者通过后者间接影响创业绩效	开拓性假设
H4a	科技型中小企业与外部组织间的社会性互动和新业务开拓之间具有显著的正相关关系，前者通过后者间接影响创业绩效	开拓性假设
H4b	科技型中小企业与外部组织间的关系质量和新业务开拓之间具有显著的正相关关系，前者通过后者间接影响创业绩效	开拓性假设
H4c	科技型中小企业与外部组织间的认知和新业务开拓之间具有显著的正相关关系，前者通过后者间接影响创业绩效	开拓性假设
H5	科技型中小企业社会资本和产品技术创新之间具有显著的正相关关系，前者通过后者间接影响创业绩效	开拓性假设
H5a	科技型中小企业与外部组织间的社会性互动和产品技术创新之间具有显著的正相关关系，前者通过后者间接影响创业绩效	开拓性假设
H5b	科技型中小企业与外部组织间的关系质量和产品技术创新之间具有显著的正相关关系，前者通过后者间接影响创业绩效	开拓性假设
H5c	科技型中小企业与外部组织间的认知和产品技术创新之间具有显著的正相关关系，前者通过后者间接影响创业绩效	开拓性假设

本章小结

首先，对以往研究所取得的成果、存在的问题及不足进行了概括，提出了本书拟解决的问题。

其次，适当拓展了本书的主要理论基础，进而提出了本书的分析框架和概念模型。

再次，对研究中重要的逻辑关系进行了演绎，包括科技型中小企业社会资本的社会性互动维度、关系质量维度和认知维度对创业导向的组织战略更新维度、新业务开拓维度和产品技术创新维度的影响，创业导向的三个维度对创业绩效的影响，企业社会资本的三个维度对创业绩效的影响。

最后，提出了研究假设，并对假设进行了汇总。

第五章 变量定义、测量与小样本测试

本章主要由四部分内容构成，重点是最终调查问卷的形成过程。首先阐明问卷设计的原则和过程，借鉴前人的研究成果，形成各考察变量的初步测量条款。其次进行小规模访谈，并编制初始问卷。再次进行小样本测试，通过小样本测试对初始问卷的有效性和可靠性进行检验，采用 CITC 法和克龙巴赫（Cronbach）α 信度系数法删掉低相关的测量条款，利用 EFA 方法确定研究变量的最终测量条款。最后对题项的排列顺序、语义措辞进行修订和完善，形成用于本书研究中大样本调查的最终问卷。

第一节 问卷设计原则和过程

本书主要采用问卷调查的实证研究方法。在问卷设计原则和可靠性方面，徐淑英（2008）、马庆国（2002）、李怀祖（2004）等学者都提出了很多有益的建议和方法。

徐淑英（2008）指出，问卷设计包括研究构思与目的、问卷结构、问卷的语句语法和问卷用词四个方面。在设计问卷的过程中，首先要注意问卷的结构和内容安排要根据研究设计的指向和目的来确定；问卷设计中应避免使用复杂冗长语句或启发引导式问题，语意层次清晰，语句明确具体，避免多重含义或隐含某种假设；问卷用词不涉及褒贬，用词不能过于抽象以防止反应定势。

马庆国（2002）认为，正确设计问卷的要点有：要根据研究目标设立问卷；要根据调查对象的特点设置问项；不能设置得不到诚实回答的问项；对于有可能得不到诚实回答而又必需的数据，可以通过其他方式处理，如变换问题的角度和提法，从而获取相关数据。

　　李怀祖（2004）指出，问卷设计要遵循以下几个原则：（1）问卷的内容结构要与研究的概念框架相呼应；（2）问卷中的问项要尽量让问卷填答者容易看懂并容易回答；（3）尽量不涉及填答者个人隐私（例如收入、年龄等）；（4）前面的问项不要影响后续问项的填答；（5）在设计问卷的前期工作中，首先要确定哪些是封闭式问题（close – ended questions）哪些是开放式问题（open – ended questions）；（6）在正式的大规模调查之前必须经过预测试过程。

　　上述的问卷设计原则和方法，为本书的问卷设计和量表编制提供了很好的建议和帮助。一份科学有效的调查问卷，其形成过程至少要经过以下五个步骤，其形成流程如图 5.1 所示（马庆国，2002）。

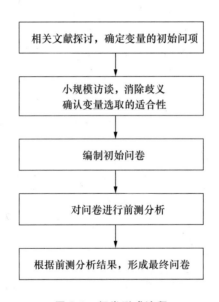

图 5.1　问卷形成流程

　　（1）收集相关的研究文献，为考察变量的测量提供借鉴。为了能够和以往的研究进行比较，保持研究的承接性，通过吸纳国内外关于企业社会资本、创业导向和企业绩效的相关文献和研究成果，结合本书研究的具体情景形成各考察变量的初始测量条款。

　　（2）小规模访谈，消除歧义，提高变量选取的适合性。在形成初始测量条款后，必须就其合理性和适合性在小规模人群，尤其是在专家人群和问卷发放目标人群中展开访谈，合并或者删除一些条款，对条款的语义和措辞进行斟酌，尽量消除初始条款中有歧义的地方。

（3）编制初始问卷。根据小规模访谈结果，对初始测量条款进行修正，形成初始调查问卷。

（4）对小样本问卷进行前测分析。在大规模调查前，有必要选取部分目标人群进行问卷的前测分析。小样本测试的目的就是根据问卷填答的结果，利用信度分析和因子分析来筛选最能度量所需测量变量的问项。

（5）根据前测分析结果，最终形成用于大规模调查的简洁有效问卷。

第二节　变量定义与测量

根据研究设计和研究假设，本书需要测量的变量包括科技型中小企业社会资本、科技型中小企业创业导向与科技型中小企业创业绩效三大主体变量，其测量条款的来源主要有三：一是借鉴以往文献中已经被证实有效或是相对成熟的测量条款；二是根据相关理论或者文献研究的结论分析而来；三是在以往学者研究量表的基础上，结合本书研究的实际需要和访谈结果进行修改而来。为了保持规范研究和实证研究的对应性，也便于和过去的研究结论进行对比，本书中各类变量的测量条款既要参考和借鉴国外已有的成熟量表，同时还要考虑中国文化的特点以及本书研究的具体情景。

很多学者认为，李克特（Likert）七级量表可以增加变量的变异量，并可提高变量之间的区分度。另有一些学者指出，五级量表是最可靠的，选项超过五级，一般人难以有足够的辨别力（Berdie，1994）[1]。就此问题笔者专门和不同企业的管理者们进行了沟通和交流，大多数企业经理反映，七级量表会增加思考时间和判断难度，并提出这有可能导致问卷填答者的抵触情绪，给数据收集带来不利影响。因此，本书中问卷的设计采用了五级量表的形式。

---

① 转引自王立生（2007）。

另外，本书采取主观自我报告的问卷填答方式，一定程度上会受到社会称许性反应偏差的影响，使问卷量表的信度和效度降低（王立生，2007）。为了最大限度地降低社会称许性反应偏差的影响，本书采取了如下措施：（1）在最终形成调查问卷之前广泛阅读文献，对变量的研究背景和运用情景进行分析，确保每个观察变量具有明确的操作性定义和具体指标。（2）问卷采取匿名填答的方式，从而减轻填答者的心理压力，提高问卷数据的有效性和真实性。（3）在问卷内容的安排上要前后呼应，通过若干对正反向问题进行交叉验证，以推断问卷数据的真实性。（4）在量表编制过程中，尽量选择已经被国内外学者证实有效或者相对成熟的测量条款，同时考虑中国人的语言文化习惯，尽量使用中性词语来表达。

一　科技型中小企业社会资本的定义与测量

在以往学者的研究基础上，考虑到本书研究的特定情景，我们认为，科技型中小企业社会资本是企业建立在信任和规范基础上的外部关系网络的结构、范围和质量，以及镶嵌在其中的一切可以动员的外部资源。科技型中小企业社会资本主要从科技型中小企业与外部组织间的社会性互动、关系质量和认知三个维度来研究，每个维度的具体测量条款如下：

（一）企业与外部组织间的社会性互动的定义与测量

根据 Haeckel（1998）以及 Yli-Renko、Autio 和 Sapienza（2001）有关社会性互动的研究，借鉴林南（2001b）和格拉诺维特（1973，1985）等结构学派学者的观点，本书认为，科技型中小企业与外部组织间的社会性互动是指企业与外部组织在互动交往中可以从外部获取和利用的资源的范围、数量、异质性和稳定性。科技型中小企业与外部组织间紧密的社会性互动可以为企业带来不同种类的创业资源，如信息技术、市场机会以及创新知识等。

Yli-Renko、Autio 和 Sapienza（2001）关于社会性互动的测量条款有两个，分别是我们与客户之间保持密切联系的程度和与客户之间保持个体往来的频度。王亭力（2002）通过沟通协调和资源共享两个子维度来测量企业合作过程中的互动性，其中沟通协调有四个测量条款，资源共享有三个测量条款。王立生（2007）通过互动频率和互动质量二个维度来测量企业与客户的互动性，各自包含五个测量条款。Ye（2005）在对 IT 企业外包与知识获取和企业绩效关系的研究中，采用了四个条款来测量 IT

企业与外包组织之间的互动性。在参考上述文献的基础上，本书结合具体的研究情景，认为科技型中小企业与外部组织间的社会性互动可以从互动范围、互动强度、互动对象的稳定性和互动对象的异质性四个构面来分析，每个子维度的具体测量条款如下：

1. 互动范围的定义与测量

借鉴乔治、扎拉和伍德（George，Zahra and Wood，2002）、McFadyen和Cannella Jr.（2004）以及Haeckel（1998）等学者的观点，本书把互动范围定义为科技型中小企业可以从外部组织那里有效获取外部资源的外部组织的数量。在参考上述文献的基础上，本书提出的企业与外部组织间社会性互动范围的初始测量条款共有2个（见表5.1）。

表5.1　　　　　　　　　　互动范围的初始测量条款

互动范围的测量条款
HD1 我们社会网络中网络成员的数量较多
HD2 我们社会网络中网络成员间的连接数量较多

资料来源：George、Zahra 和 Wood（2002），Haeckel（1998），McFadyen 和 Cannella Jr.（2004）。

2. 互动对象稳定性的定义与测量

根据 Inkpen 和 Tsang（2005），Krause、Handfield 和 Tyler（2007）、Lee 和 Cavusgil（2006）及 Wu 和 Cavusgil（2006）等学者们的研究，本书认为，互动对象稳定性是指科技型中小企业与某一交往对象交往时间的长短以及交往关系的稳定性。借鉴以上学者们的观点，本书提出的互动对象稳定性的初始测量条款共有2个（见表5.2）。

表5.2　　　　　　　　互动对象稳定性的初始测量条款

互动对象稳定性的测量条款
HD3 我们与外部组织成员间的合作时间比较长
HD4 我们与外部组织成员间的合作关系比较稳定，变动不大

资料来源：Inkpen 和 Tsang（2005），Krause、Handfield 和 Tyler（2007），Lee 和 Cavusgil（2006），Wu 和 Cavusgil（2006）。

3. 互动强度的定义与测量

借鉴 Yli – Renko、Autio 和 Sapienza（2001）、王立生（2007）和 Ye（2005）等学者们的观点，本书认为，互动强度是指企业与外部组织之间利用不同方式进行资源交流和密切沟通的程度。结合本书研究的具体情景，对个别条款的措辞作了变动，本书提出的企业与外部组织间社会性互动强度的初始测量条款共有 4 个（见表 5.3）。

表 5.3　　　　　　　　　　互动强度的初始测量条款

HD5 我们与外部组织经常进行非正式交流
HD6 我们与外部组织不同层次员工之间的交往非常频繁
HD7 我们与外部组织之间经常定期举行会议，讨论双方感兴趣的话题
HD8 我们与外部组织之间经常互相派遣人员参观或学习交流

资料来源：Yli – Renko、Autio 和 Sapienza（2001），王立生（2007）、Mohr，Rober 和 Nevin（1996），王亭力（2002）；Ye（2005）。

4. 互动对象异质性的定义与测量

根据 Michael、Jeen – Su 和 Mark（2005）及 Koka 和 Prescott（2002）等学者的观点，结合高科技行业的具体情景，本书把互动对象的异质性定义为科技型中小企业交往对象的多样性以及在此基础上进行资源交流的质量。参考上述学者们在研究中所用的条款，在措辞上稍作调整，形成 2 个测量条款（见表 5.4）。

表 5.4　　　　　　　　　互动对象异质性的初始测量条款

互动对象异质性的测量条款
HD9　　我们与网络成员的差别较大
HD10　　我们从网络成员中获得较多的异质性信息和资源

资料来源：Michael、Jeen – Su 和 Mark（2005），Koka 和 Prescott（2002）。

（二）企业与外部组织间关系质量的定义与测量

借鉴 Wulf、Gaby 和 Lacobucci（2001），Garbarino 和 Johnson（1999），刘人怀和姚作为（2005）以及苏秦（2007）等学者们的观点，本书认为，

企业与外部组织间的关系质量是企业与外部组织在合作交往过程中所形成的信任、彼此愿意维持长久关系的意愿以及对双方关系的共识程度。企业与外部组织间的关系质量包含信任、规范和承诺三个构面，每个构面的定义及其条款形成如下：

1. 企业与外部组织之间信任的定义与初始测量条款

借鉴福山（1995）和 Uzzi（1996）等学者们的观点，本书认为，企业与外部组织间的信任是双方在一个共同体内基于共享规范的期望，任何一方不会因为自己单方面的利益而占取对方便宜，而是以双方的关系和利益为优先考虑。关于组织间信任的测量有一些成熟的研究，比如 Li（2005）在一项欧洲跨国企业向在华子公司知识输出的经验研究中，采用了 2 个条款来测量母公司与子公司之间的信任。Dhanaraj、Lyles 和 Tihanyi（2004）对国外母公司与在匈牙利合资企业之间的信任采用了 5 个测量条款。Zaheer、McEvily 和 Perrone（1998）以李克特五级量表的形式，采用了 5 个测量条款对组织间的信任进行了测量。诺曼（Norman，2004）对高新技术产业中战略联盟之间的信任采用了 4 个测量条款。McEvily 和 Marcus（2005）对企业间信任的测量采用了 3 个测量条款。龙勇（2006）等对技能型战略联盟伙伴间的信任采用了 3 个测量条款。贾生华（2007）等对战略联盟伙伴之间的信任采用了 5 个测量条款。

在参考上述文献的基础上，本书提出的科技型中小企业与外部组织间信任的初始测量条款共有 3 个。由于中外学者开发的关于组织间信任的测量量表比较成熟，不同的研究者在不同的研究背景下所进行的经验研究其信度系数都符合要求。借鉴这些成熟量表，本书结合中国语言文化特征略微进行了修订，科技型中小企业与外部组织间信任的初始测量条款如表 5.5 所示。

表 5.5　　　　　　　企业与外部组织间信任的初始测量条款

信任的测量条款
GX1 在长期的合作中，交往双方都知道对方的弱点但不会乘人之危
GX2 在我们交往的关系中，交往双方都没有提出损害对方利益的要求
GX3 即使情况发生变化，网络成员也乐于提供帮助和支持

资料来源：Dhanaraj、Lyles 和 Tihanyi（2004），Zaheer、McEvily 和 Perrone（1998），Li（2005），McEvily 和 Marcus（2005）。

2. 企业与外部组织之间规范的定义与初始测量条款

根据 Chiu、Hsu 和 Wang（2006），Wu 和 Cavusgil（2006），张维迎（2006）等学者的研究，本书认为，企业与外部组织间的规范是所有网络成员一致同意和认可的行为准则和内心行为标准。在参考上述文献的基础上，本书提出的规范的初始测量条款共有 3 个，如表 5.6 所示。

表 5.6　　　　　　　　　企业与外部组织间规范的初始测量条款

规范的测量条款
GX4 我们与外部组织间相互尊重和相互认可
GX5 我们与外部组织间有比较完善的合作政策和程序
GX6 网络成员一旦违反了大家共识的行为准则，会受到失去信誉的惩罚

资料来源：Chiu、Hsu 和 Wang（2006）；Wu 和 Cavusgil（2006）；张维迎（2006）。

3. 企业与外部组织之间承诺的定义与初始测量条款

借鉴安德森和萨利文（Anderson and Sullivan，1993）及费里、迪金斯和惠塔姆（2009）等学者们的观点，本书认为，企业与外部组织间的承诺是交往双方发展稳定关系的期望以及用短暂的牺牲换取关系维持的意愿。Kwuon 和 Suh（2004）用 3 个条款来测量上下游供应链内企业之间的承诺，它们分别是：（1）我们对合作伙伴的积极情感是与他们保持合作关系的一个重要原因；（2）我们非常希望成为合作网络中的一员，因为我们很高兴与他们合作；（3）即便有可能，我们也不会抛弃目前正在合作的伙伴。Roberts、Varki 和 Brodie（2003）根据企业与消费者之间的交易情境，采用了 3 个条款来测量情感承诺。Wulf、Gaby 和 lacobucci（2001）采用 3 个条款来测量零售商与顾客之间的关系承诺，它们是：（1）即便是到这家商店有一定困难，我也会坚持从这家商店购买；（2）我对这家商店有忠诚感；（3）作为该商店的稳定顾客，我宁愿多走一段路。Wagner 和 Buk（2005）采用 6 个条款来测量企业网络内成员间知识资源共享的承诺程度。克劳斯、汉德菲尔德和泰勒（2007）采用了两个条款来测量美国汽车和电子行业中买卖双方之间的关系承诺程度。贾生华（2007）等对战略联盟伙伴之间的承诺采用了 3 个测量条款。在参考上述文献的基础上，本书提出的科技型中小企业与外部组织间的承诺有 3 个初始测量条款（见表 5.7）。

表 5.7	企业与外部组织间承诺的初始测量条款
承诺的测量条款	
GX7 我们交往的双方都致力于保持长久的关系	
GX8 我们交往的双方都愿意付出额外的努力以帮助对方实现目标	
GX9 我们与外部组织之间的关系，值得努力去维系	

资料来源：Wulf、Gaby 和 Iacobucci（2001）；Roberts、Varki 和 Brodie（2003）；克劳斯、汉德菲尔德和泰勒（2007）；贾生华、吴波和王承哲（2007）。

（三）企业与外部组织间认知的定义与测量

借鉴 Nahapiet 和 Ghoshal（1998）的观点，认为科技型中小企业与外部组织间的认知是双方之间的一种共享范式，如具有相似的语言文化、愿景和价值观等。结合本书研究的特定情景，科技型中小企业与外部组织之间的认知包括共享的语言和代码、共同愿景两个子维度，每个子维度的含义和具体测量条款如下：

1. 共享的语言和代码的定义与初始测量条款

根据 Chiu、Hsu 和 Wang（2006）的研究，本书认为，共享语言和代码是指科技型中小企业与网络成员在工作交流和沟通中频繁使用并专属共享的一种媒介工具。Chiu、Hsu 和 Wang（2006）对共享语言和代码的测量采用了两个测量条款：（1）企业网络中各成员企业共享一种能够有效沟通的工作语言；（2）企业间有共同的专业代码，不影响信息、技术的转移和吸收。本书借鉴上述学者的观点，结合张宏（2007）对上下游企业间共享语言和代码等方面的研究，对修辞稍作修改，采用两个条款来测量科技型中小企业与外部组织之间的共享语言和代码，如表 5.8 所示。

表 5.8	共享的语言和代码的初始测量条款
共享的语言和代码的测量条款	
RZ1 我们与外部组织间的日常工作交流和沟通主要使用一种共享的工作语言	
RZ2 我们与外部组织间有共同的专业代码，信息、知识和技术的转移速度快	

资料来源：Chiu、Hsu 和 Wang（2006）；张宏（2007）。

2. 企业与外部组织间共享愿景的定义与初始测量条款

借鉴 Tsai 和 Ghoshal（1998）及 Wong、Tjosvold 和 Yu（2005）的观

点，本书认为，企业与外部组织间的共享愿景是指双方在交往过程中对彼此间的目标、价值观、信念和期望的认可程度。Li（2005）在一项欧洲跨国企业向在华子公司知识输出的经验研究中，利用 Tsai 和 Ghoshal（1998）及 Simonin（1999）关于共享愿景的测量方法，从母子公司在组织文化、企业惯例（business practice）、共同目标（shared goals）和企业经营理念（shared understanding of doing business）四个方面的认同性来测量共享愿景。Wong、Tjosvold 和 Yu（2005）采用了 3 个条款来测量合作伙伴之间的共享愿景。Ye（2005）在对 IT 企业外包与知识获取和企业绩效关系的研究中，借鉴 Tsai（2000，2001）关于共享愿景的界定，采用 4 个条款来测量 IT 企业与外包组织之间的共享愿景。克劳斯、汉德菲尔德和泰勒（2007）采用了 4 个条款来测量美国汽车和电子行业中买卖双方之间在价值观和目标方面的共享程度。在参考上述文献的基础上，本书对科技型中小企业与外部组织之间共享愿景的测量采用了 3 个条款，如表5.9 所示。

表5.9　　　　企业与外部组织间共同愿景的初始测量条款

共同愿景的测量条款
RZ3 我们与外部组织间有共同的目标追求
RZ4 我们与外部组织间有共同的商业价值观
RZ5 我们与外部组织间在利益最大化方面观点一致

资料来源：克劳斯、汉德菲尔德和泰勒（2006），Li（2005），Wong、Tjosvold 和 Yu（2005），Ye（2005）。

二　科技型中小企业创业导向的定义与测量

创业导向是本研究中的一个非常重要的变量。根据古思和金斯伯格（1990）、扎拉（1993b，1996）、科文和迈尔斯（1999）以及海顿（2002，2005）的观点，结合考察对象是科技型中小企业的研究情景，本书认为，创业导向是科技型中小企业创业过程中的一组重要的创新活动，体现了一种创业姿态和创业精神。科技型中小企业的创业导向由组织战略更新、新业务开拓和产品技术创新三个维度构成，每个维度的具体测量条款如下：

（一）组织战略更新的定义与测量

组织战略更新反映了组织通过修改或者更新之前所建立的关键目标而

产生的一系列转变（Guth and Ginsberg，1990）。组织战略更新通过创造性地配置资源来实现产品和技术的新组合，是对公司经营理念的重新定义。古思和金斯伯格（1990）、扎拉（1993b，1996）以及海顿（2002，2005）等学者都提出过创业导向的组织战略更新维度。弗洛伊德和莱恩（Floyd and Lane，2000）认为，组织战略更新是通过利用新知识和新理念来促进公司核心能力的演进。莱尔斯和尼尔（Lyles and Near，1992）指出，组织战略更新是企业设置新方向的过程，更新的目的就是要使企业更能适应外界环境的复杂性，更新的过程涉及知识、创造力、关键性问题分析、交流、领导、评估的转换和一致性。

本书参照上述学者对组织战略更新的理解和界定，认为组织战略更新是现有的科技型中小企业为适应不断变化的市场环境而确立的新定位和新理念，是企业改变其路径依赖的一系列活动，宗旨是增强企业的获利能力和竞争能力。参照海顿（2002，2005）、Antoncic 和 Hisrich（2001）及张慧（2007）所开发的量表，结合本书研究的具体情景，提出的组织战略更新初始测量条款共有 8 个，其中包含 2 个反向问题，如表 5.10 所示。

表 5.10　　　　　　　　　　组织战略更新的初始测量条款

ZL1 我们会根据环境变化修正产品/服务定位和目标市场
ZL2 我们重新界定了所从事的业务
ZL3 我们撤销了亏损的业务或非主营业务
ZL4 我们采用了弹性的组织结构以增强创新
ZL5 我们重新界定了在我们所处的产业链中的位置和角色
ZL6 我们组织内部机制僵化，缺乏灵活性
ZL7 即使当前业务起色不大，我们也没想过新的尝试
ZL8 我们重新界定了经营理念

资料来源：Antoncic 和 Hisrich（2001）、海顿（2002）、张慧（2007）。

（二）新业务开拓的定义与测量

新业务开拓是公司创业最具代表性的特征之一，与创业学中把创业看做是"创建新企业或新组织"（Gartner，1985，1988）的观点一脉相承。对于已建公司而言，要开拓新业务就必须通过进入新的事业领域（Stopford and Baden - Fuller, 1994), 或者通过发展新的市场来实现（Zahra, 1991）。新业务不仅指通过提供新产品进入新的经营领域，也包括在与现有业务相关的新领域拓展业务，还包括在现有市场范围内挖掘新的产品需求空间（张健和姜彦福，2005）。所以，公司在重视新产品开发和引入的同时，也应重视对现有产品和服务进行不断的改进和重新定义，为现有产品开拓新的市场。新业务开拓可以采用多种组织形式，如有些公司设立了专门激发公司内部创业活动的部门，鼓励符合公司战略的创业项目的发展，并最终形成新业务实体，也有些公司接受一些有发展前景的自发创业项目，并将其逐步整合到公司的主流业务范围之内（Morgan, Linda and Jenny, 2009）。

根据上述学者的观点，结合科技型中小企业的具体研究情景，本书认为，新业务开拓是指科技型中小企业经营范围的扩展，包括建立新业务和开发现有业务。新业务开拓是提高科技型中小企业获利能力和竞争能力的重要手段。参照 Antoncic 和 Hisrich（2001）、扎拉（1993b，1996）、海顿（2002，2005）和张慧（2007）所开发的量表，本书提出的新业务开拓初始测量条款共有 10 个，其中包含两个反向问题，如表 5.11 所示。

表 5.11   新业务开拓的初始测量条款

新业务开拓的测量条款
XYW1 我们扩展了现有产品/服务的市场范围
XYW2 我们扩充了现有业务的生产线
XYW3 我们在与现有业务相关的新领域中开发新业务
XYW4 我们建立和发起了几个新的事业实体
XYW5 我们通过积极的广告和营销手段在当前市场上扩大产品需求
XYW6 我们在当前市场挖掘新的产品需求空间
XYW7 我们通过提供新的产品和生产线进入新的领域
XYW8 我们在现有业务领域拓宽产品线
XYW9 我们的业务领域一直比较单一
XYW10 我们一直向我们的客户提供现有产品/服务

资料来源：Antoncic 和 Hisrich（2001）、海顿（2002，2005）、扎拉（1996）及张慧（2007）。

（三）产品技术创新的定义与测量

产品技术创新这一概念源于一般创新的研究。创新的观念最早由古典学派的经济学者熊彼特于1934年提出，他认为，创新是企业有效利用资源，以新颖的生产方式来满足市场的需要，它是经济成长的原动力。熊彼特以创造性破坏（creative destruction）来陈述经济发展的程序，指出财富的创造起源于既存市场因为新产品或新服务的引进而被破坏之时。在这个过程中，原有公司的资源被转移到新产品或新服务的生产上，使新公司能够持续成长。查克（Chacke，1988）和弗兰克（Frankle，1990）认为，创新是修正或发明一个新的概念，使之符合现在或未来的潜在需求，并能通过改进或延伸使其功能效用实现商业化①。Afuah（1998）认为，创新是运用新知识为消费者提供新服务或新产品，这种新知识包括市场知识和技术知识，并指出创新就是发明加上商品化，任何发明如果不能满足消费者的需求，就不能算作创新。德鲁克（2002）则认为创新是一种赋予现有资源新的内涵，并以此创造财富的行为。

关于创新在创业导向概念中的角色和地位，科文和迈尔斯（1999）认为，创新是公司创业导向概念中最突出的一个要素，在几乎所有论述公司创业导向的文献中，基本上都包括了创新这一维度。创新反映了一个公司倾向于支持能够促进新产品和新技术开发的新思路、新试验和新创造。大多数与创新相关的研究都使用技术创新与产品创新两种分类（Lumpkin and Dess，1996）。本书也采纳大多数学者的观点，认为公司创业导向中的创新性包括技术创新和产品创新两方面内容，同时考虑到以往技术创新研究中大多关注根本性创新的内容，并且借鉴He和Wong（2004）的观点，本书认为，企业的技术创新可分为激进式技术创新和渐进式技术创新两个构面。

1. 激进式技术创新的定义与测量

在He和Wong（2004）关于激进式或渐进式创新量表中，包含有"引进全新一代技术；创造性能全新的产品；开发全新市场；提升现有的产品技术；降低现有生产成本"等8个题项。参考He和Wong（2004）及迪尤尔和达顿（Dewar and Dutton，1986）对激进式创新所作的定义和

① 转引自林文宝（2001）。

测量，本书认为，激进式技术创新是导致投入产出或者内部流程根本性或显著性改变的创新。结合本书的考察对象为科技型中小企业的情景，提出的激进式技术创新初始测量条款共有 3 个，如表 5.12 所示。

表 5.12　　　　　　　　激进式技术创新的初始测量条款

激进式技术创新的测量条款
JS1 我们创造全新性能的产品在市场中销售
JS2 我们在产品的研制上经常引入新理念
JS3 我们是本行业中开发和引入全新技术的企业

资料来源：He 和 Wong（2004）、迪尤尔和达顿（1986）。

2. 渐进式技术创新的定义与测量

参考 He 和 Wong（2004）及迪尤尔和达顿（1986）对渐进式创新所作的定义和测量，本书认为，渐进式技术创新是指对现有技术的改进只引起渐变的创新。结合本书的考察对象为科技型中小企业的情景，本书提出的渐进式技术创新初始测量条款共有 4 个，如表 5.13 所示。

表 5.13　　　　　　　　渐进式技术创新的初始测量条款

渐进式技术创新的测量条款
JS4 我们的技术研发人员素质高，善于学习新技术和新产品知识
JS5 我们经常进行工艺流程的改进和创新
JS6 我们在现有产品技术基础上经常改进和提升技术
JS7 我们致力于不断降低产品成本和能耗

资料来源：He 和 Wong（2004）、迪尤尔和达顿（1986）。

3. 产品创新的定义与测量

关于产品创新的内涵，中国台湾学者郑景华（2003）认为，产品创新可从两个方面来理解：一是从市场的新颖程度。即对整个市场而言，是第一次上市的产品；二是从公司的新颖程度。即其他公司可能已经生产或销售，但对于某公司而言，一直没有生产或销售这类产品的经验。罗克福德（Rochford，1997）认为，产品创新应从三种视角来分析：（1）市场视角，即新产品是否具备现有产品所没有的功能，能否创造出新的市场；（2）企业视角，即新产品相关的市场、技术及生产方式对企业是否有新颖性；（3）消费者视角，即新产品是否能给消费者提供更高的效用。

　　根据科德罗（Cordero，1990）、Atuahene－Gima（1995）、黄博声（1998）和林文宝（2001）等学者对产品创新的研究，结合本书研究的特定情景，认为产品创新不仅包括产品本身外观和功能的局部改进，也包括内在质量的彻底改变，还应该包括产品原有用途的新发现等。本书对产品创新的初始测量采用了 6 个条款，如表 5.14 所示。

表 5.14　　　　　　　　　　产品创新的初始测量条款

产品创新的测量条款
JS8 我们不断改进现有产品的质量
JS9 我们总是加快产品更新的速度
JS10 我们总是想方设法提高产品的市场竞争力
JS11 我们提升了企业产品的品牌知名度
JS12 我们很看重产品外包装的设计
JS12 我们为了快速响应客户需求而推出新产品

　　资料来源：科德罗（1990）、Atuahene－Gima（1995）、黄博声（1998）和林文宝（2001）。

三　科技型中小企业创业绩效的定义与测量

　　参考以往学者关于创业绩效研究所选取的指标，结合本书的考察对象是已经渡过初创期的已建立公司，我们采用成长性指标和营利性指标来衡量创业绩效，而不再考虑生存性指标。同时本书接受沃尔等（Wall et al.，2004）的建议，采用主观的创业绩效评价方法，并且考虑到行业、发展阶段和规模等因素的影响，引入相对指标的概念予以排除。借鉴 Tan 和 Litschert（1994）及 Luo、Griffith 和 Liu（2004）等学者的观点，我们选取企业的战略绩效和财务绩效来对创业绩效进行综合度量，分别衡量企业在市场拓展和财务回报方面的表现。此外，由于从企业社会资本的构建培育到其对成员绩效产生影响需要一个过程，所以问卷设计中对于企业社会资本的衡量是以本调研前三年的状态为标准，而对于创业绩效的衡量则是以调研时的情况为标准。

（一）企业战略绩效的定义与测量

根据 Luo、Griffith 和 Liu 等（2004），Tan 和 Litschert（1994），Guenzi 和 Troilo（2007），Wu、Yeniyurt、Kim（2006）等学者研究中所采用的变量衡量方法，本书认为，企业战略绩效是指企业在市场扩展和开发方面的表现，用企业相对于主要竞争者的销售增长来衡量。在参考上述文献的基础上，本书研究对企业战略绩效的测量采用了两个条款，如表5.15 所示。

表5.15　　　　　　　　企业战略绩效的初始测量条款

企业战略绩效的测量条款
JX1 我们相对于主要竞争者的销售增长较快
JX2 我们相对于主要竞争者的市场份额提高较大

资料来源：Luo、Griffith、Liu 等（2004），Tan 和 Litschert（1994），Guenzi 和 Troilo（2007）。

（二）企业财务绩效的定义与测量

根据 Calantone、Cavusgil 和 Yushan（2002），Tan 和 Litschert（1994），Wu、Yeniyurt、Kim 等（2006）及 Wu 和 Cavusgil（2006）等学者研究中所采用的变量衡量方法，本书认为，企业财务绩效是指企业在财务收益和回报方面的表现，用企业相对于主要竞争者的投资回报来衡量。在参考上述文献的基础上，本书对企业财务绩效的测量采用了两个条款，如表5.16 所示。

表5.16　　　　　　　企业财务绩效的初始测量条款

企业财务绩效的测量条款
JX3 我们相对于主要竞争者的投资回报率较高
JX4 我们相对于主要竞争者的成本节约较大

资料来源：Calantone、Cavusgil 和 Yushan（2002），Tan 和 Litschert（1994），Wu、Yeniyurt、Kim 等（2006），Wu 和 Cavusgil（2006）。

四　控制变量的测量

控制变量可能对被解释变量产生影响。本书所考察的科技型中小企业其划分标准参照了原国家经贸委、原国家发展计划委员会、财政部、国家统计局联合下发的《中小企业标准暂行规定》(国经贸中小企〔2003〕14号)和科技部、财政部《关于科技型中小企业技术创新基金的暂行规定》(国办发〔1999〕47 号)的相关条件和要求。

本书认为,科技型中小企业的创业绩效除了受企业社会资本和创业导向的影响以外,可能还会受到企业性质和企业规模等因素的影响,因此研究中有必要引入控制变量。本书选择了企业性质、企业规模、企业年龄、行业属性和地域属性五个控制变量,这五个控制变量都是分类型变量。企业规模是影响企业决策行为和经营绩效的重要因素,企业规模越大,企业的规模效应和声誉优势就越明显,则企业的经营绩效可能越好 (Lee et al.,2001)。行业属性的差异对创业绩效也可能会产生不同影响,虽然同属于科技型中小企业,但不同行业的发展水平不一样,对创业绩效的影响可能不同。同样,企业成立年限也可能会对创业绩效产生影响,比如成立年数较长的企业相对于成立年数较短的企业而言,经验曲线的效应会更为明显 (Amburgey,Kelly and Barnett,1993)。不过,也有其他学者提出了相反的观点,认为随着成立年数的增加企业会变得越来越僵化 (Barnett,1990;Ranger – Moore,1997),从而会对企业绩效产生不利影响。

在本书研究中,企业成立年数为企业自成立起到 2009 年为止所经历的年数。企业性质划分为民营企业(含民营控股)、国有企业(含国有控股)、中外合资企业、外商独资企业和其他五类。企业的行业属性具体分为电子信息、软件、创意、动漫、工业设计、生物医药、新能源与高效节能、新材料、光机电一体化、资源再生利用和环保、高技术服务业、节能减排以及利用高新技术改造传统产业领域 13 个类别。企业规模根据员工人数的多少来划分,具体分为 20 人以下、20—50 人、50—100 人、100—300 人、300—500 人、500—2000 人共 6 个等级。

第三节 小规模访谈

问卷设计一定要通过小规模访谈来修改,任何人都不可能把自己关在屋子里,仅仅通过思考就一次设计好问卷(马庆国,2002、2004)。小规模访谈的主要目的在于消除问卷设计中容易引起问卷填答者理解不恰当的问项，以及问项中存在的语言和内容上的歧义，从而初步确定问卷设计的合理性和恰当性。

本书所涉变量的大多数测量条款参考和借鉴了国外相关文献，由于语言、翻译以及文化上的差异，问卷中可能会出现晦涩、不易理解的地方，这就需要通过小规模访谈来对问项加以纠正和修饰。小规模访谈在 2008 年 11—12 月间完成。在由多位管理学教授、企业管理博士（讲师）和硕士研究生（其中课题组成员 4 人，课题组以外成员 3 人）参加的专门讨论会上，对初始问项的合理性、用词的准确性以及初始问卷的整体布局进行了探讨。另外，还分别约请了 4 家不同的科技型中小企业的总经理或副总经理进行访谈，在轻松友好的气氛中先请访谈者当面答题，然后进行交流探讨，就问卷设计中的问题进行修改和完善。

本次访谈中，和专家教授的访谈内容主要集中在：（1）问卷中的问项是否覆盖了所要测量的变量；（2）是否遗漏其他重要内容；（3）研究目的和预期的研究结论是否能够统一等。本次访谈中，和公司高层管理者的访谈重心是：（1）问卷的语言是否会造成误解；（2）问卷的表述是否易懂易读；（3）问卷是否过于冗长而引起抵触；（4）问项是否含有启发暗示成分；（5）问项是否符合企业实际等。

第四节　小样本测试

一　小样本数据的收集

小样本调研是 2009 年 3 月在广州市两所高校的三个 MBA 周末班上进行的，调查对象主要是对自己所供职的科技型企业比较熟悉的中高层经理。本次小样本测试共发放问卷 50 份，回收问卷 41 份，删除了无效问卷，最后筛选出有效问卷 30 份。删除无效问卷的原则有三：（1）问卷中有多处缺答的；（2）问卷填答中出现前后矛盾现象的；（3）问卷中所有问项的得分都一样的予以删除。有效问卷从企业性质来看，国有企业（含国有控股）6 家，民营企业（含民营控股）15 家，中外合资和外商独资企业共 9 家。从企业规模来看，50 人以下的企业有 13 家，50—500 人之间的企业有 11 家，500 人以上的企业有 6 家。从行业分布来看，软件有

7 家,电子信息 4 家,新材料 3 家,利用高新技术改造传统产业 5 家,生物医药 6 家,工业设计 2 家,高技术服务业 2 家,资源再生利用和环保 1 家。

二 小样本检验的程序与标准

为了得到精简的、有效的变量测量量表,提高调查问卷的信度与效度,在发放大规模问卷采集数据前要进行预测试,也即对调查问卷进行小样本预检验。前测阶段,本书将利用信度分析和探索性因子分析的方法(explorative factor analysis,简称 EFA)来筛选变量的测量条款。其中信度分析用来精简量表,删除对变量测量毫无意义的测量条款,以提升每个测量变量的信度;EFA 主要是确定变量的因子构成并检验不同变量间的区分效度。小样本检验的程序步骤是:

首先是对潜变量的测量条款进行净化,删除信度较低的测量条款。丘吉尔(Churchill,1979)指出,在进行探索性因子分析前要进行测量条款的净化,并剔除"垃圾测量条款"(garbage items)。如果没有进行测量条款的净化就直接进行因子分析,很可能会导致多维度的分析结果,从而很难合理解释每个因子的含义。本书采用纠正条款的总相关系数(corrected – item total correlation,也就是 CITC)的方法进行测量条款的净化,以 CITC 值是否大于 0.3 作为净化测量条款的标准,并利用克龙巴赫 α 信度系数法(简称 α 系数)检验测量条款的信度。对于 CITC 值小于 0.3 且删除后可以增加 α 值的条款予以删除(卢纹岱,2002)。在对测量条款进行净化的前后,都要计算 α 系数以便于比较。那那里(Nunnally,1978)指出,当剩余测量条款的 α 系数大于 0.70 时,表明量表的信度符合要求。

其次对样本进行 KMO 样本充分性测度和巴特利特球体检验,以验证变量之间的相关性,从而判断是否可以进行因子分析。"一般认为,KMO 系数在 0.90 以上,非常适合;0.8—0.9,很适合;0.7—0.8,适合;0.6—0.7,不太适合;0.5—0.6,很勉强;0.5 以下,不适合。巴特利特球体检验的统计量显著性概率小于等于显著性水平时,可以做因子分析。"(马庆国,2002)根据这一原则,对于 KMO 系数在 0.6 以下的,不再进行下一步的分析;对于 KMO 系数在 0.7 以上的,则进行因子分析;对于 KMO 系数处于 0.6—0.7 的,以理论解释为基础,根据实际情况来决定是否进行因子分析。

最后对测量变量进行探索性因子分析。EFA 就是要从一堆杂乱无章的数据中找出共同的属性，即把众多问项中关系密切的问项组合成数目较少的几个共同因子，以此来描述所有问项的变异，达到化繁为简。同时，EFA 还要检验不同变量间的区分效度。本书的 EFA 利用主成分分析法和最大方差数法来进行因子分析。在因子个数的确定上，采用特征根大于 1 的标准。区分效度主要是通过评价测量项目的因子载荷来判断，在对测量项目的区分效度进行评价时，要遵循以下三个原则：

（1）一个项目自成一个因子时，则删除，因为其没有内部一致性。

（2）项目在所属因子的载荷量必须大于 0.5，则其具有收敛效度，否则删除。

（3）每一项目其所对应的因子载荷必须接近 1（越大越好），但其他因子的载荷必须接近于 0（越小越好），这样才具有区分效度，因此，如果项目在所有因子的载荷均小于 0.5，或者在两个或两个以上因子的载荷大于 0.5，属于横跨因子现象，应该删除①。

三　小样本量表的检验

根据第五章第四节所述小样本检验的程序和标准，下面分别对企业社会资本、创业导向和创业绩效三个主体变量进行数据分析，现分述如下：

（一）科技型中小企业社会资本的变量检验结果

本书研究的自变量是科技型中小企业的外部社会资本，为了保证研究的严谨性和可靠性，将对提炼出的科技型中小企业社会资本的三个维度，分别进行因子分析的验证，同时对变量中的测量条款进行净化处理及信度分析。

1. 社会性互动维度量表的 CITC、信度分析和探索性因子分析

由表 5.17 可知，企业社会资本的社会性互动维度的测量条款中，HD3 的 CITC 值为 0.042，HD4 的 CITC 值为 - 0.077，远小于参考值 0.3，并且删除 HD3 和 HD4 条款后，α 系数均会有所上升，所以，将条款 HD3

---

① 转引自王立生（2007）。

和 HD4 予以删除①。删除后剩余条款的整体 α 系数上升到 0.711，并且剩余条款的 CITC 值均大于 0.3，说明删除后的量表符合研究要求（见表 5.17）。

表 5.17 社会性互动维度量表的 CITC 和信度分析

测量条款	初始 CITC	最后 CITC	删除该项目后的 α 系数	α 系数
HD1	0.365	0.369	0.706	
HD2	0.391	0.402	0.698	
HD3	0.042	删除	—	
HD4	− 0.077	删除	—	
HD5	0.336	0.399	0.706	初始 α = 0.637
HD6	0.498	0.519	0.709	最终 α = 0.711
HD7	0.549	0.557	0.689	
HD8	0.465	0.479	0.701	
HD9	0.693	0.658	0.710	
HD10	0.433	0.422	0.706	

接下来对企业社会资本的社会性互动维度剩余的 8 个测量条款进行探索性因子分析。首先利用 KMO 样本测度和巴特利特球体检验，判断数据是否可以进行因子分析（马庆国，2002）。分析结果如下：

从表 5.18 可以看出，KMO 系数为 0.758，大于 0.7，并且巴特利特球体检验的卡方统计量不显著，可以进行因子分析。表 5.19 是因子分析结果。

表 5.18 社会性互动维度的 KMO 样本测度和巴特利特球体检验

KMO 样本测度		0.758
巴特利特球体检验	巴特利特检验卡方值 Approx. Chi – Square	80.353
	自由度 df	28
	显著性检验 Sig.	0.000

① HD3 和 HD4 为规范分析中的社会性互动维度"互动对象稳定性"的对应测量条款。没有达到信度要求的可能原因在于，科技型中小企业所处行业的竞争残酷性导致了互动对象稳定性没有显著体现。

表 5.19 显示出 3 个特征根大于 1 的因子，其特征值分别为 2.814、1.861 和 1.156，并且累计解释了方差变异的 71.643%。

表 5.19　　　　　　　　　　社会性互动维度测量分析

成分	初始特征值			提取的平方和载荷量		
	总体	方差解释	累计解释	总体	方差解释	累计解释
1	2.814	36.432	36.432	2.814	36.432	36.432
2	1.861	21.994	58.426	1.861	21.994	58.426
3	1.156	13.217	71.643	1.156	13.217	71.643
4	0.723	10.274	81.917	—	—	—
5	0.597	7.479	89.396	—	—	—
6	0.418	5.218	94.614	—	—	—
7	0.257	3.232	97.846	—	—	—
8	0.173	2.154	100.00	—	—	—

表 5.20 是 Varimax 旋转后的各因子载荷系数，可以看出各项目在所属因子的载荷系数均在 0.5 以上，且在其他因子的载荷系数接近于 0，说明具有收敛效度和区分效度。

表 5.20　　　　　　　　　　社会性互动维度的因子分析

项目	因子 1	因子 2	因子 3
HD6	**0.769**	0.065	0.269
HD8	**0.753**	0.081	0.221
HD5	**0.688**	0.046	0.198
HD7	**0.629**	0.311	0.191
HD2	0.077	**0.913**	− 0.096
HD1	0.056	**0.886**	− 0.064
HD10	0.339	− 0.195	**0.924**
HD9	0.298	0.163	**0.901**

探索性因子分析得到了 3 个因子，因子 1 包含 HD5、HD6、HD7 和
HD8，这四个测量条款均与社会性互动的强度有关；因子 2 包含 HD1 和
HD2，这两个测量条款表述的是社会性互动的范围；因子 3 包含 HD9 和
HD10，这两个测量条款与社会性互动对象的异质性有关。

因此，在探索性因子分析中将社会性互动维度分为 3 个因子，即
"互动范围"、"互动强度"和"互动对象异质性"，这 3 个因子的适合性
将在大样本调查中采用验证性因子分析予以检验。

2. 关系质量维度量表的 CITC、信度分析和探索性因子分析

表 5.21 是关系质量维度量表的 CITC 和信度分析，表 5.22、表 5.23
和表 5.24 是 KMO 样本测度和因子分析。

表 5.21 　　　　　　　　**关系质量维度量表的 CITC 和信度分析**

测量条款	CITC	删除该项目后的 α 系数	α 系数
GX1	0.598	0.861	
GX2	0.511	0.846	
GX3	0.469	0.824	
GX4	0.842	0.816	
GX5	0.777	0.823	α = 0.866
GX6	0.465	0.834	
GX7	0.733	0.821	
GX8	0.563	0.837	
GX9	0.698	0.849	

表 5.22 　　　　**关系质量维度的 KMO 样本测度和巴特利特球体检验**

KMO 样本测度		0.746
巴特利特球体检验	巴特利特检验卡方值 Approx. Chi – Square	101.671
	自由度 df	36
	显著性检验 Sig.	0.000

表 5.23 关系质量维度测量分析

成分	初始特征值			提取的平方和载荷量		
	总体	方差解释	累计解释	总体	方差解释	累计解释
1	4.163	46.273	46.273	4.163	46.273	46.273
2	1.594	17.728	64.001	1.594	17.728	64.001
3	1.261	14.001	78.002	1.261	14.001	78.002
4	0.669	7.417	85.419	—	—	—
5	0.404	4.504	89.923	—	—	—
6	0.356	3.947	93.870	—	—	—
7	0.241	2.694	96.564	—	—	—
8	0.202	2.256	98.821	—	—	—
9	0.108	1.179	100.000	—	—	—

表 5.24 关系质量维度的因子分析

项目	因子 1	因子 2	因子 3
GX3	**0.843**	0.268	0.033
GX1	**0.831**	0.344	0.068
GX2	**0.798**	− 0.621	0.299
GX6	− 0.054	**0.832**	0.169
GX5	0.399	**0.789**	0.077
GX4	0.266	**0.783**	0.334
GX9	0.091	− 0.066	**0.801**
GX7	0.499	0.229	**0.793**
GX8	0.075	0.630	**0.689**

由表 5.21 可知，企业社会资本的关系质量维度的测量条款中，所有条款的 CITC 值均大于 0.3，量表整体的 α 系数为 0.866，大于 0.7，说明量表符合研究要求。

接下来对关系质量维度的 9 个测量条款进行探索性因子分析。首先检测测量条款的 KMO 样本测度和巴特利特球体检验，判断数据是否可以进行因子分析。分析结果如下：

从表5.22可以看出，KMO系数为0.746，大于0.7，并且巴特利特球体检验的卡方统计量不显著，可以进行因子分析。表5.23是因子分析结果。

表5.23显示出3个特征根大于1的因子，其特征值分别为4.163、1.594和1.261，并且累计解释了方差变异的78.002%。表5.24是Varimax旋转后的各因子载荷系数，可以看出各项目在所属因子的载荷系数均在0.5以上，且在其他因子的载荷系数接近于0，说明具有收敛效度和区分效度。

探索性因子分析得到了3个因子，因子1包含GX1、GX2和GX3，这3个测量条款均与信任有关；因子2包含GX4、GX5和GX6，这3个测量条款表述的是规范；因子3包含GX7、GX8和GX9，这3个均与承诺有关。因此，在探索性因子分析中将关系质量维度分为3个因子，即"信任"、"规范"和"承诺"，这3个因子的适合性将在大样本调查中采用验证性因子分析予以检验。

3. 认知维度量表的CITC、信度分析和探索性因子分析

由表5.25可知，认知维度的测量条款中，所有条款的CITC值均大于0.3，量表整体的α系数为0.776，大于0.7，说明量表符合研究要求。

表5.25　　　　　　　　　　认知维度量表的CITC和信度分析

测量条款	CITC	删除该项目后的α系数	α系数
RZ1	0.512	0.773	
RZ2	0.663	0.749	
RZ3	0.598	0.759	$\alpha = 0.776$
RZ4	0.560	0.734	
RZ5	0.709	0.729	

接下来对认知维度的5个测量条款进行探索性因子分析。首先检测测量条款的KMO样本测度和巴特利特球体检验，判断数据是否可以进行因子分析。分析结果如下：

从表5.26可以看出，KMO系数为0.778，大于0.7，并且巴特利特

球体检验的卡方统计量不显著，可以进行因子分析。表 5.27 是因子分析结果。

表 5.26 　　　　认知维度的 KMO 样本测度和巴特利特球体检验

KMO 样本测度		0.778
巴特利特球体检验	巴特利特检验卡方值 Approx. Chi – Square	101.641
	自由度 df	10
	显著性检验 Sig.	0.000

表 5.27 　　　　　　　　认知维度测量分析

成分	初始特征值			提取的平方和载荷量		
	总体	方差解释	累计解释	总体	方差解释	累计解释
1	2.736	54.736	54.736	2.736	54.736	54.736
2	1.197	23.962	78.698	1.197	23.962	78.698
3	0.552	11.021	89.719	—	—	—
4	0.306	6.094	95.813	—	—	—
5	0.209	4.187	100.000	—	—	—

分析结果得到两个特征根大于 1 的因子，其特征值分别为 2.736 和 1.197，并且累计解释了方差变异的 78.698%。

表 5.28 是 Varimax 旋转后的各因子载荷系数，可以看出各项目在所属因子的载荷系数均在 0.5 以上，且在其他因子的载荷系数接近于 0，说明具有收敛效度和区分效度。

表 5.28 　　　　　　　认知维度的因子分析

项目	因子 1	因子 2
RZ3	**0.956**	0.066
RZ4	**0.803**	0.355
RZ5	**0.796**	0.361
RZ1	0.036	**0.899**
RZ2	0.411	**0.811**

探索性因子分析得到了两个因子，因子 1 包含 RZ3、RZ4 和 RZ5，这三个测量条款均与共同愿景有关；因子 2 包含 RZ1 和 RZ2，这两个测量条款与网络成员间共享的语言和代码有关。因此，在探索性因子分析中将认知维度分为两个因子，即"共享的语言和代码"和"共同愿景"，这两个因子的适合性将在大样本调查中采用验证性因子分析予以检验。

（二）科技型中小企业创业导向的变量检验

创业导向包含组织战略更新、新业务开拓和产品技术创新三个维度，下面分别对各变量中的测量条款进行净化处理、信度分析和探索性因子分析。

1. 组织战略更新维度量表的 CITC、信度分析和探索性因子分析

表 5.29　　　　　　　　组织战略更新量表的 CITC 和信度分析

测量条款	初始 CITC	删除该项目后的 α 系数	α 系数
ZL1	0.677	0.919	
ZL2	0.706	0.911	
ZL3	0.712	0.921	
ZL4	0.716	0.920	
ZL5	0.786	0.899	$\alpha = 0.922$
ZL6	0.864	0.868	
ZL7	0.799	0.920	
ZL8	0.767	0.919	

由表 5.29 可知，组织战略更新维度的所有测量条款其 CITC 值均大于 0.3，量表整体的 α 系数为 0.922，大于 0.7，说明量表符合研究要求。

接下来对组织战略更新变量进行探索性因子分析。首先检测测量条款的 KMO 样本测度和巴特利特球体检验，判断是否可以进行因子分析。分析结果如下：

从表 5.30 可以看出，KMO 系数为 0.746，大于 0.7，并且巴特利特球体检验的卡方统计量不显著，可以进行因子分析。表 5.31 是因子分析结果。

表 5.30　　　　组织战略更新的 KMO 样本测度和巴特利特球体检验

	KMO 样本测度	0.746
巴特利特球体检验	巴特利特检验卡方值 Approx. Chi – Square	179.668
	自由度 df	28
	显著性检验 Sig.	0.000

表 5.31　　　　　　　　　　组织战略更新测量分析

成分	初始特征值			提取的平方和载荷量		
	总体	方差解释	累计解释	总体	方差解释	累计解释
1	5.093	63.678	63.678	5.093	63.678	63.678
2	0.912	11.423	75.101	—	—	—
3	0.793	9.898	84.999	—	—	—
4	0.506	6.294	91.293	—	—	—
5	0.368	4.612	95.905	—	—	—
6	0.161	1.994	97.899	—	—	—
7	0.116	1.436	99.334	—	—	—
8	0.052	0.666	100.000	—	—	—

　　分析结果得到一个特征根大于 1 的因子，其特征值为 5.093，并且累计解释了方差变异的 63.678%，说明组织战略更新为一维测量结构。

　　各测量条款的标准化因子负荷及被因子解释的方差值如表 5.32 所示。

表 5.32　　　　　　　组织战略更新测量的效度分析

项目	初始方差	提取方差	因子负荷
ZL1	1.000	0.514	0.717
ZL2	1.000	0.541	0.736
ZL3	1.000	0.610	0.781
ZL4	1.000	0.603	0.777
ZL5	1.000	0.696	0.834
ZL6	1.000	0.876	0.936
ZL7	1.000	0.613	0.783
ZL8	1.000	0.650	0.806

由表5.32可知，所有测量条款的标准化因子负荷均超过了0.7，在被因子解释的方差方面所有条款都超过了0.5，说明测量条款具有很高的内部一致性和收敛效度。

2. 新业务开拓维度量表的CITC、信度分析和探索性因子分析

表5.33是新业务开拓维度的CITC和信度分析，表5.34和表5.35是KMO样本测度和因子分析。

由表5.33可知，尽管新业务开拓维度的所有测量条款其CITC值均大于0.3，但可以发现，条款XYW5的CITC值为0.309，刚刚超过0.3的最低接受值，鉴于删除此条款后可以提高α系数，因此考虑将此条款删除。在删除XYW5条款后，量表整体的α系数由原来的0.898上升到0.901。

表5.33 **新业务开拓量表的CITC和信度分析**

测量条款	初始CITC	最后CITC	删除该项目后的α系数	α系数
XYW1	0.639	0.643	0.898	
XYW2	0.701	0.712	0.891	
XYW3	0.721	0.733	0.900	
XYW4	0.716	0.719	0.899	
XYW5	0.309	删除	—	初始α=0.898
XYW6	0.799	0.801	0.889	最终α=0.901
XYW7	0.669	0.677	0.899	
XYW8	0.734	0.742	0.890	
XYW9	0.687	0.706	0.886	
XYW10	0.688	0.699	0.898	

接下来进行探索性因子分析。首先检测测量条款的KMO样本测度和巴特利特球体检验，判断数据是否可以进行因子分析，分析结果如下：

从表5.34可以看出，KMO系数为0.866，大于0.7，并且巴特利特球体检验的卡方统计量不显著，可以进行因子分析。表5.35是因子分析结果。

表 5.34　　　　新业务开拓的 KMO 样本测度和巴特利特球体检验

KMO 样本测度		0.866
巴特利特球体检验	巴特利特检验卡方值 Approx. Chi – Square	129.668
	自由度 df	36
	显著性检验 Sig.	0.000

表 5.35　　　　　　　　新业务开拓测量分析

成分	初始特征值			提取的平方和载荷量		
	总体	方差解释	累计解释	总体	方差解释	累计解释
1	5.285	58.734	58.734	5.285	58.734	58.734
2	0.727	8.089	66.823			
3	0.674	7.505	74.328			
4	0.602	6.676	81.004			
5	0.562	6.237	87.241			
6	0.367	4.065	91.306			
7	0.335	3.717	95.023			
8	0.244	2.734	97.757			
9	0.203	2.243	100.000			

分析结果得到一个特征根大于 1 的因子，其特征值为 5.285，并且累计解释了方差变异的 58.734%，说明新业务开拓为一维测量结构。

各测量条款的标准化因子负荷及被因子解释的方差值如表 5.36 所示。

由表 5.36 可知，新业务开拓所有的测量条款其标准化因子负荷都超过了参考值 0.7，在被因子解释的方差上所有的条款也都超过了 0.5，表明测量条款具有很高的内部一致性和收敛效度。

3. 产品技术创新维度量表的 CITC、信度分析和探索性因子分析

由表 5.37 可知，产品技术创新维度的所有测量条款其 CITC 值均大于 0.3，量表整体的 α 系数为 0.876，大于参考值 0.7，表明量表符合研究要求。

表 5.36　　　　　　　　新业务开拓测量的效度分析

项目	初始方差	提取方差	因子负荷
XYW1	1.000	0.510	0.714
XYW2	1.000	0.582	0.763
XYW3	1.000	0.641	0.752
XYW4	1.000	0.572	0.756
XYW6	1.000	0.701	0.837
XYW7	1.000	0.716	0.846
XYW8	1.000	0.575	0.758
XYW9	1.000	0.626	0.791
XYW10	1.000	0.602	0.776

表 5.37　　　　　　　产品技术创新量表的 CITC 和信度分析

测量条款	初始 CITC	删除该项目后的 α 系数	α 系数
JS1	0.556	0.875	
JS2	0.534	0.871	
JS3	0.611	0.873	
JS4	0.619	0.870	
JS5	0.639	0.869	
JS6	0.589	0.864	
JS7	0.611	0.868	α = 0.876
JS8	0.638	0.871	
JS9	0.654	0.870	
JS10	0.533	0.875	
JS11	0.591	0.873	
JS12	0.501	0.869	
JS13	0.599	0.868	

接下来对产品技术创新维度的 13 个测量条款进行探索性因子分析。首先检测测量条款的 KMO 样本测度和巴特利特球体检验，判断数据是否可以进行因子分析。分析结果如下：

表 5.38　　　　产品技术创新的 KMO 样本测度和巴特利特球体检验

KMO 样本测度		0.783
巴特利特球体检验	巴特利特检验卡方值 Approx. Chi – Square	218.669
	自由度 df	78
	显著性检验 Sig.	0.000

从表 5.38 可以看出，KMO 系数为 0.783，大于 0.7，并且巴特利特球体检验的卡方统计量不显著，可以进行因子分析。表 5.39 是因子分析结果：

表 5.39　　　　　　　　产品技术创新的测量分析

成分	初始特征值			提取的平方和载荷量		
	总体	方差解释	累计解释	总体	方差解释	累计解释
1	6.286	48.358	48.358	6.286	48.358	48.358
2	1.741	13.385	61.743	1.741	13.385	61.743
3	1.183	9.114	70.857	1.183	9.114	70.857
4	0.798	6.130	76.987	—	—	—
5	0.698	5.377	82.364	—	—	—
6	0.511	3.922	86.286	—	—	—
7	0.411	3.156	89.442	—	—	—
8	0.370	2.858	92.300	—	—	—
9	0.332	2.548	94.848	—	—	—
10	0.242	1.871	96.719	—	—	—
11	0.233	1.804	98.523	—	—	—
12	0.101	0.771	99.294	—	—	—
13	0.091	0.706	100.000	—	—	—

分析结果得到 3 个特征根大于 1 的因子，其特征值分别为 6.286、1.741 和 1.183，并且累计解释了方差变异的 70.857%。

表 5.40 是 Varimax 旋转后的各因子载荷系数，可以看出各项目在所

属因子的载荷系数均在 0.5 以上，且在其他因子的载荷系数接近于 0，说明具有收敛效度和区分效度。探索性因子分析得到了 3 个因子，因子 1 包含 JS4、JS8、JS9、JS10、JS11、JS12 和 JS13，这 7 个测量条款和产品创新有关；因子 2 包含 JS5、JS6 和 JS7，这 3 个测量条款与渐进式技术创新有关；因子 3 包含 JS1、JS2 和 JS3，这 3 个测量条款与激进式技术创新有关。

表 5. 40　　　　　　　　产品技术创新的因子分析

项目	因子 1	因子 2	因子 3
JS10	**0. 839**	− 0. 096	0. 160
JS9	**0. 806**	0. 267	0. 146
JS8	**0. 733**	0. 248	0. 061
JS13	**0. 729**	0. 059	0. 336
JS4	**0. 698**	0. 066	0. 368
JS12	**0. 654**	0. 251	0. 343
JS11	**0. 539**	0. 263	0. 249
JS7	0. 164	**0. 921**	0. 194
JS6	0. 137	**0. 901**	0. 143
JS5	0. 299	**0. 886**	0. 211
JS2	0. 188	0. 198	**0. 877**
JS1	0. 296	0. 175	**0. 816**
JS3	0. 291	0. 267	**0. 633**

因此，在探索性因子分析中将产品技术创新维度分为三个因子，即"产品创新"、"渐进式技术创新"和"激进式技术创新"。JS4 为"我们的技术研发人员素质高，善于学习新技术和新产品知识"，经分析由原来设定为渐进式技术创新测量条款，调整为产品创新测量条款。这 3 个因子的适合性将在大样本调查中采用验证性因子分析予以检验。

（三）科技型中小企业创业绩效的变量检验

表 5. 41 是创业绩效量表的 CITC 和信度分析，表 5. 42、表 5. 43 和表 5. 44 是 KMO 样本测度和因子分析。

表 5.41　　　　　　　创业绩效量表的 CITC 和信度分析

测量条款	初始 CITC	删除该项目后的 α 系数	α 系数
JX1	0.766	0.841	
JX2	0.764	0.839	α = 0.842
JX3	0.721	0.831	
JX4	0.688	0.829	

表 5.42　　　　创业绩效的 KMO 样本测度和巴特利特球体检验

KMO 样本测度		0.777
巴特利特球体检验	巴特利特检验卡方值 Approx. Chi – Square	69.615
	自由度 df	6
	显著性检验 Sig.	0.000

表 5.43　　　　　　　　创业绩效的测量分析

成分	初始特征值			提取的平方和载荷量		
	总体	方差解释	累计解释	总体	方差解释	累计解释
1	2.872	71.774	71.774	2.872	71.774	71.774
2	0.657	16.393	88.167	—	—	—
3	0.334	8.365	96.532	—	—	—
4	0.137	3.468	100.000	—	—	—

表 5.44　　　　　　　创业绩效测量的效度分析

项目	初始方差	提取方差	因子负荷
JX1	1.000	0.769	0.877
JX2	1.000	0.729	0.854
JX3	1.000	0.708	0.842
JX4	1.000	0.671	0.819

由表 5.41 可知，创业绩效变量的测量条款中，所有条款的 CITC 值均大于 0.3，量表整体的 α 系数为 0.842，大于 0.7，说明量表符合研究要求。

接下来对创业绩效的 4 个测量条款进行探索性因子分析。首先检测测量条款的 KMO 样本测度和巴特利特球体检验，判断数据是否可以进行因子分析。分析结果如下：

从表 5.42 可以看出，KMO 系数为 0.777，大于 0.7，并且巴特利特球体检验的卡方统计量不显著，可以进行因子分析。表 5.43 是因子分析结果。

分析结果得到一个特征根大于 1 的因子，其特征值为 2.872，并且累计解释了方差变异的 71.774%，说明创业绩效可以作为一维测量结构。

各测量条款的标准化因子负荷及被因子解释的方差值如表 5.44 所示。

由表 5.44 可知，创业绩效变量所有的测量条款其标准化因子负荷都超过了参考值 0.7，在被因子解释的方差上所有的条款也都超过了 0.5，表明测量条款具有很高的内部一致性和收敛效度。因此，探索性因子分析初步验证了战略绩效指标与财务绩效指标存在着较强的相关性。在第六章的大样本调查分析中，将通过验证性因子分析的方法对创业绩效指标予以更进一步的检验。

小样本测试的结果表明，本书初始问卷各部分的信度分析中 α 系数均在 0.7 以上，说明本初始问卷具有比较好的信度。针对个别"垃圾测量条款"，根据 CITC 方法和信度分析的标准要求，予以剔除。同时通过探索性因子分析，对测量条款的收敛效度和区分效度进行了验证，初步掌握了变量与测量条款之间的结构形式，对测量条款的因子归属进行了相应调整，并最终形成了大样本正式调查问卷（见附录）。

本章小结

首先，对调查问卷的设计原则和步骤进行了阐述，对各测量条款的理论来源、文献依据及形成过程进行了分析。

其次，通过小规模访谈和小样本调查，对初始问卷进行前测分析以检验初始问卷的有效性和可靠性。对小样本问卷进行 CITC 净化处理、信度分析和探索性因子分析，剔除不适合的条款。

最后，对问卷的措辞、语意以及易产生误解的测量条款进行完善修订，得到用于本书的最终正式调查问卷。

第六章 大样本调查和假设检验

本章包括三部分内容：首先，对样本数据的收集过程、方法进行说明，对样本数据进行统计性描述。其次，对样本数据质量进行检验评估。主要是针对前面的研究构思，应用结构方程统计软件（AMOS5.0）对测量方程进行 CFA 分析，以检验和评估测量的信度和效度。最后，运用结构方程建模技术，对潜在变量之间的内在关系进行探讨，对前面提出的概念模型和研究假设进行检验。

第一节 样本数据的收集与描述

一 样本数据的收集

本书构思中所涉及的各个变量，由于没有二手数据可以利用，因此采用了自行设计的调查问卷（见附录）作为研究工具。

问卷发放的对象企业为成立年限超过了三年半（42 个月）的科技型中小企业。在问卷目标填答者的确定上，鉴于企业的中高层管理者对所在企业有比较全面的了解，因此问卷填答者为对象企业的中高层管理者。假如问卷发放到某一对象企业的中高层管理者手中，而恰好该管理者由于入职不久等原因而对本企业不够了解的，将请求同一企业中其他熟悉本企业的中高层管理者来完成问卷。

问卷发放方式和渠道方面，分别通过当面填答问卷、电话访谈填答问卷和通过联系人发放问卷的方式，对 300 家科技型中小企业的中高层管理人员进行了调查。当面填答问卷，包括企业实地调研时的问卷填答和回收，以及通过高校 EMBA 班、MBA 班和企业管理研修班（广州市高校 2个 EMBA 班、3 个 MBA 班、2 个企业管理研修班；深圳市高校 2 个 MBA

班；湖北省高校 2 个 MBA 班；江苏省高校 2 个 MBA 班）课堂上直接向对象企业的学员发放和回收问卷。电话访谈填答问卷，是对于一些有意愿填答问卷但难以确定会面时间或地点，以及认为此法较邮寄返回问卷更为便捷的企业所采取的一种方式。通过联系人发放问卷，选取的联系人包括政府主管部门和相关企业协会的领导，通过这些联系人的工作关系和社会网络，一方面拓展了调查的规模和范围，另一方面也保证了问卷的质量。为了提高本次调研的准确性和有效性，在发放问卷之前，笔者先对问卷联系人进行了细致讲解，详细说明了本调研的目的、内容以及各个测量项目的含义，并请他们在发放问卷过程中对问卷填答者进行适当的讲解，保证数据填答和采集的规范，将误读曲解的可能性降至最低。同时，问卷中还提示填答者，在遇到任何填答疑惑或对于研究结果感兴趣，都可以及时与笔者取得联系。

问卷调查范围主要集中在广东省（广州、深圳、佛山、东莞）、湖北省、江苏省等地。整个问卷调查工作历时一个半月，回收问卷 235 份，回收率为 78.3%。对于回收的问卷按照以下标准进行了筛选：（1）首先舍弃了缺漏关键问项的问卷。（2）对连续 5 题以上选择同一赋分的问卷进行了分析，如果类似情况反复出现多次，则视同被试者没有认真填答，记入无效问卷。（3）观察填答数据的规律，若出现多次数据循环现象，则视为无效问卷。（4）问卷填答出现极端化的，经过分析确认后予以剔除。（5）反向问题和正向问题的回答出现自相矛盾的，予以剔除。在 235 份回收问卷中，认为有 196 份可以用于数据分析，有效回收率为 65.3%。表 6.1 描述了问卷发放方法与问卷回收情况。

表 6.1　　　　　　　　　　**问卷发放及回收情况**　　　　　　　单位：份

	发放数量	回收数量	剔除数量	有效数量
当面填写	143	143	15	128
电话访谈	8	8	0	8
联系人发放	149	84	24	60
合计	300	235	39	196

二 样本描述

样本企业分布地域包括广州市、深圳市、佛山市、东莞市、湖北、江苏等地。

表 6.2 描述了样本企业的地区分布情况，表 6.3 反映了有效问卷的行业分布特征。

表 6.2   有效问卷的地区公布情况

	广州市	深圳市	佛山市	东莞市	湖北省	江苏省
有效问卷（份）	55	35	37	34	19	16
比例（%）	28.1	17.9	18.8	17.3	9.7	8.2

表 6.3   有效问卷的行业分布特征

编号	主导业务所涉行业	有效问卷（份）	百分比（%）	累计百分比（%）
01	电子信息	33	16.84	16.83
02	生物医药	19	9.69	26.52
04	新能源与高效节能	13	6.63	33.15
05	新材料	19	9.69	42.84
06	光机电一体化	21	10.71	53.55
07	软件开发	28	14.28	67.83
08	资源再生利用和环保	8	4.08	71.91
09	创意	6	3.06	74.97
10	动漫	3	1.53	76.50
11	节能减排	7	3.57	80.07
12	高技术服务业	10	5.10	85.17
13	利用高新技术改造传统产业	29	14.79	100
合计	—	196	100	—

样本企业中，15.4% 的雇员人数在 50—100 人，32.2% 的雇员人数在 100—500 人，23.5% 的雇员人数在 500—1000 人，20.7% 的雇员人数在 1000—3000 人，8.2% 超过了 3000 人。问卷填写者高级管理者为 62.7%，

中层管理者 28.5%，基层管理者 8.8%，表 6.4 反映了样本企业的基本情况。

表 6.4 样本企业的基本情况

企业人数	样本数（个）	百分比（%）
20 人以下（含 20 人）	71	36.2
20—50 人（含 50 人）	50	25.5
50—100 人（含 100 人）	36	18.4
100—300 人（含 300 人）	28	14.3
300—500 人（含 500 人）	11	5.6
企业成立年限	样本数（个）	百分比（%）
3.5—5 年（含 5 年）	76	38.8
5—7 年（含 7 年）	68	34.7
7—10 年（含 10 年）	39	19.9
10 年以上	13	6.6
企业性质	样本数（个）	百分比（%）
国有企业（含国有控股）	29	14.8
民营企业（含民营控股）	109	55.6
合资企业	44	22.4
外商独资企业	11	5.6
其他企业	13	6.6

三 数据描述

一般认为，当偏度绝对值小于 3，峰度绝对值小于 10 时，表明样本基本上服从正态分布（Kline，1998）。Ghiseli 等（1981）更严格地指出，偏度绝对值小于 2，峰度绝对值小于 5，才可以认为该数据满足正态分布要求[①]。问卷中主要变量测量条款的均值、标准差、偏度和峰度等描述性统计量显示，本次大样本调查的样本数据基本服从正态分布，可以进行下

---

① 转引自王立生（2007）。

一步分析。

第二节　样本数据的质量评估

一　样本数据的质量评估工具和指标

就科学研究而言，一个好的测量工具应该具有足够的信度和效度。信度是指测量结果的内部一致性程度，反映问卷测量的可靠性和可信性。效度是指测量工具能够真正测出研究人员所想要了解的对象特征的程度。效度越高，说明测量结果的准确性也越高。在对问卷进行数据分析之前，必须考察其信度和效度，以确保样本数据测量的质量。

评估样本数据的质量，可以通过探索性因子分析（Explorative Factor Analysis，简称 EFA）和验证性因子分析（Confirmation Factor Analysis，简称 CFA）两种方法。其中，EFA 主要用于探索变量的因子构成，它是在文献阅读、资料分析的基础上，通过数理统计的手段对变量的因子个数进行测量。如在第五章的小规模测试中，我们通过 EFA 的方法对所要测量的变量进行了因子分析，并调整了相应的测量条款。理论界对用 EFA 方法来评估数据的信度和效度持有不同的观点，主要是由于 EFA 较注重因子个数的确定，而不是特别强调变量之间的关系。研究者认为，EFA 对结构效度提供的是必要而非充分的信息，也就是说，EFA 无法提供一个支持结构效度的理论解释。一般情况下，测量量表的开发应该建立在相关理论基础之上，而 EFA 只是在因子分析之后，才根据题项的聚集情况进行了界定和命名，理论的角色似乎是事后的，而非事前的。可见，EFA 倾向于数理统计而非理论逻辑（黄芳铭，2005）。

正因为 EFA 方法用于数据质量评估方面的缺陷和不足，研究者更倾向于采用 CFA 方法来进行测量的信度和效度评估（黄芳铭，2005）。CFA 可以验证经由一定理论基础所发展出来的研究模型。研究过程中所提出的测量指标与测量变量之间的关系，必须以一定的理论背景作为基础。因为 CFA 可以检验理论假设模型与实证数据之间的拟合程度，所以 CFA 反映出了测量指标与测量变量之间的内在关系，可见 CFA 方法既具有逻辑性，又具有可操作性。并且，当利用数据资料来检验测量模型的可接受性时，还具有统计的特质，所以，相比较 EFA 而言，CFA 更关注参数的估计和假设的检验①。

本书利用结构方程软件 AMOS5.0 对探索性研究结果进行验证性分析。结构方程模型（SEM）可分为测量方程（measurement equation）和结构方程（structural equation）两个部分。测量方程描述潜变量与观察指标之间的关系，其本质就是验证性因子分析（CFA），而结构方程则描述潜变量之间的内在关系。相应的，结构方程模型（SEM）的分析过程也分为测量模型的信度和效度评估过程两个阶段；结构模型的变量因果关系评估过程。上述两阶段的分析过程是结构方程模型（SEM）最常见的方法，它可以在构思变量之间的统计关系作出结论之前，保证对构思变量的测量是可靠的和有效的。

为了验证所研究的变量是否适合进入结构方程模型，本章将首先对各变量进行验证性因子分析（CFA）。对于验证性因子分析的评估指标，博伦（Bollen，1989）认为，除了要评估观察变量与潜在变量的信度、效度、估计参数的显著性水平以外，还要对模型整体的拟合程度进行评估。

（一）信度评估

第五章信度评估中所采用的是克龙巴赫 α 信度系数法，它是评价测量结果内部一致性的常用方法，通常与 EFA 结合使用。正如前面所提到的，该方法存在一些缺陷和问题。安德森和格宾（Anderson and Gerbing，1988）指出，假若所有的变量都具有同等的重要性，那么测量变量越多就会使信度越容易膨胀。并且克龙巴赫 α 系数是所有信度估计的下限，当 α 系数估计较高时，那么测量本身真正的信度比之还要高，而当 α 系数估计较低时，又无法提供该测量任何有意义的信息，从而无法判断该测量是否可靠。另外，α 系数还会受到被试者特质变异、题项间的相关性、题项数量以及题项难度的影响（黄芳铭，2005）。比如，被试者的特征越趋同，则测量总分的变异量就越小，所估计的 α 系数也越小；最后，α 系数无法估计单一测量项目的信度，无法允许题项之间的测量误差具有相关性，也无法允许测量项目同时作为一个以上潜在变量的指标。因此，大多数学者建议在 CFA 中不宜采用 α 系数的方法来评估信度。本书对信度的

①　转引自汪轶（2008）。

评估主要从观察变量信度和因子建构信度两个方面来进行。

1. 观察变量信度评估。博伦（Bollen，1989）认为，测量模型中观察变量的信度评估可以采用观察指标与潜在变量之间的标准化负荷系数及其显著性水平来表示。在验证性因子分析中，可以分别计算出各个观察变量的 R^2 值，也就是各个观察指标的标准化负荷系数的平方，来作为观察变量的信度指标（Bollen，1989）。检验 R^2 是为了了解每一个观察指标能够解释潜在变量的变异程度，R^2 值越高，解释力越强。Bagozzi 和 Yi（1988）指出，R^2 值大于 0.5 是判定观察变量信度的最低接受值。如果将 R^2 值大于最低接受值 0.5 作为判断标准，那么每个观察指标的标准化因子负荷就应大于 0.707，因而实际操作中可能会出现所构建的指标往往达不到相应的信度要求，使得结构模型系数的解释产生问题。因此按照博伦（1989）的建议，一般对观察变量的检验是标准化因子负荷大于 0.5，且 t 值大于显著性水平即可[①]。

2. 因子建构信度评估。因子建构信度的评估也采用验证性因子分析方法进行。通过 CFA 计算出各个观察变量的标准化因子负荷和测量误差，就可以获得潜在变量的信度，这种信度被称为建构信度（construct reliability，简称为 CR）或者组合信度。建构信度主要评估一组潜在建构指标的一致性程度，信度高则表示观察指标之间的关联度较高（黄芳铭，2005）。其计算公式如下：

$$CR = \frac{(\sum 标准化因子负荷)^2}{(\sum 标准化因子负荷)^2 + \sum \varepsilon_j}$$

其中，ε_j 是第 j 项的测量误差。

一些学者建议建构信度应大于 0.6（Bagozzi and Yi，1988），而 Raines – Eudy（2000）则认为 CR 值为 0.5 是信度的最低接受值。克莱因（Kline，1998）在其研究中指出，信度系数在 0.9 以上是优秀的，在 0.8—0.9 是较好的，在 0.7—0.8 是适中的，在 0.5—0.6 可以接受，如果在 0.5 以下则表示至少有一半的观察变异来自于随机误差，其信度较低而不可接受。通常情况下，因子的信度比观察变量的信度相对要高一些，所以将 0.6 作为其判定标准是比较合适的（黄芳铭，2005）。

---

① 转引自汪轶（2008）。

（二）效度评估

效度主要是指测量工具能够真正测出研究人员所想要了解的对象特征的程度。效度越高，表示测量结果越能反映出研究人员所要测量对象的真正特征。测量方程的效度检验一般要考察内容效度、收敛效度和区分效度。

内容效度指的是测量工具内容的合适性和贴切性。一份调查问卷的所有题项如果能够恰当地反映出测量对象的特征，就认为已经具备了内容效度。学术界并没有找到一个普遍接受的统计检验方法来评估内容效度。现实的做法一般是通过文献阅读和现场访谈，对测量条款的代表性和恰当性进行判断。由于本书量表中的测量条款均来源于理论文献和实际访谈，所以本书中所涉及的测量变量具有一定的内容效度，在后续的分析中我们将不再一一说明。

收敛效度是指测量同一构思变量的一组观察变量的一致性程度。对于构思变量的收敛效度，使用潜变量的平均变异抽取量（average variance extracted，简称 AVE）来测量（Fornell and Larker，1981）。AVE 评价了观察变量相对于测量误差而言所解释的方差总量，判断构思变量是否具有收敛效度的一般方法是比较观察变量对总体方差的解释力是否超过误差方差。福内尔和拉克（Fornell and Larcker，1981）指出，如果误差的解释力度大于观察变量的解释力度，则表示该构思变量的效度是有问题的。如果抽取的平均变异（AVE）在 0.5 以上，就表明构思变量的测量具有足够的收敛效度。因此 AVE 的最低接受值应该在 0.5 以上（Bagozzi and Yi，1988）[①]。

区分效度就是指不同构思变量测量之间的差异化程度。在验证性因子分析（CFA）中，根据福内尔和拉克（1981）的意见，可以通过将平均变异抽取量（AVE）的平方根，与该潜变量与其他潜变量之间的相关系数进行比较，若前者远远大于后者，则说明该潜变量与其自身的测量条款所分享的方差，大于与其他测量条款所分享的方差，也就进一步说明了不同潜变量的测量条款之间具有明显的区分效度（Fornell and Larcker，

---

① 转引自黄芳铭（2005）。

1981)[1]。

(三) 模型整体拟合度的评估

以上两个方面的分析虽然能够确保各潜变量的测量是可信的和有效的，但要验证研究者所构建的理论模型是否合理，还需要各种拟合指标来进行评估。也就是说，一个理论模型是否可以被接受，在验证性因子分析中，必须通过对模型拟合度分析来判断测量模型是否有效。学者们较常使用的拟合指标分为绝对拟合指标和相对拟合指标两类，各种拟合指标的参考标准值及理想标准值如表 6.5 所示。

表 6.5   常用的模型拟合指标及标准

类型	指标	参考标准值	理想标准值
绝对拟合指数	χ^2 或者 χ^2/df（一般用后者）	0 以上	小于 5, 小于 3 更佳
	GFI—良好拟合指数	0—1 之间, 但可能出现负值	大于 0.9
	AGFI—调整的拟合优度指数	0—1 之间, 但可能出现负值	大于 0.9
	RMSEA—近似均方根误差	0 以上	小于 0.10, 小于 0.05 更佳
相对拟合指数	CFI—相对拟合指数	0—1 之间	大于 0.9
	NFI—标准拟合指数	0—1 之间	大于 0.9
	IFI—增量拟合指数	0 以上, 大多在 0—1 之间	大于 0.9

资料来源: 转引自黄芳铭（2005）。

其中，χ^2（卡方指数）值一般要大于 0.05 的显著水平，才能说明假设模型与样本数据之间存在较好的拟合度。但是，χ^2 值对于样本量非常敏感，样本量越大时，χ^2 值就越容易显著，导致理论模型被拒绝（黄芳铭，2005）。目前一般不单独使用 χ^2 值作为评估模型拟合程度的指标，而是把 χ^2 值和自由度联系在一起使用，即使用 χ^2/df 值来评价模型的整体拟合程度（凌文辁和方俐洛，2003）。此外，本书还将选取 RMSEA（root mean square error of approximation，近似误差均方根）、NFI（normed fit index，标准拟合指数）、IFI（incremental fit index，增量拟合指数）、CFI（comparative fit index，比较拟合指数）、GFI（goodness – of – fit index，良

---

[1] 转引自王立生（2007）。

好拟合指数）和 AGFI（adjusted goodness - of - fit index，调整的拟合优度指数）等指数来综合评价模型的拟合程度。

二　企业社会资本的信度、效度和验证性因子分析

在探索性因子分析中，企业社会资本的社会性互动、关系质量和认知维度均为二阶因子，本章在对各测量条款进行信度和效度分析的同时，也将对二阶因子的有效性作进一步的检验。运用结构方程进行验证性因子分析，其分析结果会更为恰当，其处理问题的种类也更复杂（侯杰泰、温忠麟和成子娟，2004）。

（一）与外部组织间的社会性互动的 CFA 分析

第五章的 EFA 中发现，社会性互动维度是一个二阶因子，由"互动范围"、"互动强度"和"互动对象异质性"三个一阶因子组成，这三个一阶因子各自又分别包括两个测量条款、四个测量条款和两个测量条款。基于此种模式，下面将对社会性互动变量进行验证性因子分析，分析模型如图 6.1 所示。

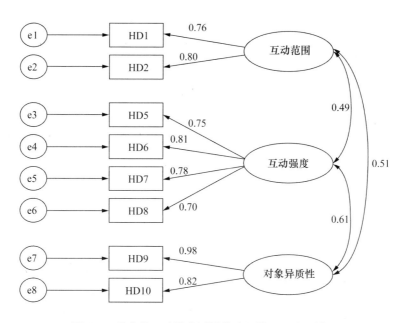

图 6.1　社会性互动维度测量的验证性因子分析模型

验证性因子分析结果如表 6.6 所示。

表 6.6　　　　　　　社会性互动维度测量的信度和效度分析结果

信/效度分析						
因子	测量条款	标准化系数（R）	t 值	R^2	建构信度（CR）	AVE
互动范围	HD1	0.761	13.536*	0.579	0.823	0.556
	HD2	0.798	—*	0.637		
互动强度	HD5	0.746	12.535*	0.557	0.837	0.572
	HD6	0.807	—*	0.651		
	HD7	0.782	11.387*	0.612		
	HD8	0.704	12.613*	0.496		
互动对象异质性	HD9	0.976	12.362*	0.953	0.848	0.625
	HD10	0.818	—*	0.670		
拟合优度指数：（p = 0.000）						
χ^2/df	GFI	AGFI	NFI	IFI	CFI	RMSEA
2.923	0.917	0.921	0.943	0.925	0.909	0.082

注：＊代表 P < 0.01；"—"表示该条款为参照指标，是限制估计参数，t 值不存在。

表 6.6 中验证性因子分析结果表明：

其一，除去测量条款 HD8 的 R^2 值以外，其他测量条款的 R^2 值都超过了参考值 0.5，且 HD8 的 R^2 值为 0.496，接近于 0.5。甚至有些学者指出，R^2 值超过 0.3，就认为模型具有较好的预测能力（王永贵，2004）。所以，根据以上标准，所有条款的单个测量信度就基本符合要求。

其二，就因子信度来看，3 个潜变量的 CR 值（建构信度）均大于参考值 0.6，说明各测量条款的整体信度及内部一致性较高。就因子效度来看，3 个潜变量的 AVE 值（平均变异提取量）都在参考值 0.5 以上，表现出较好的收敛效度。

其三，3 个潜变量之间的相关系数分别为 0.49、0.51 和 0.61（见图 6.2），都小于 AVE 值的均方根，表明各测量条款之间具有较好的区分效度。

其四，就模型的拟合效果而言，所有的拟合指标值都较为理想。其中，χ^2/df 值为 2.923，不仅小于上限参考值 5，且低于理想值 3；GFI、AGFI、NFI、IFI 和 CFI 的值均高于 0.9；RMSEA 值为 0.082，虽然大于理想值 0.05，但小于 0.10 的上限参考值。因此可以认为，该测量模型是有效的。

（二）　与外部组织间的关系质量的 CFA 分析

第五章的 EFA 中发现，关系质量维度是一个二阶因子，由"信任"、"规范"和"承诺"三个一阶因子组成，且各自包括三个测量条款。基于这种模式，下面将对关系质量变量进行验证性因子分析，分析模型如图 6.2 所示。

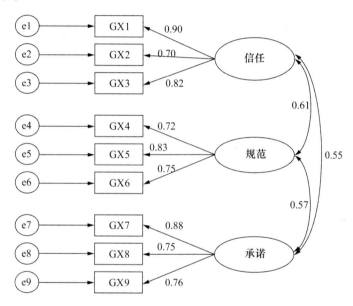

图 6.2　关系质量维度测量的验证性因子分析模型

验证性因子分析结果如表 6.7 所示。

表 6.7　　　　　　　关系质量维度测量的信度和效度分析结果

信/效度分析					
因子	测量条款	标准化系数（R）	t 值	R²	建构信度（CR）	AVE
信任	GX1	0.896	12.761*	0.803	0.827	0.672
	GX2	0.703	11.392*	0.494		
	GX3	0.817	—*	0.667		

信/效度分析						
因子	测量条款	标准化系数（R）	t 值	R^2	建构信度（CR）	AVE
规范	GX4	0.723	12.623*	0.523	0.796	0.601
	GX5	0.826	13.317*	0.683		
	GX6	0.749	—*	0.561		
承诺	GX7	0.876	13.694*	0.767	0.819	0.614
	GX8	0.748	11.172*	0.560		
	GX9	0.757	—*	0.573		
拟合优度指数：（p = 0.006）						
χ^2/df	GFI	AGFI	NFI	IFI	CFI	RMSEA
2.873	0.933	0.903	0.911	0.926	0.941	0.071

注：*代表 P < 0.01；"—"表示该条款为参照指标，是限制估计参数，t 值不存在。

表 6.7 中验证性因子分析结果表明：

其一，除去测量条款 GX2 的 R^2 值以外，其他测量条款的 R^2 值均超过了参考值 0.5，且 GX2 的 R^2 值为 0.494，稍低于 0.5。那么我们可以判断，测量条款的单个测量信度基本符合要求。

其二，就因子信度来看，3 个潜变量的 CR 值均大于 0.6 的参考值，说明各个测量条款的整体信度以及内部一致性较高。就因子效度来看，3 个潜变量的 AVE 值都在参考值 0.5 以上，表现出较好的收敛效度。

其三，3 个潜变量之间的相关系数分别为 0.61、0.57 和 0.55（见图 6.2），都小于 AVE 值的均方根，表明各测量条款之间具有较好的区分效度。

其四，就模型的拟合效果而言，所有的拟合指标值都较为理想。其中，χ^2/df 值为 2.873，不仅小于上限参考值 5，且低于理想值 3；GFI、AGFI、NFI、IFI 和 CFI 的值均高于 0.9；RMSEA 值为 0.071，虽然大于理想值 0.05 但小于 0.10 的上限参考值。因此可以认为，该测量模型是有效的。

（三）与外部组织间的认知维度的 CFA 分析

第五章的 EFA 中发现，认知维度是一个二阶因子，由"共享的语言和代码"和"共同愿景"两个一阶因子构成，这两个一阶因子又各自包

括两个测量条款和三个测量条款。基于此种模式，下面将对认知维度进行
验证性因子分析，分析模型如图 6.3 所示。

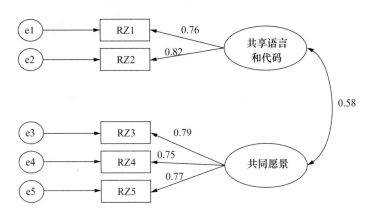

图 6.3　认知维度测量的验证性因子分析模型

验证性因子分析结果如表 6.8 所示。

表 6.8　　　　　　　　　认知维度测量的信度和效度分析结果

信/效度分析						
因子	测量条款	标准化系数（R）	t 值	R^2	建构信度（CR）	AVE
共享语言和代码	RZ1	0.763	13.366*	0.582	0.803	0.607
	RZ2	0.815	—*	0.664		
共同愿景	RZ3	0.793	11.619*	0.629	0.825	0.619
	RZ4	0.747	11.533*	0.558		
	RZ5	0.772	—*	0.596		
拟合优度指数：（p = 0.006）						
χ^2/df	GFI	AGFI	NFI	IFI	CFI	RMSEA
2.721	0.922	0.914	0.926	0.931	0.943	0.069

注：* 代表 P < 0.01；"—" 表示该条款为参照指标，是限制估计参数，t 值不存在。

表 6.8 中验证性因子分析结果表明：

其一，所有测量条款的 R^2 值都超过了参考值 0.5，因此可以认为，

测量条款的单个测量信度符合要求。

其二，就因子信度来看，两个潜变量的 CR 值均大于参考值 0.6，说明各个测量条款的整体信度以及内部一致性较高。就因子效度来看，两个潜变量的 AVE 值都在参考值 0.5 以上，表现出较好的收敛效度。

其三，两个潜变量之间的相关系数为 0.58（见图 6.3），小于 AVE 值的均方根，表明各测量条款之间具有较好的区分效度。

其四，就模型的拟合效果而言，所有的拟合指标值都较为理想。其中，χ^2/df 值为 2.721，不仅小于上限参考值 5，且低于理想值 3；GFI、AGFI、NFI、IFI 和 CFI 的值均高于 0.9；RMSEA 值为 0.069，虽然大于理想值 0.05，但小于 0.10 的上限参考值。因此可以认为，该测量模型是有效的。

三 创业导向的信度、效度和验证性因子分析

（一）组织战略更新维度的 CFA 分析

第五章的 EFA 中发现，组织战略更新是单维度结构，经过条款净化后保留了 8 个测量条款。基于这种模式，下面将对组织战略更新变量进行验证性因子分析，分析模型如图 6.4 所示。

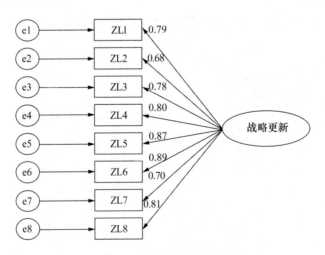

图 6.4 组织战略更新维度测量的验证性因子分析

验证性因子分析结果如表 6.9 所示。

表 6.9 中验证性因子分析结果表明：

表 6.9 组织战略更新维度测量的信度和效度分析结果

		信/效度分析				
因子	测量条款	标准化系数（R）	t 值	R^2	建构信度（CR）	AVE
组织战略更新	ZL1	0.793	12.322*	0.629	0.827	0.626
	ZL2	0.682	13.136*	0.465		
	ZL3	0.778	11.361*	0.605		
	ZL4	0.803	11.532*	0.645		
	ZL5	0.872	11.693*	0.760		
	ZL6	0.894	13.696*	0.799		
	ZL7	0.703	—*	0.494		
	ZL8	0.809	12.233*	0.655		
拟合优度指数：（p = 0.006）						
χ^2/df	GFI	AGFI	NFI	IFI	CFI	RMSEA
2.762	0.936	0.919	0.942	0.930	0.921	0.053

注：*代表 P < 0.01；"—"表示该条款为参照指标，是限制估计参数，t 值不存在。

其一，除去测量条款 ZL2 和 ZL7 的 R^2 值以外，其他测量条款的 R^2 值都超过了参考值 0.5，且 ZL2 和 ZL7 的 R^2 值分别为 0.465 和 0.494，稍低于 0.5。因此我们可以判断，所有条款的单个测量信度基本符合要求。

其二，就因子信度来说，潜变量的 CR 值为 0.827，大于 0.6 的参考值，说明测量条款的整体信度及内部一致性较高。就因子效度而言，潜变量的 AVE 值大于参考值 0.5，表现出较好的收敛效度。

最后，就模型的拟合效果而言，所有的拟合指标值都较为理想。其中，χ^2/df 值为 2.762，不仅小于上限参考值 5，且低于理想值 3；GFI、AGFI、NFI、IFI 和 CFI 的值均高于 0.9；RMSEA 值为 0.053，非常接近于理想值 0.05，因此可以认为，该测量模型是有效的。

（二）新业务开拓维度的 CFA 分析

第五章的 EFA 中发现，新业务开拓是单维度结构，经过条款净化后保留有 9 个测量条款。基于这种模式，下面将对新业务开拓的测量进行验证性因子分析，分析模型如图 6.5 所示。

从图 6.5 可以看出，测量条款 XYW2 的标准化系数仅为 0.43，表明该条款的个别变项效度较低；且其 R^2 值为 0.185，偏离参考值 0.5 较远，表明该测量条款的信度也较低。因此将该模型中的测量条款 XYW2 予以删除，并对调整后的模型重新进行验证性因子分析，调整后的分析模型如图 6.6 所示。

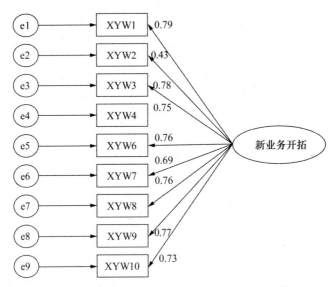

图 6.5　新业务开拓维度测量的验证性因子分析模型

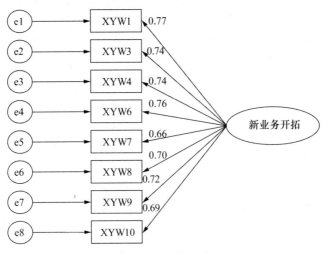

图 6.6　新业务开拓维度测量的修正模型

验证性因子分析结果如表6.10所示。

表6.10　　　　　　新业务开拓维度测量的信度和效度分析结果

信/效度分析						
因子	测量条款	标准化系数（R）	t值	R^2	建构信度（CR）	AVE
新业务开拓	XYW1	0.773	12.363*	0.598	0.851	0.572
	XYW3	0.738	11.695*	0.545		
	XYW4	0.743	11.476*	0.552		
	XYW6	0.758	12.961*	0.575		
	XYW7	0.662	11.547*	0.438		
	XYW8	0.703	11.916*	0.494		
	XYW9	0.718	—*	0.516		
	XYW10	0.684	13.834*	0.469		
拟合优度指数：（p=0.006）						
χ^2/df	GFI	AGFI	NFI	IFI	CFI	RMSEA
3.382	0.919	0.942	0.931	0.915	0.936	0.067

注：*代表P<0.01；"—"表示该条款为参照指标，是限制估计参数，t值不存在。

表6.10中验证性因子分析结果表明：

其一，就单个测量条款的信度而言，XYW7、XYW8和XYW10的R^2值分别为0.438、0.494和0.469，都稍低于参考值0.5，不过它们的标准化系数分别为0.662、0.703和0.684，因此可以认为，测量条款的单个测量信度基本符合要求。并且考虑到本书中变量的测量条款来源于相关文献与访谈结果，接受过不同背景下研究的检验，因此本书还是将这3个测量条款予以保留。并且，在下面的效度分析中作进一步的验证。

其二，就因子信度而言，潜变量的CR值为0.851，大于0.6的参考值，说明测量条款的整体信度及内部一致性较高。就因子效度而言，潜变量的AVE值大于参考值0.5，表现出较好的收敛效度。

最后，就模型的拟合效果而言，所有的拟合指标值都较为理想。其中，χ^2/df值为3.382，小于上限参考值5；GFI、AGFI、NFI、IFI和CFI

的值均高于 0.9；RMSEA 值为 0.067，虽然大于理想值 0.05，但小于 0.10 的上限参考值。因此可以认为，该测量模型是有效的。

（三）产品技术创新维度的 CFA 分析

第五章的 EFA 中发现，产品技术创新维度是一个二阶因子，其由渐进式技术创新、激进式技术创新和产品创新 3 个一阶因子组成，这 3 个一阶因子又各自分别包括 3 个测量条款、3 个测量条款和 7 个测量条款。基于此种模式，下面将对产品技术创新变量进行验证性因子分析，分析模型如图 6.7 所示。

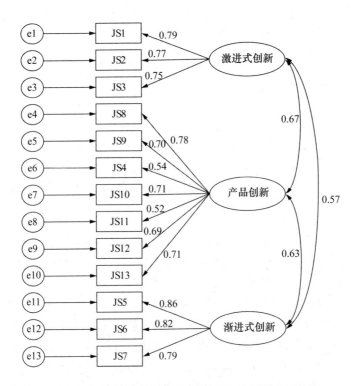

图 6.7 产品技术创新维度测量的验证性因子分析模型

由图 6.7 可以看出，测量条款 JS4 和 JS11 的标准化系数仅为 0.54 和 0.52，可见这两个条款的个别变项效度较低；且其 R^2 值分别为 0.292（$R^2 = 0.54 \times 0.54 = 0.292$）和 0.270（$R^2 = 0.52 \times 0.52 = 0.270$），偏离参

考值 0.5 较多，表明测量条款的信度也较低。因此将该模型中的测量条款 JS4 和 JS11 予以删除，并对调整后的模型重新进行验证性因子分析。

调整后的分析模型如图 6.8 所示。

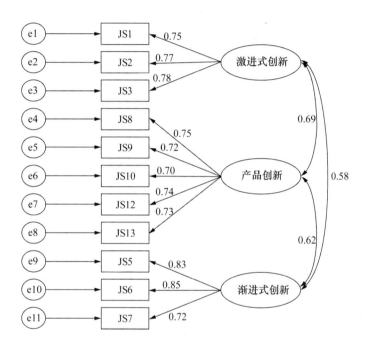

图 6.8　产品技术创新维度测量的修正模型

验证性因子分析结果如表 6.11 所示。

表 6.11　　　　产品和技术创新维度测量的信度和效度分析结果

信/效度分析						
因子	测量条款	标准化系数（R）	t 值	R^2	建构信度（CR）	AVE
激进式技术创新	JS1	0.752	13.238 *	0.566	0.798	0.589
	JS2	0.771	11.133 *	0.594		
	JS3	0.783	— *	0.613		

续表

信/效度分析						
因子	测量条款	标准化系数（R）	t 值	R²	建构信度（CR）	AVE
渐进式技术创新	JS5	0.833	11.982*	0.694	0.763	0.527
	JS6	0.849	13.699*	0.720		
	JS7	0.724	—*	0.524		
产品创新	JS8	0.752	12.768*	0.562	0.891	0.674
	JS9	0.718	11.145*	0.516		
	JS10	0.701	—*	0.491		
	JS12	0.742	12.833*	0.551		
	JS13	0.731	11.625*	0.534		
拟合优度指数：（p=0.006）						
χ^2/df	GFI	AGFI	NFI	IFI	CFI	RMSEA
2.835	0.913	0.945	0.936	0.922	0.937	0.041

注：＊表示 P<0.01；"—"表示该条款为参照指标，是限制估计参数，t 值不存在。

表 6.11 中验证性因子分析结果表明：

其一，除去测量条款 JS10 的 R^2 值以外，其他测量条款的 R^2 值都超过了参考值 0.5，且 JS10 的 R^2 值为 0.491，稍低于 0.5。因此我们可以判断，所有条款的单个测量信度基本符合要求。

其二，就因子信度来说，3 个潜变量的 CR 值均大于参考值 0.6，说明各个测量条款的整体信度以及内部一致性较高。就因子效度来说，3 个潜变量的 AVE 值都在参考值 0.5 以上，表现出较好的收敛效度。

其三，3 个潜变量之间的相关系数分别为 0.69、0.62 和 0.58（见图 6.8），都小于 AVE 值的均方根，表明各测量条款之间具有较好的区分效度。

其四，就模型的拟合效果而言，所有的拟合指标值都较为理想。其中，χ^2/df 值为 2.835，不仅小于上限参考值 5，且低于理想值 3；GFI、AGFI、NFI、IFI 和 CFI 的值均高于 0.9；RMSEA 值为 0.041，小于理想值 0.05。因此我们可以认为，测量模型是有效的。

四　创业绩效的信度、效度和验证性因子分析

第五章的 EFA 中发现，创业绩效可以作为一个整体变量进行测量，经过条款净化后保留了四个测量条款。基于这种模式，下面将对创业绩效的测量进行验证性因子分析，分析模型如图 6.9 所示。

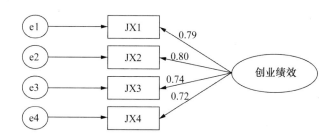

图 6.9　创业绩效测量的验证性因子分析模型

验证性因子分析结果如表 6.12 所示。

表 6.12　　　　　　　创业绩效测量的信度和效度分析结果

信/效度分析						
因子	测量条款	标准化系数（R）	t 值	R^2	建构信度（CR）	AVE
创业绩效	JX1	0.793	12.368*	0.628	0.856	0.676
	JX2	0.801	13.117*	0.641		
	JX3	0.738	—*	0.544		
	JX4	0.719	11.643*	0.516		
拟合优度指数：（p = 0.006）						
χ^2/df	GFI	AGFI	NFI	IFI	CFI	RMSEA
1.512	0.928	0.921	0.909	0.913	0.938	0.042

注：*代表 P < 0.01；"—"表示该条款为参照指标，是限制估计参数，t 值不存在。

表 6.12 中验证性因子分析结果表明：

其一，所有测量条款的 R^2 值都超过了参考值 0.5，因此可以认为，

测量条款的单个测量信度符合要求。

其二，就因子信度而言，潜变量的 CR 值为 0.856，大于参考值 0.6，说明测量条款的整体信度及内部一致性较高。就因子效度而言，潜变量的 AVE 值大于参考值 0.5，表现出较好的收敛效度。

最后，就模型的拟合效果而言，所有的拟合指标值都较为理想。其中，χ^2/df 值为 1.512，不仅小于上限参考值 5，且低于理想值 3；GFI、AGFI、NFI、IM 和 CFI 的值均高于 0.9；RMSEA 值为 0.042，小于理想值 0.05。因此可以认为，该测量模型是有效的。

第三节　整体结构方程模型和假设检验

一　控制变量的影响分析

中介变量和因变量除了要接受自变量的影响以外，可能还会受到控制变量的影响。本书中的控制变量主要包括企业性质、企业规模、企业年限、行业属性和地域属性等。书中所有的控制变量均采用编码形式测量，属于分类型变量，并且每个控制变量都具有 4 个以上的分类。利用单因素方差分析（ONE – WAY ANOVA），可以检验控制变量对中介变量和因变量的影响（马庆国，2002）。在分析自变量对中介变量和因变量的影响效应之前，首先对控制变量的影响效应进行分析。

（一）企业性质

表 6.13　企业性质对中介变量和结果变量的影响（ONE – WAY ANOVA 分析）

	F 值	Sig.	是否显著
组织战略更新	1.913	0.387	否
新业务开拓	1.866	0.301	否
产品技术创新	2.236	0.181	否
创业绩效	0.827	0.422	否

由表 6.13 中可知，科技型中小企业的性质对组织战略更新、新业务开拓和产品技术创新以及创业绩效都没有显著影响。说明企业性质不管是国有企业、民营企业、合资企业，还是外商独资企业，它们在创业导向的建立和提升方面，以及创业绩效的实现方面都没有明显差别。

（二）企业规模

科技型中小企业的规模可能会影响到公司创业导向的建立和提升，从而相应地对创业绩效有所影响。本书中样本企业的规模按照员工人数的标准划分为 5 组，通过单因素方差分析来检验其影响，如表 6.14 所示。

表 6.14　企业规模对中介变量和结果变量的影响（ONE – WAY ANOVA 分析）

	离差平方和	df	均值差异检验		方差齐性检验	
			F 值	Sig.	Sig.	是否齐性
组织战略更新	321.071	196	1.383	0.051	0.009	否
新业务开拓	226.565	196	0.822	0.321	0.203	是
产品和技术创新	331.426	196	2.268	0.089	0.698	是
创业绩效	271.573	196	3.211	0.023	0.475	是

注：方差齐次性检验的显著性水平为 0.05。

由表 6.14 中可知，在置信度为 95% 的水平下，科技型中小企业的规模对于新业务开拓、产品技术创新的影响没有显著差异，而对于组织战略更新和创业绩效的影响均具有显著差异。

下面根据方差是否具有齐次性而采用不同的分析方法。对于方差为齐次性的采用 LSD（Least – significant difference）方法对均值进行两两比较，对于方差为非齐次性的采用 Tamhane 方法对均值做两两比较，表 6.15 列出了两两比较中均值有显著差异的检验结果。

表 6.15　企业规模影响的组合对比检验结果

	分析方法	企业规模（I）	企业规模（J）	均值差异（I – J）	Sig.
组织战略更新	Tamhane	300—500 人	20 人以下	0.47682*	0.041
			20—50 人	0.59261*	0.016
			50—100 人	0.40123*	0.018
新业务开拓	LSD	300—500 人	20 人以下	0.32121	0.032
产品技术创新	LSD	50—100 人	20 – 50 人	0.37632	0.020
创业绩效	LSD	100—300 人	20 人以下	0.35286*	0.032
			20—50 人	0.41675*	0.019

注：* 表示 p < 0.05。

由表 6.15 两两比较的结果可知，对于组织战略更新而言，300—500
人规模的企业较规模在 100 人以下的企业有显著差异；对于新业务开拓而
言，企业规模在 300—500 人的企业与企业规模在 20 人以下的企业有显著
差异；对于产品技术创新而言，企业规模在 50—100 人的企业与企业规模
在 20—50 人的企业有显著差异；对于创业绩效而言，企业规模在 100—
300 人的企业与企业规模在 50 人以下的企业具有显著差异。

（三）企业年限

关于企业成立年限对企业绩效的可能影响，前文中已经提及。科技型
中小企业成立时间的长短可能会影响到公司创业导向的建立和提升，从而
对创业绩效产生影响。本书中样本企业的成立年限划分为 4 组，如本章前
面的样本描述所示。其中成立 3.5—5 年（含 5 年）为 1 组，成立 5—7 年
（含 7 年）为 2 组，成立 7—10 年（含 10 年）为 3 组，成立 10 年以上为
4 组。通过单因素方差分析检验其影响，得到表 6.16。

表 6.16　企业年限对中介变量和结果变量的影响（ONE – WAY ANOVA 分析）

	离差平方和	df	均值差异检验		方差齐性检验	
			F 值	Sig.	Sig.	是否齐性
组织战略更新	226.787	196	1.783	0.113	0.008	否
新业务开拓	233.376	196	1.626	0.149	0.005	否
产品技术创新	326.624	196	1.583	0.041	0.092	是
创业绩效	353.827	196	1.932	0.038	0.527	是

注：方差齐次性检验的显著性水平为 0.05。

由表 6.16 中可知，在置信度为 95% 的水平下，科技型中小企业成立
的年限对于组织战略更新、新业务开拓的影响没有显著差异，对于产品技
术创新和创业绩效的影响均具有显著差异。

下面根据方差是否具有齐次性而采用不同的分析方法。对于方差为齐
次性的采用 LSD 方法对均值进行两两比较，对于方差为非齐次性的采用
Tamhane 方法对均值做两两比较，表 6.17 列出了两两比较中均值有显著

差异的检验结果。

表 6.17　　　　　　　企业年限影响的组合对比检验结果

	分析方法	企业成立年限（I）	企业成立年限（J）	均值差异（I－J）	Sig.
新业务开拓	Tamhane	3.5—5 年	5—7 年	－0.46772	0.009
产品技术创新	LSD	7—10 年	3.5—5 年	0.42213 *	0.004
			5—7 年	0.39862 *	0.006
			10 年以上	0.33721 *	0.002
创业绩效	LSD	7－10 年	3.5—5 年	0.53937 *	0.008
			5—7 年	0.46831 *	0.019
			10 年以上	0.40263 *	0.018

注：* 表示 $p < 0.05$。

由表 6.17 两两比较的结果可知，对于组织战略更新而言，两两比较均无明显差异；对于新业务开拓而言，成立年限在 3.5—5 年的企业与成立年限在 5—7 年的企业有显著差异，说明科技型中小企业在经历了最初的探索期之后，网络合作关系逐渐得到建立和加深，新业务开拓的能力不断得到提升，并且对于新业务开拓方向的把握也更加准确。对于产品技术创新和创业绩效而言，成立年限在 7—10 年的企业与成立年限在 7 年以下和成立年限在 10 年以上的企业均具有显著差异，说明科技型中小企业发展到这个阶段，对于产品技术创新的趋势有较好的把握，产品技术创新的理念和能力处于最佳状态，同时又保持了组织必要的有机性和灵活性。

（四）企业的行业属性

由表 6.18 可知，科技型中小企业所属的行业对组织战略更新、新业务开拓、产品技术创新以及创业绩效都没有显著影响。说明高科技领域中不同行业的中小企业，其行业属性对创业导向的建立和提升，以及创业绩效的实现上并没有明显差别。

表 6. 18　　　　　　　　企业所属行业对中介变量和结果变量的
影响（ONE – WAY ANOVA 分析）

	F 值	Sig.	是否显著
组织战略更新	0. 993	0. 308	否
新业务开拓	1. 282	0. 193	否
产品技术创新	0. 926	0. 223	否
创业绩效	0. 932	0. 198	否

（五） 企业的地域属性

由表 6. 19 可知，科技型中小企业所属的区域对组织战略更新、新业务开拓、产品技术创新以及创业绩效都没有显著影响。说明来自不同区域的科技型中小企业，其地域属性对创业导向的建立和提升，以及创业绩效的实现上并没有明显差别。

表 6. 19　　　　　　　　企业所属地域对中介变量和结果变量的
影响（ONE – WAY ANOVA 分析）

	F 值	Sig.	是否显著
组织战略更新	0. 811	0. 159	否
新业务开拓	1. 621	0. 532	否
产品技术创新	1. 373	0. 274	否
创业绩效	1. 478	0. 205	否

二　中介变量的验证

下面将利用结构方程模型对研究假设进行验证。对于创业导向在企业社会资本与创业绩效关系中所起的中介作用的验证，本书根据巴伦和肯尼（Baron and Kenny，1986）及 Chen、Aryee 和 Lee（2005）提出的中介作用的四个判定条件进行分析：（1）自变量与中介变量两者相关，即中介变量对自变量进行回归，回归系数达到显著性水平；（2）自变量与因变量两者相关，即因变量对自变量进行回归，回归系数达到显著性水平；（3）中介变量与因变量两者相关，即因变量对中介变量进行回归，回归系数达到显著性水平；（4）因变量同时对自变量和中介变量进行回归，对中介变量的回归系数达到显著性水平，对自变量的回归系数减少。当对自变量的回归系数减少到了不显著水平，说明中介变量起到了完全中介作用，即自变量完全通过中介变量来影响因变量；当对自变量的回归系数减少，但仍然达到了显著性水平，说明中介变量只起到了部分中介作用，即自变量一方面通过中介变量影响因变量，同时也直接对因变量产生作用（Chen，Aryee and Lee，2005；张宏，2007）。利用结构方程模型来检验中介效应，除了具有逐步回归分析方法的效果以外，还能够综合考虑测量误差项目所带来的影响（侯杰泰、温忠麟和成子娟，2004）。下面将按照上述的四个判定条件，对中介变量的作用依次进行检验。

（一）企业社会资本对创业导向的影响关系

本部分不考虑因变量的影响，仅对自变量与中介变量之间的关系进行验证。各潜变量的值是将该变量的所有测量条款通过加权平均而来，权重系数为验证性因子分析中各测量项目的标准化系数，分析结果如图 6.10 和表 6.20 所示。

表 6.20　　　企业社会资本对创业导向的影响关系模型拟合指标

χ^2/df	GFI	AGFI	NFI	IFI	CFI	RMSEA
1.967	0.952	0.941	0.932	0.917	0.938	0.059

从表 6.20 中可知，χ^2/df 值为 1.967，小于上限参考值 5，甚至小于更严格的理想值 3；GFI、AGFI、NFI、IFI 和 CFI 的指标值分别为 0.952、0.941、0.932、0.917 和 0.938，均大于 0.9；RMSEA 值为 0.059，小于上限参考值 0.1，接近于理想值 0.05。分析结果表明，模型拟合程度较好。

从图 6.10 可以看出，模型中社会性互动与组织战略更新之间的标准化路径系数为 0.68，P 值为 0.048，在 0.05 水平上显著；社会性互动与新业务开拓之间的标准化路径系数为 0.89，P 值为 0.042，在 0.05 的水平上显著；社会性互动与产品技术创新之间的标准化路径系数为 0.87，P 值为 0.037，在 0.05 的水平上显著，说明社会性互动对组织战略更新、新业务开拓和产品技术创新的影响关系模型成立。

模型中关系质量与组织战略更新之间的标准化路径系数为 0.86，P 值为 0.008，在 0.01 水平上显著；关系质量与新业务开拓之间的标准化路径系数为 0.88，P 值为 0.026，在 0.05 的水平上显著；关系质量与产品技

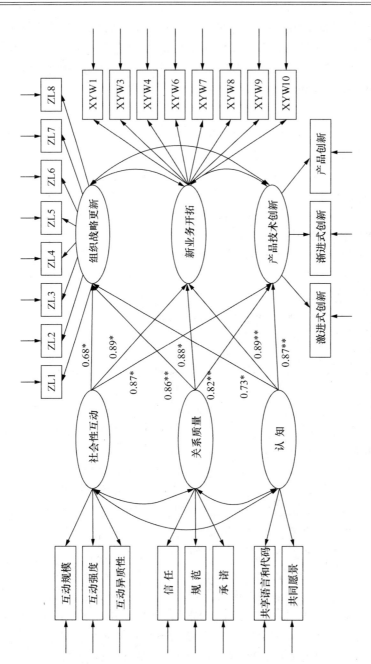

图 6.10　企业社会资本对创业导向的影响关系模型

术创新之间的标准化路径系数为 0.82，P 值为 0.0072，在 0.01 的水平上显著，说明关系质量对组织战略更新、新业务开拓以及产品技术创新的影响关系模型成立。

模型中认知维度与组织战略更新之间的标准化路径系数为 0.73，P 值为 0.047，在 0.05 水平上显著；认知维度与新业务开拓之间的标准化路径系数为 0.89，P 值为 0.0038，在 0.01 的水平上显著；认知维度与产品技术创新之间的标准化路径系数为 0.87，P 值为 0.0067，在 0.01 的水平上显著，说明认知维度对组织战略更新、新业务开拓以及产品技术创新的影响关系模型成立。

也就是说，创业导向的三个维度即组织战略更新、新业务开拓和产品技术创新对自变量——企业社会资本的社会性互动维度、关系质量维度和认知维度的回归系数达到显著性水平，中介作用的判定条件（1）得到证实。

（二）企业社会资本对创业绩效的影响关系

本部分不考虑中介变量的影响，仅对自变量与因变量之间的关系进行验证。各潜变量的值是将该变量的所有测量条款通过加权平均而来，权重系数为验证性因子分析中各测量项目的标准化系数，分析结果如图 6.11 和表 6.21 所示。

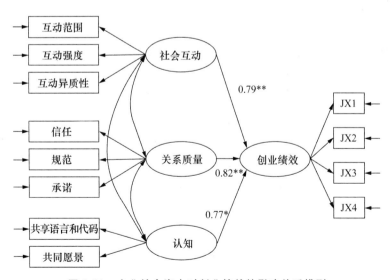

图6.11　企业社会资本对创业绩效的影响关系模型

从表 6.21 可知，χ^2/df 值为 2.368，小于上限参考值 5，甚至小于更严格的理想值 3；GFI、AGFI、NFI、IFI 和 CFI 的指标值分别为 0.952、0.921、0.939、0.909 和 0.923，均大于 0.9；RMSEA 值为 0.073，小于上限参考值 0.1。分析结果表明，模型拟合程度较好。

表 6.21　　　　企业社会资本对创业绩效的影响关系模型拟合指标

χ^2/df	GFI	AGFI	NFI	IFI	CFI	RMSEA
2.368	0.952	0.921	0.939	0.909	0.923	0.073

从图 6.11 可以看出，模型中社会性互动维度与创业绩效之间的标准化路径系数为 0.79，P 值为 0.0062，在 0.01 水平上显著；关系质量维度与创业绩效之间的标准化路径系数为 0.82，P 值为 0.0073，在 0.01 水平上显著；认知维度与创业绩效之间的标准化路径系数为 0.77，P 值为 0.026，在 0.05 水平上显著，表明企业社会资本的社会性互动维度、关系质量维度和认知维度对创业绩效的影响关系模型成立。也就是说，作为因变量的创业绩效对作为自变量的企业社会资本的回归系数达到显著性水平，中介作用的判定条件（2）得到证实。

（三）创业导向对创业绩效的影响关系

本部分不考虑自变量的影响，仅对中介变量与因变量之间的关系进行验证。各潜变量的值是将该变量的所有测量条款通过加权平均而来，权重系数为验证性因子分析中各测量项目的标准化系数，分析结果如图 6.12 和表 6.22 所示。

从表 6.22 中可知，χ^2/df 值为 2.522，小于上限参考值 5，甚至小于更严格的理想值 3；GFI、AGFI、NFI、IFI 和 CFI 的指标值分别为 0.948、0.923、0.912、0.936 和 0.933，均大于 0.9；RMSEA 值为 0.044，小于上限参考值 0.1，且小于更严格的理想值 0.05。分析结果表明模型拟合程度较好。

从图 6.12 可以看出，模型中组织战略更新与创业绩效之间的标准化路径系数为 0.52，P 值为 0.0038，在 0.01 水平上显著；新业务开拓与创业绩效之间的标准化路径系数为 0.59，P 值为 0.0056，在 0.01 水平上显

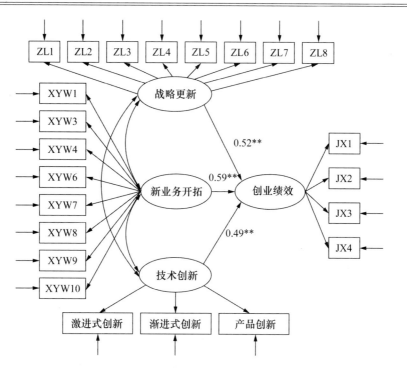

图 6.12 创业导向对创业绩效的影响关系模型

表 6.22　　　　创业导向对创业绩效的影响关系模型拟合指标

χ^2/df	GFI	AGFI	NFI	IFI	CFI	RMSEA
2.522	0.948	0.923	0.912	0.936	0.933	0.044

著；产品技术创新与创业绩效之间的标准化路径系数为 0.49，P 值为 0.0043，在 0.01 水平上显著，表明组织战略更新、新业务开拓以及产品技术创新对创业绩效的影响关系模型成立。也就是说，创业绩效对创业导向的三个维度即组织战略更新、新业务开拓以及产品技术创新的回归系数达到显著性水平，中介作用的判定条件（3）得到证实。

创业导向的三个维度即组织战略更新、新业务开拓以及产品技术创新在企业社会资本与创业绩效关系中起到中介作用的判定条件（1）、（2）、（3）得到证实后，继续对判定条件（4）进行分析，以进一步确定是部分中介作用还是完全中介作用。

（四）创业导向的中介作用模型及拟合比较

本部分同时考虑自变量、中介变量和因变量的影响，将因变量同时对自变量和中介变量进行回归分析，并对中介作用模型进行拟合比对，得到最佳匹配模型。各潜变量的值是将该变量的所有测量条款通过加权平均而来，权重系数为验证性因子分析中各测量项目的标准化系数。完全中介作用模型1，就是企业社会资本的社会性互动维度、关系质量维度和认知维度完全通过创业导向的三个维度即组织战略更新、新业务开拓以及产品技术创新的中介作用间接影响创业绩效。部分中介作用模型2（理论假设模型）是在模型1的基础上增加企业社会资本的社会性互动维度、关系质量维度和认知维度对创业绩效的直接作用路径。部分中介作用模型3是在模型2的基础上删除了社会性互动维度对组织战略更新的作用路径。下面依次对模型1至模型3进行拟合分析和比较。

首先，对完全中介作用模型1进行拟合分析，分析结果如图6.13和表6.23所示。

表6.23　　　　　　　　　结构模型的参数估计

作用路径	标准化负载	标准误差（S. E.）	临界比（C. R.）	显著性概率
组织战略更新←社会性互动	0.521	0.143	1.263	0.479
新业务开拓←社会性互动	0.858	0.115	3.734	0.049
产品和技术创新←社会性互动	0.846	0.131	3.178	0.041
组织战略更新←关系质量	0.814	0.119	3.263	0.037
新业务开拓←关系质量	0.849	0.109	4.378	0.008
产品和技术创新←关系质量	0.793	0.102	3.461	0.007
组织战略更新←认知维度	0.776	0.075	3.427	0.036
新业务开拓←认知维度	0.827	0.071	3.877	0.028
产品和技术创新←认知维度	0.799	0.088	3.492	0.007
创业绩效←组织战略更新	0.493	0.069	2.736	0.006
创业绩效←新业务开拓	0.502	0.113	3.334	0.003
创业绩效←产品和技术创新	0.498	0.121	3.769	0.001

拟合优度指标：$\chi^2/df = 3.137$，GFI = 0.901，AGFI = 0.917，NFI = 0.893，IFI = 0.899，CFI = 0.921，RMSEA = 0.089

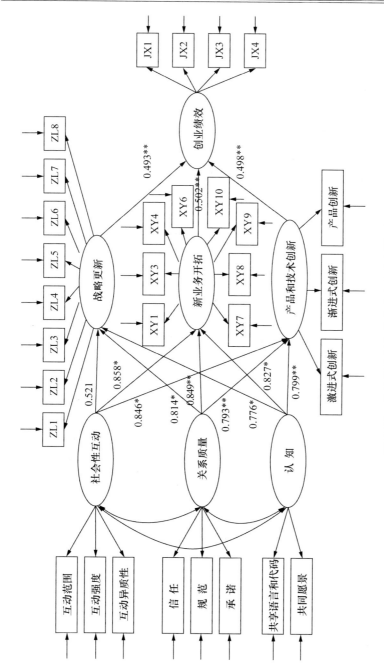

图 6.13 公司创业导向的完全中介作用模型

从表 6.23 中可知，χ^2/df 值为 3.137，小于上限参考值 5；GFI、AG-FI、NFI、IFI 和 CFI 的指标值分别为 0.901、0.917、0.893、0.899 和 0.921，均在 0.9 左右，偏离程度不大；RMSEA 值为 0.089，小于上限参考值 0.1。分析结果表明，完全中介作用模型 1 的拟合情况基本符合要求。

从图 6.13 可以看出，模型 1 中社会性互动与组织战略更新之间的标准化路径系数为 0.521，P 值为 0.479，统计检验不显著；社会性互动与新业务开拓之间的标准化路径系数为 0.858，P 值为 0.049，在 0.05 的水平上显著；社会性互动与产品技术创新之间的标准化路径系数为 0.846，P 值为 0.041，在 0.05 的水平上显著。关系质量与组织战略更新之间的标准化路径系数为 0.814，P 值为 0.037，在 0.05 水平上显著；关系质量与新业务开拓之间的标准化路径系数为 0.849，P 值为 0.008，在 0.01 的水平上显著；关系质量与产品技术创新之间的标准化路径系数为 0.793，P 值为 0.007，在 0.01 的水平上显著。认知维度与组织战略更新之间的标准化路径系数为 0.776，P 值为 0.036，在 0.05 水平上显著；认知维度与新业务开拓之间的标准化路径系数为 0.827，P 值为 0.028，在 0.05 的水平上显著；认知维度与产品技术创新之间的标准化路径系数为 0.799，P 值为 0.007，在 0.01 的水平上显著。

模型 1 中组织战略更新与创业绩效之间的标准化路径系数为 0.493，P 值为 0.006，在 0.01 水平上显著；新业务开拓与创业绩效之间的标准化路径系数为 0.502，P 值为 0.003，在 0.01 水平上显著；产品技术创新与创业绩效之间的标准化路径系数为 0.498，P 值为 0.001，在 0.01 水平上显著。根据中介作用的判定条件（4）：因变量同时对自变量和中介变量进行回归，对中介变量的回归系数达到显著性水平，对自变量的回归系数减少。当对自变量的回归系数减少，但仍然达到了显著性水平，说明中介变量只起到了部分中介作用，即自变量一方面通过中介变量影响因变量，同时也直接对因变量产生作用。也就是说，创业导向的三个维度即组织战略更新、新业务开拓以及产品技术创新在企业社会资本的社会性互动维度、关系质量维度和认知维度与创业绩效的关系中起到部分中介的作用。

其次，对部分中介作用模型 2 进行拟合分析，分析结果如图 6.14 和表 6.24 所示。

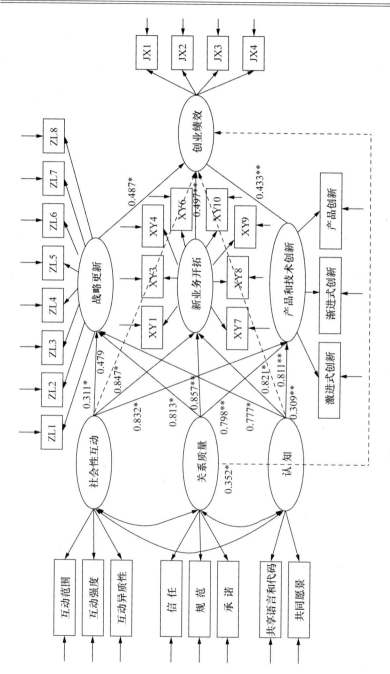

图 6.14　公司创业导向的部分中介作用模型

表 6.24 结构模型的参数估计

作用路径	标准化负载	标准误差（S. E.）	临界比（C. R.）	显著性概率
创业绩效←社会性互动	0.311	0.091	2.269	0.042
创业绩效←关系质量	0.352	0.096	2.164	0.008
创业绩效←认知维度	0.309	0.123	2.245	0.021
组织战略更新←社会性互动	0.479	0.126	1.765	0.336
新业务开拓←社会性互动	0.847	0.116	2.863	0.049
产品和技术创新←社会性互动	0.832	0.138	2.899	0.041
组织战略更新←关系质量	0.813	0.121	3.632	0.038
新业务开拓←关系质量	0.857	0.094	4.233	0.009
产品和技术创新←关系质量	0.798	0.091	3.521	0.001
组织战略更新←认知维度	0.777	0.082	3.498	0.037
新业务开拓←认知维度	0.821	0.071	3.497	0.049
产品和技术创新←认知维度	0.811	0.076	3.354	0.007
创业绩效←组织战略更新	0.487	0.069	2.962	0.032
创业绩效←新业务开拓	0.497	0.089	3.834	0.005
创业绩效←产品和技术创新	0.433	0.138	3.631	0.007

拟合优度指标：$\chi^2/df = 2.522$，GFI = 0.921，AGFI = 0.912，NFI = 0.919，IFI = 0.927，CFI = 0.918，RMSEA = 0.079

  由表 6.24 中可知，χ^2/df 值为 2.522，小于上限参考值 5，甚至小于更严格的理想值 3；GFI、AGFI、NFI、IFI 和 CFI 的指标值分别为 0.921、0.912、0.919、0.927 和 0.918，均大于 0.9，拟合指标值高于模型 1；RMSEA 值为 0.079，小于最高参考值 0.1。分析结果表明，部分中介作用模型 2 的拟合情况符合要求，并且拟合优度高于模型 1。

  从图 6.14 可以看出，模型 2 中社会性互动与创业绩效之间的标准化路径系数为 0.311，P 值为 0.042，在 0.05 水平上显著；关系质量与创业绩效之间的标准化路径系数为 0.352，P 值为 0.008，在 0.01 水平上显著；认知维度与创业绩效之间的标准化路径系数为 0.309，P 值为 0.021，在 0.05 水平上显著。社会性互动与组织战略更新之间的标准化路径系数为 0.479，P 值为 0.336，统计检验不显著；社会性互动与新业务开拓之间的标准化路径系数为 0.847，P 值为 0.049，在 0.05 的水平上显著；社会性互动与产品技术创新之间的标准化路径系数为 0.832，P 值为 0.041，在 0.05 的水平上显著。关系质量与组织战略更新之间的标准化路径系数为 0.813，P 值为 0.038，在 0.05 水平上显著；关系质量与新业务开拓之间的标准化路径系数为 0.857，P 值为 0.001，在 0.01 的水平上显著；关系质量与产品技术创新之间的标准化路径系数为 0.798，P 值为 0.001，在 0.01 的水平上显著。认知维度与组织战略更新之间的标准化路径系数为 0.777，P 值为 0.037，在 0.05 水平上显著；认知维度与新业务开拓之间的标准化路径系数为 0.821，P 值为 0.049，在 0.05 的水平上显著；认知维度与产品技术创新之间的标准化路径系数为 0.811，P 值为 0.007，在 0.01 的水平上显著。

模型 2 中组织战略更新与创业绩效之间的标准化路径系数为 0.487，P 值为 0.032，在 0.05 水平上显著；新业务开拓与创业绩效之间的标准化路径系数为 0.497，P 值为 0.005，在 0.01 水平上显著；产品技术创新与创业绩效之间的标准化路径系数为 0.433，P 值为 0.007，在 0.01 水平上显著。分析结果表明，部分中介作用模型 2 的拟合情况符合要求，并且拟合优度高于模型 1。也就是说，创业导向的三个维度即组织战略更新、新业务开拓和产品技术创新在企业社会资本的社会性互动维度、关系质量维度和认知维度与创业绩效的关系中起到部分中介的作用。

由模型 1 和模型 2 的拟合情况不难看出，社会性互动维度对组织战略更新的路径系数 C. R. 值均低于 1.96 的参考值，在 P = 0.05 的水平尚不具有统计显著性，没有达到结构方程模型的拟合要求。所以，该作用路径没有得到验证。

最后，对本书的理论假设模型进行调整，即在部分中介作用模型 2 中删除上述作用路径，并对调整后的部分中介作用模型 3 进行拟合分析，分析结果如图 6.15 和表 6.25 所示。

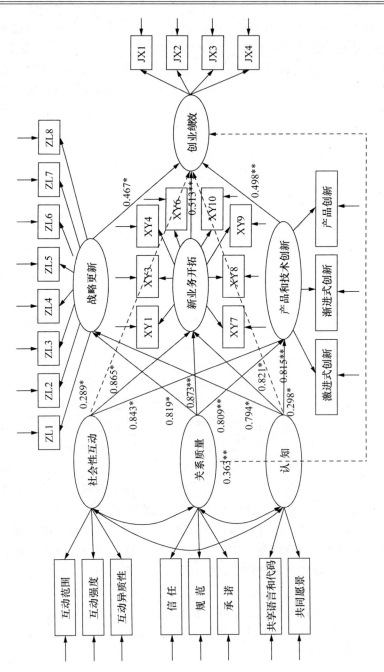

图 6.15　调整后的结构方程模型

表 6.25　　　　　　　　　　结构模型的参数估计

作用路径	标准化负载	标准误差（S. E.）	临界比（C. R）	显著性概率
创业绩效←社会性互动	0.289	0.076	2.352	0.035
创业绩效←关系质量	0.363	0.079	2.268	0.009
创业绩效←认知维度	0.298	0.135	2.364	0.028
新业务开拓←社会性互动	0.865	0.106	2.798	0.041
产品和技术创新←社会性互动	0.843	0.156	2.922	0.042
组织战略更新←关系质量	0.819	0.139	3.153	0.039
新业务开拓←关系质量	0.873	0.092	4.361	0.002
产品和技术创新←关系质量	0.809	0.092	3.562	0.008
组织战略更新←认知维度	0.794	0.086	3.341	0.037
新业务开拓←认知维度	0.821	0.079	3.623	0.041
产品和技术创新←认知维度	0.815	0.076	3.391	0.005
创业绩效←组织战略更新	0.467	0.136	3.251	0.007
创业绩效←新业务开拓	0.513	0.098	3.677	0.002
创业绩效←产品和技术创新	0.498	0.073	2.849	0.024

拟合优度指标：$\chi^2/df = 2.296$，GFI = 0.939，AGFI = 0.931，NFI = 0.932，IFI = 0.970，CFI = 0.963，RMSEA = 0.029

由表 6.25 中可知，调整后的部分中介作用模型 3 中，χ^2/df 值为 2.296，小于上限参考值 5，甚至小于更严格的理想值 3；GFI、AGFI、NFI、IFI 和 CFI 的指标值分别为 0.939、0.931、0.932、0.970 和 0.963，均大于 0.9，并且拟合指标值高于模型 2；RMSEA 值为 0.029，小于上限 0.1 参考值，甚至小于更严格的理想值 0.05。

从图 6.15 可以看出，模型 3 中社会性互动维度与创业绩效之间的标准化路径系数为 0.289，P 值为 0.035，在 0.05 水平上显著；关系质量维度与创业绩效之间的标准化路径系数为 0.363，P 值为 0.009，在 0.01 水平上显著；认知维度与创业绩效之间的标准化路径系数为 0.298，P 值为 0.028，在 0.05 水平上显著。社会性互动维度与新业务开拓之间的标准化路径系数为 0.865，P 值为 0.041，在 0.05 的水平上显著；社会性互动维度与产品技术创新之间的标准化路径系数为 0.843，P 值为 0.042，在 0.05 的水平上显著。关系质量维度与组织战略更新之间的标准化路径系数为 0.819，P 值为 0.039，在 0.05 水平上显著；关系质量维度与新业务开拓之间的标准化路径系数为 0.873，P 值为 0.002，在 0.01 的水平上显著；关系质量维度与产品技术创新之间的标准化路径系数为 0.809，P 值为 0.008，在 0.01 的水平上显著。认知维度与组织战略更新之间的标准化路径系数为 0.794，P 值为 0.037，在 0.05 水平上显著；认知维度与新业务开拓之间的标准化路径系数为 0.821，P 值为 0.041，在 0.05 的水平上显著；认知维度与产品技术创新之间的标准化路径系数为 0.815，P 值为 0.005，在 0.01 的水平上显著。

模型 3 中组织战略更新与创业绩效之间的标准化路径系数为 0.467，P 值为 0.007，在 0.01 水平上显著；新业务开拓与创业绩效之间的标准化路径系数为 0.513，P 值为 0.002，在 0.01 水平上显著；产品技术创新与创业绩效之间的标准化路径系数为 0.498，P 值为 0.024，在 0.05 水平上显著。分析结果表明，调整后的部分中介作用模型 3 的拟合情况符合要求，并且拟合优度高于模型 1 和模型 2。

模型 1 至模型 3 的拟合情况总结如表 6.26 所示。

表 6.26　　　　　　　结构方程模型拟合情况比较

模型	χ^2/df	GFI	AGFI	NFI	IFI	CFI	RMSEA
模型 1	3.137	0.901	0.917	0.893	0.899	0.921	0.089
模型 2	2.522	0.921	0.912	0.919	0.927	0.918	0.079
模型 3	2.296	0.939	0.931	0.932	0.970	0.963	0.029

由表 6.26 中可知，模型 1 至模型 3 中，完全中介作用模型 1 基本达到了拟合标准，部分中介作用模型 2 相对于模型 1 有所改善，调整后的部分中介作用模型 3 的拟合优度最好。从图 6.13、图 6.14 和表 6.23 及表 6.24 来看，企业社会资本的社会性互动维度对组织战略更新的作用不显著。同时，模型 2 的拟合结果表明，企业社会资本的社会性互动维度、关系质量维度和认知维度对创业绩效存在直接影响。从图 6.15 和表 6.25 中来看，修改后的部分中介作用模型 3 进一步证实，企业社会资本的社会性互动维度、关系质量维度和认知维度通过创业导向的三个维度即组织战略更新、新业务开拓和产品技术创新的中介作用影响创业绩效，同时也对创

业绩效具有直接影响，创业导向在企业社会资本与创业绩效的关系中起着重要的中介作用，符合理论原理。

三　假设检验结果

调整后的部分中介作用模型 3 中，各个变量的估计值和检验值如表 6.27 所示。

表 6.27　　　　　　　　测量模型各变量的检验值

测量模型结构及指标		因子载荷	标准因子载荷	临界比（C. R.）	P 值
社会性互动	互动范围	0.926	0.769	12.651	<0.001
	互动强度	0.928	0.758	13.092	<0.001
	互动异质性	1.000	0.985	—	—
关系质量	信任	0.983	0.964	11.687	<0.001
	规范	0.969	0.953	12.723	<0.001
	承诺	1.000	0.949	11.899	—
认知	共享语言和代码	0.993	0.869	13.031	<0.001
	共同愿景	1.000	0.876	—	—
组织战略更新	ZL1	0.990	0.886	12.563	<0.001
	ZL2	0.989	0.879	12.610	<0.001
	ZL3	0.976	0.876	13.064	<0.001
	ZL4	0.976	0.882	11.266	<0.001
	ZL5	0.996	0.880	12.475	<0.001
	ZL6	1.008	0.873	11.698	<0.001
	ZL7	1.000	0.891	—	—
	ZL8	1.028	0.910	11.799	<0.001
新业务开拓	XYW1	0.978	0.919	13.621	<0.001
	XYW3	0.969	0.906	12.333	<0.001
	XYW4	0.994	0.914	12.612	<0.001
	XYW6	0.983	0.873	11.203	<0.001
	XYW7	0.998	0.881	13.610	<0.001
	XYW8	0.943	0.865	12.834	<0.001
	XYW9	1.000	0.890	—	—
	XYW10	1.018	0.877	11.931	<0.001

续表

测量模型结构及指标		因子载荷	标准因子载荷	临界比（C. R.）	P 值
产品技术创新	激进式创新	0.999	0.891	13.453	<0.001
	渐进式创新	1.024	0.865	12.654	<0.001
	产品创新	1.000	0.899	—	—
创业绩效	JX1	0.997	0.843	11.913	<0.001
	JX2	0.977	0.864	13.359	<0.001
	JX3	1.000	0.837	—	—
	JX4	1.022	0.876	12.167	<0.001

注："—"表示该变量在非标准化前负荷被设置为1，不计算 C. R. 值和 P 值。

表 6.27 中列出了测量模型的各个载荷系数及其相应的 C. R. 值，从表中可以看出，各个指标的 C. R. 值均大于 1.96 的参考值，各载荷系数在 p < 0.001 的水平上具有统计显著性。因此，企业社会资本影响因素和创业导向影响因素的各个度量指标是有效的。

调整后的部分中介作用模型 3 中，各变量之间的作用关系如表 6.28 所示。

表 6.28　　　　　　　调整后部分中介作用模型 3 的分析结果

作用路径	标准化路径系数	是否支持假设
创业绩效←社会性互动	0.289 *	支持
创业绩效←关系质量	0.363 * *	支持
创业绩效←认知维度	0.298 *	支持
新业务开拓←社会性互动	0.865 *	支持
产品和技术创新←社会性互动	0.843 *	支持
组织战略更新←关系质量	0.819 *	支持
新业务开拓←关系质量	0.873 * *	支持
产品和技术创新←关系质量	0.809 * *	支持
组织战略更新←认知维度	0.794 *	支持

续表

作用路径	标准化路径系数	是否支持假设
新业务开拓←认知维度	0.821*	支持
产品和技术创新←认知维度	0.815**	支持
创业绩效←组织战略更新	0.467**	支持
创业绩效←新业务开拓	0.513**	支持
创业绩效←产品和技术创新	0.498*	支持
拟合优度指标：$\chi^2/df = 2.296$，GFI = 0.939，AGFI = 0.931，NFI = 0.932，IFI = 0.970，CFI = 0.963，RMSEA = 0.029			

（一）科技型中小企业社会资本对创业绩效假设的检验结果

假设 H1 是科技型中小企业社会资本与创业绩效具有显著正相关关系。

假设 H1a 是科技型中小企业与外部组织间的社会性互动与创业绩效具有显著正相关关系。由表 6.28 可知，企业与外部组织间的社会性互动维度与创业绩效之间的标准化路径系数为 0.289，P 值为 0.035，在 0.05 的水平上显著，假设 H1a 得到支持，说明科技型中小企业与外部组织间较大的互动范围、较强的互动频率以及较高的互动对象异质性，有利于好的创业绩效的实现，即科技型中小企业与外部组织间的社会性互动是影响企业创业绩效的重要因素。

假设 H1b 是科技型中小企业与外部组织间的关系质量与创业绩效具有显著正相关关系。由表 6.28 可知，企业与外部组织间的关系质量与创业绩效之间的标准化路径系数为 0.363，P 值为 0.009，在 0.01 的水平上显著，假设 H1b 得到支持，说明企业与外部组织间信任的建立，规范行为的保持以及承诺的坚守，有利于企业与外部组织间的良性合作，有利于好的创业绩效的实现，即科技型中小企业与外部组织间的关系质量是影响企业创业绩效的重要因素。

假设 H1c 是科技型中小企业与外部组织间的认知维度与创业绩效具有显著正相关关系。由表 6.28 可知，科技型中小企业与外部组织间的认知维度与创业绩效之间的标准化路径系数为 0.298，P 值为 0.028，在 0.05

的水平上显著，假设 H1c 得到支持，说明科技型中小企业与外部组织间共享的专业化语言和行业代码、共享的愿景和价值观，有利于好的创业绩效的实现，即科技型中小企业与外部组织间的认知维度是影响企业创业绩效的重要因素。

综上所述，假设 H1 得到支持。比较而言，企业社会资本的关系质量维度对创业绩效的标准化路径系数影响最大，社会性互动维度次之，认知维度低于社会性互动维度但比较接近。说明科技型中小企业与外部组织间良好关系的建立，相互的信任以及规范的合作是科技型中小企业获得良好创业绩效的重要因素。

（二）科技型中小企业创业导向对创业绩效假设的检验结果

假设 H2 是科技型中小企业创业导向与创业绩效具有显著正相关关系。

假设 H2a 是科技型中小企业的组织战略更新与创业绩效具有显著正相关关系。由表 6.28 可知，组织战略更新与创业绩效之间的标准化路径系数为 0.467，P 值为 0.007，在 0.01 的水平上显著，假设 H2a 得到支持，说明科技型中小企业根据环境变化修正产品或服务定位和目标市场，重新界定经营理念和所处产业链中的位置和角色、撤销亏损业务或非主营业务、采用弹性的组织结构等有利于创业绩效的实现，即科技型中小企业的组织战略更新是影响创业绩效的重要因素。

假设 H2b 是科技型中小企业的新业务开拓与创业绩效具有显著正相关关系。由表 6.28 可知，新业务开拓与创业绩效之间的标准化路径系数为 0.513，P 值为 0.002，在 0.01 的水平上显著，假设 H2b 得到支持，说明科技型中小企业在现有业务领域拓宽产品线和生产线、扩展现有产品或服务的市场范围、在当前市场挖掘新的产品需求空间、在与现有业务相关的新领域中开发新业务等有利于创业绩效的实现，即科技型中小企业的新业务开拓是影响创业绩效的重要因素。

假设 H2c 是科技型中小企业的产品技术创新与创业绩效具有显著正相关关系。由表 6.28 可知，产品和技术创新与创业绩效之间的标准化路径系数为 0.498，P 值为 0.024，在 0.05 的水平上显著，假设 H2c 得到支持，说明科技型中小企业的激进式技术创新、渐进式技术创新和产品创新等有利于创业绩效的实现，即科技型中小企业的产品技术创新是影响创业绩效的重要因素。

综上所述，假设 H2 得到支持。比较而言，创业导向的新业务开拓维度对创业绩效的标准化路径系数影响最大，其次是产品技术创新维度，但比较接近新业务开拓维度，组织战略更新维度次之。说明当前我国科技型中小企业的新业务开拓和产品技术创新已经成为提升创业绩效的重要因素。

（三）科技型中小企业创业导向中介作用假设的检验结果

在确定最优匹配模型 3 的基础上，分析自变量对中介变量和因变量的总体影响、直接影响和间接影响，以及中介变量对因变量的总体影响和直接影响。分析结果如表 6.29、表 6.30、表 6.31 和表 6.32 所示。

表 6.29　　　　　社会性互动维度对创业导向和创业绩效的影响

	企业社会资本的社会性互动维度		
	总体影响	直接影响	间接影响
组织战略更新	—	—	—
新业务开拓	0.865	0.865	
产品和技术创新	0.843	0.843	
创业绩效	0.422	0.289	0.133

表 6.30　　　　　关系质量维度对创业导向和创业绩效的影响

	企业社会资本的关系质量维度		
	总体影响	直接影响	间接影响
组织战略更新	0.819	0.819	
新业务开拓	0.873	0.873	
产品和技术创新	0.809	0.809	
创业绩效	0.470	0.363	0.107

表 6.31　　　　　认知维度对创业导向和创业绩效的影响

	企业社会资本的认知维度		
	总体影响	直接影响	间接影响
组织战略更新	0.794	0.794	
新业务开拓	0.821	0.821	
产品和技术创新	0.815	0.815	
创业绩效	0.422	0.298	0.124

表 6.32   创业导向对创业绩效的影响

	创业绩效		
	总体影响	直接影响	间接影响
组织战略更新	0.467	0.467	
新业务开拓	0.513	0.513	
产品和技术创新	0.498	0.498	

从表 6.28、表 6.29、表 6.30、表 6.31 和表 6.32 来看，组织战略更新与企业社会资本的社会性互动维度之间的关系不显著，H3a 不支持。组织战略更新在企业社会资本的关系质量维度和认知维度对创业绩效的影响中担当部分中介的作用。企业社会资本的关系质量维度与组织战略更新之间的标准化路径系数为 0.819，P 值为 0.039，在 0.5 的水平上显著，假设 H3b 成立。企业社会资本的认知维度与组织战略更新之间的标准化路径系数为 0.794，P 值为 0.037，在 0.05 的水平上显著，假设 H3c 成立。从图 6.15、表 6.28、表 6.29、表 6.30、表 6.31 和表 6.32 来看，科技型中小企业社会资本的关系质量维度和认知维度通过组织战略更新的部分中介作用对创业绩效产生影响，社会性互动维度与组织战略更新之间的关系不显著。综上所述，假设 H3 部分成立。

从表 6.28、表 6.29、表 6.30、表 6.31 和表 6.32 来看，新业务开拓在企业社会资本的社会性互动维度、关系质量维度和认知维度对创业绩效的影响中担当部分中介的作用。科技型中小企业的社会性互动与新业务开拓之间的标准化路径系数为 0.865，P 值为 0.041，在 0.5 的水平上显著，假设 H4a 成立；科技型中小企业的关系质量与新业务开拓之间的标准化路径系数为 0.873，P 值为 0.002，在 0.01 的水平上显著，假设 H4b 成立；科技型中小企业的认知与新业务开拓之间的标准化路径系数为 0.821，P 值为 0.041，在 0.05 的水平上显著，假设 H4c 成立。从图 6.15、表 6.28、表 6.29、表 6.30、表 6.31 和表 6.32 来看，科技型中小企业社会资本的社会性互动维度、关系质量维度和认知维度通过新业务开拓的部分中介作用对创业绩效产生影响。综上所述，假设 H4 成立。

从表 6.28、表 6.29、表 6.30、表 6.31 和表 6.32 来看，产品技术创新在企业社会资本的社会性互动维度、关系质量维度和认知维度对创业导向的影响中担当部分中介的作用。科技型中小企业的社会性互动和产品技术创新之间的标准化路径系数为 0.843，P 值为 0.042，在 0.5 的水平上显著，假设 H5a 成立；科技型中小企业的关系质量和产品技术创新之间的标准化路径系数为 0.809，P 值为 0.008，在 0.01 的水平上显著，假设 H5b 成立；科技型中小企业的认知与产品技术创新之间的标准化路径系数为 0.815，P 值为 0.005，在 0.01 的水平上显著，假设 H5c 成立。可见，科技型中小企业社会资本的社会性互动维度、关系质量维度和认知维度通过产品技术创新的部分中介作用对创业导向产生影响。综上所述，假设 H5 成立。假设检验结果汇总见表 6.33。

表 6.33　　　　　　　　假设检验结果汇总表

	假设内容	检验结果
H1	科技型中小企业社会资本与创业绩效具有显著正相关关系	支持
H1a	科技型中小企业与外部组织间社会互动和创业绩效具有显著正相关关系	支持
H1b	科技型中小企业与外部组织间关系质量和创业绩效具有显著正相关关系	支持
H1c	科技型中小企业与外部组织间的认知和创业绩效具有显著正相关关系	支持
H2	科技型中小企业创业导向与创业绩效具有显著正相关关系	支持
H2a	科技型中小企业的组织战略更新与创业绩效具有显著正相关关系	支持
H2b	科技型中小企业的新业务开拓与创业绩效具有显著正相关关系	支持
H2c	科技型中小企业的产品技术创新与创业绩效具有显著正相关关系	支持
H3	科技型中小企业社会资本和组织战略更新之间具有显著的正相关关系，前者通过后者间接影响创业绩效	部分支持
H3a	科技型中小企业与外部组织间的社会性互动和组织战略更新之间具有显著的正相关关系，前者通过后者间接影响创业绩效	不支持
H3b	科技型中小企业与外部组织间的关系质量和组织战略更新之间具有显著的正相关关系，前者通过后者间接影响创业绩效	支持
H3c	科技型中小企业与外部组织间的认知和组织战略更新之间具有显著的正相关关系，前者通过后者间接影响创业绩效	支持
H4	科技型中小企业社会资本和新业务开拓之间具有显著的正相关关系，前者通过后者间接影响创业绩效	支持
H4a	科技型中小企业与外部组织间的社会性互动和新业务开拓之间具有显著的正相关关系，前者通过后者间接影响创业绩效	支持

	假设内容	检验结果
H4b	科技型中小企业与外部组织间的关系质量和新业务开拓之间具有显著的正相关关系，前者通过后者间接影响创业绩效	支持
H4c	科技型中小企业与外部组织间的认知和新业务开拓之间具有显著的正相关关系，前者通过后者间接影响创业绩效	支持
H5	科技型中小企业社会资本和产品技术创新之间具有显著的正相关关系，前者通过后者间接影响创业绩效	支持
H5a	科技型中小企业与外部组织间的社会性互动和产品技术创新之间具有显著的正相关关系，前者通过后者间接影响创业绩效	支持
H5b	科技型中小企业与外部组织间的关系质量和产品技术创新之间具有显著的正相关关系，前者通过后者间接影响创业绩效	支持
H5c	科技型中小企业与外部组织间的认知和产品技术创新之间具有显著的正相关关系，前者通过后者间接影响创业绩效	支持

第四节　结果与讨论

本章以我国已渡过 42 个月初创期的科技型中小企业为考察对象，对企业社会资本及其三个维度的作用机制进行了实证研究，验证了科技型中小企业社会资本通过创业导向的三个维度，即组织战略创新、新业务开拓和产品技术创新的部分中介作用对创业绩效产生影响的部分中介作用模型。实证研究结果如下：

一　科技型中小企业社会资本研究的合理性

实证分析结果表明，规范分析中把科技型中小企业社会资本提炼为社会性互动、关系质量和认知三个维度，具有合理性。本书利用 196 个样本企业对科技型中小企业的社会资本进行了测量，其信度和效度水平都超过了参考值，可以将科技型中小企业社会资本划分为三个维度，并且适用与以往相近并进一步完善的测量指标和测量条款，说明把科技型中小企业社会资本作为主要研究变量是可行的。从企业层面、从企业外部联系的视角对社会资本进行研究，能够更深刻、更全面地揭示科技型中小企业与外部组织间合作的特有属性和作用机制。

二　科技型中小企业社会资本对创业绩效的直接影响

实证研究结果表明,科技型中小企业社会资本的社会性互动维度、关系质量维度和认知维度是影响创业绩效的重要因素。这三个维度对创业绩效的影响路径系数分别为 0.289（P = 0.035）、0.363（P = 0.009）和 0.298（P = 0.028）,假设 H1、H1a,H1b 和 H1c 得到支持（见表6.32）。相比较而言,关系质量维度对创业绩效的影响最大,其次是社会性互动维度,不过认知维度的影响与社会性互动维度比较接近。结果证实了科技型中小企业社会资本的社会性互动维度、关系质量维度和认知维度对其创业绩效有直接影响。当科技型中小企业与外部组织建立了广泛、频繁、相互信任的关系,彼此能够共享语言和代码,分享共同愿景,并能够在共有规范下作出一致的承诺,就可以降低企业的运营和监督成本,减少企业的技术风险和市场风险,对科技型中小企业创业绩效的提升产生积极的直接作用。

三　科技型中小企业的创业导向对创业绩效的影响

实证研究结果发现,科技型中小企业创业导向的三个维度,即组织战略更新、新业务开拓和产品技术创新是影响创业绩效的重要因素。这三个维度对创业绩效的影响路径系数分别为 0.467（P = 0.007）、0.513（P = 0.002）和 0.498（P = 0.024）,假设 H2、H2a、H2b 和 H2c 得到支持（见表6.33）。相比较而言,新业务开拓对创业绩效的影响最大,其次是产品技术创新,组织战略更新对创业绩效也有显著影响,影响路径系数相对小些。表明现阶段我国科技型中小企业的产品技术创新能力和意愿还不足,尤其是自主研发和创新方面。同时也说明,现阶段基于良好社会关系基础之上的新业务开拓对科技型中小企业而言至关重要。结果证实了科技型中小企业创业导向对创业绩效有重要影响。得到的启示是,已经渡过初创期"死亡之谷"的科技型中小企业,要继续保持相对高的创业导向和创业精神,才会有好的持续的创业绩效。

四　科技型中小企业社会资本通过创业导向的中介作用间接影响创业绩效

实证研究结果表明,科技型中小企业社会资本的社会性互动维度、关系质量维度和认知维度通过创业导向的中介作用间接影响创业绩效。在研究假设的验证过程中,只有社会性互动维度对于组织战略更新的影响没有达到显著性水平，假设 H3a 不成立（见表 6.33）。而关系质量维度和认知维度对组织战略更新的影响路径系数分别为 0.819（P = 0.039）和 0.794（P = 0.037），假设 H3b 和 H3c 得到支持（表 6.33）。因此，假设 H3 获得部分支持。企业社会资本的社会性互动维度、关系质量维度和认知维度对新业务开拓的影响路径系数分别为 0.865（P = 0.041）、0.873（P = 0.002）和 0.821（P = 0.041），假设 H4a、H4b 和 H4c 均得到支持（见表 6.32）。因此，假设 H4 获得支持。企业社会资本的社会性互动维度、关系质量维度和认知维度对产品技术创新的影响路径系数分别为 0.843（P = 0.042）、0.809（P = 0.008）和 0.815（P = 0.005），假设 H5a、H5b 和 H5c 均得到支持（见表 6.33）。因此，假设 H5 获得支持。

1. 利用结构方程模型技术，根据巴伦和肯尼（1986）及 Chen、Aryee 和 Lee（2005）提出的中介作用的四个判定条件进行分析：

（1）组织战略更新、新业务开拓和产品技术创新对企业社会资本的回归。企业社会资本的社会性互动维度与组织战略更新、新业务开拓和产品技术创新之间的标准化路径系数分别为 0.68（P = 0.048）、0.89（P = 0.042）和 0.87（P = 0.037），表明回归系数达到显著性水平；企业社会资本的关系质量维度与组织战略更新、新业务开拓和产品技术创新之间的标准化路径系数分别为 0.86（P = 0.008）、0.88（P = 0.026）和 0.82（P = 0.0072），表明回归系数达到显著性水平；企业社会资本的认知维度与组织战略更新、新业务开拓和产品技术创新之间的标准化路径系数分别为 0.73（P = 0.047）、0.89（P = 0.0038）和 0.87（P = 0.0067），表明回归系数达到显著性水平。

（2）创业绩效对企业社会资本的回归，企业社会资本的社会性互动维度、关系质量维度和认知维度与创业绩效之间的标准化路径系数分别为 0.79（P = 0.0062）、0.82（P = 0.0073）和 0.77（P = 0.026），说明回归系数达到显著性水平。

（3）创业绩效对创业导向的回归，创业导向的组织战略更新维度、新业务开拓维度和产品技术创新维度与创业绩效之间的标准化路径系数分别为 0.52（P = 0.0038）、0.59（P = 0.0056）和 0.49（P = 0.0043），说明回归系数达到显著性水平。

（4）创业绩效同时对企业社会资本和创业导向的回归。企业社会资本的社会性互动维度、关系质量维度和认知维度与创业绩效之间的标准化路径系数分别为 0.311 （P＝0.042）、0.352 （P＝0.008）和 0.309 （P＝0.021）。创业导向的组织战略更新维度、新业务开拓维度和产品技术创新维度与创业绩效之间的标准化路径系数分别为 0.489 （P＝0.032）、0.497 （P＝0.005）和 0.433 （P＝0.007）。创业绩效对组织战略更新、新业务开拓和产品技术创新的回归系数达到显著性水平。创业绩效对社会性互动、关系质量和认知的回归系数减少到 0.311、0.352 和 0.309，但也达到了显著性水平。说明组织战略更新、新业务开拓和产品技术创新的出现将企业社会资本对创业绩效的影响消化了一部分。所以，调整后的部分中介模型保留了企业社会资本三个维度对创业绩效的直接作用路径，删除了社会性互动和组织战略更新之间不显著的连接路径。在调整后的部分中介模型中，新业务开拓和产品技术创新对社会性互动维度的回归系数分别为 0.865 （P＝0.041）、0.843 （P＝0.042），回归系数达到显著性水平。组织战略更新、新业务开拓和产品技术创新对关系质量维度的回归系数分别为 0.819 （P＝0.039）、0.873 （P＝0.002）和 0.809 （P＝0.008），回归系数均达到显著性水平。组织战略更新、新业务开拓和产品技术创新对社会资本认知维度的回归系数分别为 0.794 （P＝0.037）、0.821 （P＝0.041）和 0.815 （P＝0.005），回归系数均达到显著性水平。创业绩效对组织战略更新、新业务开拓和产品技术创新的回归系数分别为 0.467 （P＝0.007）、0.513 （P＝0.002）和 0.498 （P＝0.024），回归系数均达到显著性水平。综合以上分析可以认定，创业导向的三个维度，即组织战略更新、新业务开拓和产品技术创新在科技型中小企业社会资本与创业绩效的关系中起到部分中介的作用。

2. 利用结构方程模型技术，比较完全中介模型与部分中介模型的拟合程度，进一步验证部分中介模型是最佳匹配模型。完全中介模型 1，反映社会性互动、关系质量和认知完全通过组织战略更新、新业务开拓和产品技术创新的中介作用间接影响创业绩效。部分中介模型 2 是在完全中介模型 1 的基础上，增加了企业社会资本的三个维度对创业绩效的直接作用路径。部分中介模型 3 是在部分中介模型 2 的基础上，删除了社会性互动到组织战略更新的作用路径。模型 1 至模型 3 的拟合指标值见表 6.25。

由表 6.26 可知，在模型 1 至模型 3 中，部分中介模型 3 的拟合指标最好，其中 χ^2/df 值为 2.296，小于上限参考值 5，甚至小于更严格的理想值 3；GFI、AGFI、NFI、IFI 和 CFI 的指标值分别为 0.939、0.921、0.932、0.970 和 0.963，均大于参考值 0.9；RMSEA 值为 0.029，小于上限参考值 0.1，甚至小于更严格的理想值 0.05，说明模型拟合程度较好。完全中介模型 1 和部分中介模型 2 的拟合指标也基本符合要求，但拟合值均低于模型 3，说明调整后的部分中介模型 3 为最佳匹配模型，证实了科技型中小企业社会资本通过创业导向的中介传导作用间接影响创业绩效，并对创业绩效还产生直接影响，部分中介作用模型 3 符合理论原理。

五　科技型中小企业创业导向的中介效应比较

实证研究结果发现，科技型中小企业创业导向的三个维度即组织战略更新、新业务开拓和产品技术创新的中介效应存在差异。新业务开拓的中介效用最大，总体影响为 0.513（P < 0.01）；其次是产品技术创新，总体影响为 0.498（P < 0.05）；组织战略更新次之，总体影响为 0.467（P < 0.01）。科技型中小企业社会资本的社会性互动维度，体现了科技型中小企业与外部组织间的互动特征，包括互动范围、互动强度和互动对象的异质性，这些对科技型中小企业的新业务开拓和产品技术创新产生影响，并通过它们作用于创业绩效，不过社会性互动维度对于组织战略更新的作用相对而言就不显著了。科技型中小企业社会资本的关系质量维度，体现了科技型中小企业与外部组织间的情感特征，包括相互信任、共有规范和坚守承诺，关系质量维度是科技型中小企业社会资本的一个重要组成部分，它对科技型中小企业创业导向的三个维度都产生积极作用，并通过创业导向作用于创业绩效。科技型中小企业社会资本的认知维度，体现了科技型中小企业与外部组织间在价值观层面的深层共享与合作，包括共享同种沟通语言和专业代码，以及分享同一愿景目标。同样，它对科技型中小企业创业导向的三个维度都产生积极影响，并通过创业导向作用于创业绩效。

本章小结

通过大样本数据对理论模型和研究假设进行了检验，主要完成了三方面的工作：一是对样本数据进行了统计描述和质量评估，对三大主体变量的测量量表进行了信度和效度分析。二是利用结构方程模型技术，对理论模型中的中介变量进行判定和分析，验证了创业导向的三个维度即组织战略更新、新业务开拓和产品技术创新在科技型中小企业社会资本的社会性互动维度、关系质量维度和认知维度与创业绩效之间起到部分中介的作用。三是对完全中介模型和部分中介模型的拟合优度进行了比较，发现调整后的部分中介模型是最佳匹配模型。研究假设中只有社会性互动维度通过组织战略更新作用于创业绩效的假设没有获得支持，相应地企业社会资本通过组织战略更新对创业绩效产生积极影响的假设获得了部分支持，其余假设均得到验证。进一步证实了科技型中小企业社会资本对创业绩效既有直接影响，又通过创业导向的中介传导间接影响创业绩效。

第七章　研究结论及展望

第一节　研究结论

一　研究结论一

基于企业层面并且从企业外部联系的视角对企业社会资本进行研究，能够更直接、更准确地把握科技型中小企业与外部组织合作的内在机制和作用机理。

本书采用了 196 个科技型中小企业的样本数据，对企业社会资本、公司创业导向和创业绩效三大主体变量进行了测量，探讨并构建了三者关系的理论模型，验证了从科技型中小企业外部连系视角来研究企业社会资本具有合理性和实际意义。以往关于企业社会资本的经验研究或者简单地用企业家社会资本来代替，或者注重企业内部群体所拥有的社会资本，忽视了企业外部连接的特性，这样就很难深入揭示企业与外部组织间连接的机制及其规律，从而缺乏对企业的实际指导意义。本书从科技型中小企业外部联系的视角剖析了企业社会资本的内涵和功能；提炼出了科技型中小企业社会资本的三个维度，即社会性互动维度、关系质量维度和认知维度；界定并验证了科技型中小企业创业导向的内容结构，包括组织战略更新、新业务开拓和产品技术创新；剖析了企业社会资本的三个维度对创业导向和创业绩效的作用机理；深入探讨了科技型中小企业社会资本的三个维度通过组织战略更新、新业务开拓和产品技术创新的中介传导对创业绩效实施影响的内在机制。从企业层面、从企业外部联系的视角分析社会资本与创业导向的整合作用模式和作用机理，开辟了企业社会资本研究的新思路，拓展和深化了创业导向的概念模型及其理论视角，为科技型中小企业更好地建立和保持与外部组织之间的合作，培育和积累企业社会资本，有针对性地获取创业发展所需的战略资源，从而保持高的创业导向水平提供了有益的指导。

二 研究结论二

企业社会资本是提升科技型中小企业创业绩效的重要资源。

根据结构方程模型分析的结果，企业社会资本的社会性互动维度、关系质量维度和认知维度对科技型中小企业创业绩效直接影响的关系系数分别为 0.289（P = 0.035）、0.363（P = 0.009）和 0.298（P = 0.028），可以说企业社会资本是实现和提升科技型中小企业创业绩效的重要资源。科技型中小企业创业的技术风险和市场风险都很大，如若要取得好的创业绩效，就必须借助社会网络和社会资本的力量。本书证实了科技型中小企业社会资本与创业绩效存在着显著的正相关关系，企业社会资本是科技型中小企业提升创业绩效的重要资源。科技型中小企业社会资本的合理搭建和有效运用，将会有力地促进科技型中小企业竞争优势的获取。在此基础上，深入探讨了科技型中小企业社会资本通过组织战略更新、新业务开拓和产品技术创新的中介传导进一步对创业绩效作用的机制，从而拓展了科技型中小企业创业绩效的研究视角，丰富和充实了社会资本和创业导向的相关理论，对传统的企业资源观理论进行了有益的补充。

三 研究结论三

企业社会资本通过组织战略更新、新业务开拓和产品技术创新间接影响科技型中小企业创业绩效。

首先，利用结构方程模型技术，根据尼伦和肯尼（1986）及 Chen、Aryee 和 Lee（2005）提出的中介作用的四个判定条件进行分析：（1）创业导向的三个维度即组织战略更新、新业务开拓和产品技术创新对企业社会资本的三个维度即社会性互动、关系质量和认知进行回归，回归系数达到显著性水平。（2）创业绩效对企业社会资本的三个维度进行回归，回归系数达到显著性水平。（3）创业绩效对创业导向的三个维度进行回归，回归系数达到显著性水平。（4）创业绩效对企业社会资本和创业导向的回归，创业绩效对创业导向的回归系数达到显著性水平；创业绩效对企业社会资本的回归系数减少，不过仍达到显著性水平，即创业导向中介变量的出现将企业社会资本对创业绩效的影响消化了一部分。也就是说，企业社会资本的社会性互动维度、关系质量维度和认知维度对科技型中小企业的创业绩效具有直接影响，并且通过创业导向变量进一步间接实施影响。

其次，对完全中介模型和部分中介模型的拟合程度行了比对，进一步完善了最佳匹配模型。完全中介模型是没有考虑企业社会资本对科技型中小企业创业绩效的直接影响，把科技型中小企业的创业导向作为完全中介。完善后的部分中介模型是在本书提出的理论模型基础上，删除了回归系数不显著的社会性互动到组织战略更新的作用路径。经过对分析结果的比较，完善后的部分中介模型 3 的拟合指标最好，其中 χ^2/df 为 2.296，RMSEA 值为 0.029；GFI、AGFI、NFI、IFI 和 CFI 的指标值分别为 0.939、0.931、0.932、0.970 和 0.963，均大于参考值 0.9，说明模型 3 的拟合程度较好。完全中介模型 1 和部分中介模型 2（理论模型）的拟合指标基本符合要求，但指标值均低于模型 3，并且完全中介模型中的 GFI 和 NFI 指标值均在参考值 0.9 以下。分析结果表明模型 3 为最佳匹配模型，即完善后的部分中介模型为最优。

综上所述，企业社会资本的社会性互动维度、关系质量维度和认知维度通过创业导向的中介传导作用间接影响创业绩效，并对创业绩效具有直接影响，部分中介作用模型符合理论原理，从而验证了本书的理论构思和变量间的因果关系。该研究结论的理论价值体现在：（1）弥补了科技型中小企业外部社会资本通过创业导向的中介作用对创业绩效产生影响的相关研究的不足，丰富了科技型中小企业社会资本的作用模式和作用机理研究。在过去的研究中，很多学者集中讨论了企业社会资本对企业技术创新绩效的影响，也有部分学者认为企业社会资本对组织学习和知识管理具有调节作用。几乎没有学者对企业社会资本通过创业导向的中介作用间接影响创业绩效进行深入和系统的探讨。（2）拓展了科技型中小企业创业绩效的生成理论。学者们已经认识到，无论是创业绩效外生论还是创业绩效内生论都存在局限性。事实上，科技型中小企业的创业绩效不仅取决于其自身内部所拥有的资源和能力，而且还取决于嵌入在社会网络中可获得、控制和使用的，难以被竞争对手模仿的各种资源和能力，而这正是我们所要研究的企业社会资本。本书突破了传统分析思路，开创性地将创业导向的三个维度即组织战略更新、新业务开拓和产品技术创新引入"社会资本—组织绩效"的关系研究框架中，构建并验证了科技型中小企业"社会资本—创业导向—创业绩效"的结构全模型，以整合的视角更客观、更独到地刻画了科技型中小企业创业绩效的生成机理，该结论拓宽了科技型中小企业创业绩效的研究视野，为科技型中小企业社会资本、创业导向和创业绩效关系的更全面、更深入研究奠定了基础。

四 研究结论四

得出了企业社会资本的社会性互动维度、关系质量维度和认知维度对科技型中小企业创业导向的影响效应。

经过全模型的结构方程分析，得出企业社会资本的社会性互动维度、关系质量维度和认知维度对创业导向的组织战略更新维度、新业务开拓维度和产品技术创新维度的影响效应：（1）社会性互动对组织战略更新的作用不显著，对新业务开拓和产品技术创新具有正向影响，关系系数分别为 0.865（P < 0.05）和 0.843（P < 0.05）。但是，在组织战略更新、新业务开拓和产品技术创新对企业社会资本三个维度的单独回归中，社会性互动与组织战略更新之间的标准化路径系数为 0.68（P = 0.048），达到了显著性水平。分析结果表明，社会性互动对组织战略更新虽然具有一定的正向影响，但相较于对新业务开拓和产品技术创新而言，影响作用要小；而在进行全模型的关系分析时，这一关系变得不再显著，说明社会性互动更多地通过新业务开拓和产品技术创新对创业绩效产生影响。（2）关系质量对组织战略更新、新业务开拓和产品技术创新的作用都达到较高水平，关系系数分别为 0.819（P < 0.05）、0.873（P < 0.01）、0.809（P < 0.01），说明关系质量不仅对创业绩效有较大的直接影响，对创业导向也产生较大影响，并通过创业导向的中介作用进一步对创业绩效实施影响。从影响系数的平均水平看，关系质量对创业导向的影响系数高于社会性互动与认知维度，说明关系质量是影响创业导向的重要因素。研究还发现，关系质量对新业务开拓的作用系数最大，说明科技型中小企业与外部组织之间相互的信任、共有的规范和承诺的共同坚守对科技型中小企业新业务的开拓产生较大影响。所以，在公司创业过程中需要有针对性地予以搭建和提升。（3）科技型中小企业与外部组织之间的认知对组织战略更新、新业务开拓和产品技术创新都具有显著影响，关系系数分别为 0.794（P < 0.05）、0.821（P < 0.05）和 0.815（P < 0.01）。其中，对产品技术创新的影响更显著，作用系数也与对新业务开拓的影响相近，这可能是因为

共享的语言和代码为科技型中小企业获取和吸收信息技术知识搭建了平台，是产品技术创新活动的必要媒介和保证。同时，企业社会资本的认知维度是影响企业成长的深层次因素，在相互认知基础上建立起来的合作关系，比基于其声誉、以往交易记录和经验等建立起来的合作关系，无疑更稳固、更密切和更可以信赖。本书对科技型中小企业社会资本三个维度与创业导向三个维度之间关系的剖析，弥补了该研究领域的不足，为科技型中小企业有效建立创业导向战略，提升创业绩效提供了理论指导。

五 研究结论五

探求出了科技型中小企业创业导向的中介作用机理和中介效应。

利用结构方程模型技术，本书得出科技型中小企业创业导向的三个维度即组织战略更新、新业务开拓和产品技术创新的中介效应分别为 0.467（P < 0.01）、0.513（P < 0.01）和 0.498（P < 0.05），作用显著。其中，新业务开拓的中介效应最大，其次是产品技术创新，组织战略更新次之。三个维度的中介效应差异源于它们与企业社会资本的关联性质与作用机理的不同。

1. 科技型中小企业社会资本通过提升组织战略更新的适应性和精准性，促进创业绩效的实现。高科技行业的环境动荡性和竞争残酷性，使得科技型中小企业必须适应不断变化的外部环境，善于更新自己并迅速做出有效的应对策略。在当前经济和社会转型时期，体制内由于层级太多或非经济因素的干扰，可能使信息流通渠道阻塞或被歪曲。体制外由于信息成为商品，竞争对手出于战略考虑往往散播不实信息，使信息获取存在着风险。在这两种体制并存在条件下，科技型中小企业拥有的丰富的社会资本，可以使企业通过网络成员以较低代价迅速获取真实信息，从而提升组织战略更新的适应性和精准性，进而促进创业绩效。

2. 科技型中小企业社会资本通过提供重要的市场信息以及相关的信息收益，增强企业利用信息开拓新业务的能力，从而促进创业绩效的实现。网络成员间的密切联系和频繁接触使得企业可以获取更为及时、准确的产业信息和市场信息，同时信息搜寻成本也大大降低，为科技型中小企业获取先动优势奠定了基础。网络成员间独特的市场和技术知识的碰撞，以及行业发展趋势和竞争对手最新活动动向的共享，可以帮助科技型中小企业确定新业务开拓的方向。基于与客户的社会性互动还能为企业提供更优化的产品方案和商务方案，帮助企业低成本地实施产品开拓和市场拓展，快速实现价值创造所带来的收益，从而提高创业绩效。

3. 科技型中小企业社会资本通过提升产品技术创新能力和意愿，降低产品技术创新风险，而对创业绩效产生促进作用。丰富的社会资本使科技型中小企业能够更好地获取、协调和配置技术创新资源；有利于激发企业创新意识的产生和创新成果的扩散；减少企业产品技术创新的风险和不确定性；充当企业产品技术创新的推手和驱动力；降低产品技术创新的成本，缩短产品技术创新的周期。凡此种种，最终都提升了科技型中小企业的创业绩效。

本书界定并验证了创业导向的三个维度即组织战略更新、新业务开拓和产品技术创新在科技型中小企业社会资本与创业绩效关系中的重要中介作用和中介效应，对科技型中小企业的创业导向理论起到了充实和完善作用。

六　研究结论六

提炼并构建了科技型中小企业社会资本的评价体系。

通过对样本数据的探索性因子分析和验证性因子分析，验证了科技型中小企业社会资本的二阶测量模型具有信度与效度：（1）社会性互动维度既是企业与外部组织之间合作的前提，也是影响科技型中小企业创业绩效的基本因素，包括企业与外部组织之间的互动范围、互动强度和互动对象的异质性。（2）关系质量维度反映了企业与外部组织之间情感属性的本质特征，包括科技型中小企业与网络成员间的信任、规范和承诺。（3）认知维度反映了企业与外部组织之间拥有共享观念的程度和水平，包括科技型中小企业与网络成员间共享的语言和代码以及共同愿景。

在对科技型中小企业社会资本二阶测量模型的探索性因子分析中，一个有意义的研究发现就是规范分析中社会性互动维度中所包含的"互动对象稳定性"指标，没有达到验证标准。这一指标意在衡量企业与某一交往对象交往时间的长短及交往关系的稳定性。"互动对象稳定性"指标包括两个测量条款，在探索性因子分析中，其 CITC 值均远远小于 0.3 的参考值，并且删除后整体信度均有所提高，因此这一指标没有纳入最后的评价体系。原因可能在于，科技型中小企业所处的行业大多竞争异常激烈，淘汰率非常高，现实条件很难保证有非常稳定的互动对象；同时对于科技型中小企业而言，其生存和发展的关键可能更取决于外部资源获取的范围和异质性。

第二节　研究局限与未来研究方向

尽管本书得出了一些比较有意义的结论，但在研究过程中仍然存在一些局限性，需要在未来研究中加以改善，并进一步深化。这些研究中存在的局限性或者未来值得深入研究的地方主要体现以下几个方面在：

1. 样本方面。本书以已渡过 42 个月初创期的科技型中小企业为考查对象，数据收集相对困难。同时由于笔者的能力和条件所限，问卷调查的地区主要分布在广东、江苏和湖北，因此样本的地区分布具有一定的局限性，可能使得本书的外部效度降低，造成推论能力不足的情况。尽管本书花费大量精力进行了问卷调查，获得的有效问卷数量基本满足了研究要求，但研究仍非真正意义的大样本研究。并且研究采取了方便抽样而非随机抽样的方法，未来若采取随机抽样的方法进行更大样本的研究，则更能体现出研究的广泛性、普遍性和代表性。

2. 变量界定和测量方面。关于企业社会资本的定义，理论界还没达成共识。本书在借鉴国内外相关学者观点的基础上，并结合本书研究的特定情景，将企业社会资本的内涵界定为企业建立在信任和规范基础上的外部关系网络的结构、范围和质量，以及镶嵌在其中的一切可动员的外部资源。将科技型中小企业社会资本提炼为社会性互动维度、关系质量维度和认知维度三个维度，并从企业与外部组织间关系的视角来探讨社会性互动维度、关系质量维度和认知维度与创业绩效的关系。因此，本书研究的内涵界定和维度提炼还有待于理论和实践上的进一步验证。另外，本书研究中的企业社会资本、创业导向和创业绩效三大主体变量的测量主要是基于相关研究领域中的现有成果，通过设计多个问项由填答者主观评价的方式进行。尽管在大规模调查前进行了小规模访谈和小样本测试来提高问卷的质量，但是主观评价方法仍可能影响数据乃至研究结论的可靠性和准确性。在未来的研究中，设计相对更为客观的指标来评价企业社会资本、创业导向和创业绩效，将有助于提高研究的有效性。

3. 影响公司创业绩效的因素不仅仅只有企业社会资本和创业导向，本书只是探索了企业社会资本的不同维度通过创业导向的不同维度影响创业绩效的路径和机制，相关的理论体系还需要进一步完善。公司创业绩效是一个非常复杂的现象，很多学者从技术创新、战略联盟、企业家精神、创业团队、创业环境等视角进行研究并给予解释，采用了诸如企业吸收能力、知识管理、资源获取、组织学习等中介变量的模式，那么本书中作为中介变量的创业导向和这些因素之间是否存在联系以及怎样联系，本书并没有去探讨，因此未来的研究可以将更多的影响因素纳入研究模型中来，这样，有助于我们更加全面、准确地理解创业绩效的生成机理。

4. 企业社会资本的各个维度当中，都呈现出了多个子维度的性质，本书的研究假设中仅考虑了影响因素中的大类，如社会性互动维度、关系质量维度和认知维度与创业导向和创业绩效的关系，没有细化到子维度层面。虽然在规范分析中对每个维度的子维度及其作用进行了详尽的描述，但也会因为缺少对子维度层面的实证研究而忽略了一些重要关系，这就需要在以后的研究中进一步细化企业社会资本维度层次的研究。另外，科技型中小企业与政府部门、行业协会、联盟企业、供应商、客户、科技中介、金融机构等的社会联系又各自有着哪些特点，这些联结又如何去深入挖掘，都是未来需要不断探索的领域和问题。

附录

科技型中小企业社会资本、
创业导向和创业绩效调查问卷

尊敬的先生/女士:

　　这是一份关于科技型中小企业创业研究的调查问卷,旨在探讨科技型中小企业社会资本、创业导向和创业绩效的关系问题。本研究的结果将有助于学术发展以及实践上的应用,如果没有您的协助,此研究也将无法顺利完成。烦请您花几分钟时间仔细填写问卷,非常感谢!

　　由于填写资料的完整性和正确性对于研究结论有很大影响,请您务必仔细阅读每一个问项,答案没有"对与错",只要依您个人看法回答即可。请您不要漏过任何一个问项,若有某个问项未能完全表达您的意见时,请勾选最接近您看法的答案。您所付出的时间和精力将是对学术研究所作出的贡献。

　　本问卷纯属学术研究目的,内容不会涉及贵公司的商业机密问题,所获信息也不会用于任何商业目的,请您放心并尽可能客观回答。如果您对本研究的结论感兴趣,请在以下的提示栏注明,届时我将会通过 e-mail 发给您。衷心感谢您的热心协助!谨致上诚挚的谢意!

《科技型中小企业创业绩效研究》课题组

填写说明
1. 科技型中小企业会与外部组织(政府、金融机构、风险投资机构、行业协会,客户、供应商、科研机构、大学、科技中介、其他企业)建立各种联系,形成企业社会网络,企业社会资本是指企业从这一网络中所获得和使用的资源,包括显在的和潜在的资源集合。 2. 网络成员是指上述企业社会网络中的各个组织,包括企业本身。 3. 表中各个项目均为本企业与行业平均水平或企业主要竞争者相比较而得。1 表示完全不同意,2 表示不同意,3 表示不确定,4 表示同意,5 表示完全同意。您可在相应的数字上画"√"。
提示
如果您有疑问,请随时与我们联系,联系人:　　　　;电话:　　　　;邮件: 如果您对研究结果感兴趣,请留下您的电子邮件:　　　　;或发送邮件至:

请开始选择！

第一部分 企业社会资本问卷

与同行业其他企业相比，本企业在2006—2008年以下问项的表现	不同意→同意				
1-1-1 我们社会网络中网络成员的数量较多	1	2	3	4	5
1-1-2 我们社会网络中网络成员间的连接数量较多	1	2	3	4	5
1-1-3 我们与外部组织经常进行非正式交流	1	2	3	4	5
1-1-4 我们与外部组织不同层次员工之间的交往非常频繁	1	2	3	4	5
1-1-5 我们与外部组织之间经常定期举行会议，讨论双方感兴趣的话题	1	2	3	4	5
1-1-6 我们与外部组织之间经常互相派遣人员参观或学习交流	1	2	3	4	5
1-1-7 我们与网络成员的差别较大	1	2	3	4	5
1-1-8 我们从网络成员中获得较多的异质性信息和资源	1	2	3	4	5
1-2-1 在长期的合作中，交往双方都知道对方的弱点但不会乘人之危	1	2	3	4	5
1-2-2 在我们交往的关系中，交往双方都没有提出损害对方利益的要求	1	2	3	4	5
1-2-3 即使情况发生变化，网络成员也乐于提供帮助和支持	1	2	3	4	5
1-2-4 我们与外部组织间相互尊重和相互认可	1	2	3	4	5
1-2-5 我们与外部组织间有比较完善的合作政策和程序	1	2	3	4	5
1-2-6 网络成员一旦违反了大家共识的行为准则，会受到失去信誉的惩罚	1	2	3	4	5
1-2-7 我们交往的双方都致力于保持长久的关系	1	2	3	4	5
1-2-8 我们交往的双方都愿意付出额外的努力以帮助对方实现目标	1	2	3	4	5
1-2-9 我们与外部组织之间的关系，值得努力去维护	1	2	3	4	5
1-3-1 我们与外部组织间的工作交流和沟通主要使用一种共享的工作语言	1	2	3	4	5
1-3-2 我们与外部组织间有共同的专业代码，信息、知识的转移速度快	1	2	3	4	5
1-3-3 我们与外部组织间有共同的目标追求	1	2	3	4	5
1-3-4 我们与外部组织间有共同的商业价值观	1	2	3	4	5
1-3-5 我们与外部组织间在利益最大化方面观点一致	1	2	3	4	5

第二部分 创业导向问卷

与同行业其他企业相比，我们目前在以下问项的表现	不同意→同意				
2-1-1 我们会根据环境变化修正产品或服务定位和目标市场	1	2	3	4	5
2-1-2 我们重新界定了所从事的业务	1	2	3	4	5
2-1-3 我们撤销了亏损的业务或非主营业务	1	2	3	4	5
2-1-4 我们采用了弹性的组织结构以增强创新	1	2	3	4	5
2-1-5 我们重新界定了在我们所处的产业链中的位置和角色	1	2	3	4	5
2-1-6 我们组织内部机制僵化，缺乏灵活性	1	2	3	4	5
2-1-7 即使当前业务起色不大，我们也没想过新的尝试	1	2	3	4	5
2-1-8 我们重新界定了经营理念	1	2	3	4	5
2-2-1 我们扩展了现有产品或服务的市场范围	1	2	3	4	5
2-2-2 我们扩充了现有业务的生产线	1	2	3	4	5
2-2-3 我们在与现有业务相关的新领域中开发新业务	1	2	3	4	5
2-2-4 我们建立和发起了几个新的事业实体	1	2	3	4	5
2-2-5 我们在当前市场挖掘新的产品需求空间	1	2	3	4	5
2-2-6 我们通过提供新的产品和生产线进入新的领域	1	2	3	4	5
2-2-7 我们在现有业务领域拓宽产品线	1	2	3	4	5
2-2-8 我们的业务领域一直比较单一	1	2	3	4	5
2-2-9 我们一直向我们的客户提供现有产品或服务	1	2	3	4	5
2-3-1 我们创造全新性能的产品在市场中销售	1	2	3	4	5
2-3-2 我们在产品的研制上经常引入新理念	1	2	3	4	5
2-3-3 我们是本行业中开发和引入全新技术的企业	1	2	3	4	5
2-3-4 我们经常进行工艺流程的改进和创新	1	2	3	4	5
2-3-5 我们在现有产品技术基础上经常改进和提升技术	1	2	3	4	5
2-3-6 我们致力于不断降低产品成本和能耗	1	2	3	4	5
2-3-7 我们不断改进现有产品的质量	1	2	3	4	5
2-3-8 我们总是加快产品更新的速度	1	2	3	4	5
2-3-9 我们的技术研发人员素质高，善于学习新技术和新产品知识	1	2	3	4	5
2-3-10 我们总是想方设法提高产品的市场竞争力	1	2	3	4	5
2-3-11 我们提升了企业产品的品牌知名度	1	2	3	4	5
2-3-12 我们很看重产品外包装的设计	1	2	3	4	5
2-3-13 我们为了快速响应客户需求而推出新产品	1	2	3	4	5

第三部分　创业绩效问卷

与同行业其他企业相比，我们目前在以下问项的表现	不同意→同意				
3-1-1 我们相对于主要竞争者的销售增长较快	1	2	3	4	5
3-1-2 我们相对于主要竞争者的市场份额提高较大	1	2	3	4	5
3-1-3 我们相对于主要竞争者的投资回报率较高	1	2	3	4	5
3-1-4 我们相对于主要竞争者的成本节约较大	1	2	3	4	5

第四部分　背景信息

1. 企业名称：_____

2. 企业成立时间：_____

3. 企业性质：□国有（含国有控股）□民营（含国有控股）□合资
□外商独资　□其他

4. 企业主导业务所涉行业：

□电子信息　　□软件　　□创意　　　　□利用高新技术改造传统产业

□资源再生利用和环保 □节能减排　□新能源与高效节能

□工业设计　　　　□动漫　　　　□生物医药

□新材料　　　　□光机电一体化 □高技术服务业

5. 企业所在地区：_____省_____市

6. 企业员工总数：

□20 人以下　　　□20—50 人　　　□50—100 人

□100—300 人　　□300—500 人　　□500—2000 人

7. 2008—2009 年直接从事研究开发的科技人员占员工总人数的平均
比重为：

□<5%　　　　□5%—10%　　　□10%—20%

□20%—40%　　□40% 及以上

8. 2008—2009 年具有大专以上学历的科技人员占员工总人数的平均
比重为：

□<20%　　　□20%—30%　　　□30%—40%

□40%—50%　　□50% 及以上

9. 企业 2009 年年底资产总额（人民币元）：

□<500 万　　　□500 万—1000 万　　□1000 万—4000 万

□4000 万—1 亿　　　　□1 亿—4 亿　　　　　　　□4 亿及以上

10. 企业 2009 年销售总额（人民币元）：

□ <300 万　　　　　□300 万—1000 万　　　　□1000 万—3 000 万

□3000 万—3 亿　　　□3 亿及以上

11. 2008—2009 年企业研发投入占当年销售总额的平均比例：

□ <0.5%　　　　　□0.5%—1%　　　　　　　□1%—2%

□2%—3%　　　　　□3%—5%　　　　　　　　□5%及以上

12. 您对企业与外部组织间关系内容的了解情况：

□不了解　　□了解不多　　□有些了解　　□比较了解　　□完全了解

13. 您的职位：□中层管理　　□总监层次　　□高层管理

14. 您的管理内容：□技术研发　　□财务　　□生产（计划）　　□市场
（销售）　　□综合

问卷到此结束，请您检查有无遗漏！

再次感谢您填写这份问卷！

参 考 文 献

1. Afuah, A. (1998), *Innovation Management: Strategic, Implementation, and Profits.* London: Oxford University Press, pp. 13 – 15.

2. Alder, P. S. & Kwon, S. W. (2002) Social capital: Prospects for a New Concept. *Academy of Management Review*, 27 (1): 17 – 40.

3. Aloulou, A. & Fayolle, A. (2005) A Conceptual Approach of Entrepreneurial Orientation within Small Business Context. *Journal of Enterprising Culture*, 13 (1): 21 – 45.

4. Amburgey, T. L., Kelly, D. & Barnett, W. P. (1993) Resetting the Clock: The Dynamics of Organizational Change and Failure. *Administrative Science Quarterly*, 38 (1): 51 – 73.

5. Anderson, E. W. & Sullivan, M. W. (1993) The Antecedents and Consequences of Customer Satisfaction for Firms. *Marketing Science*, 12 (2): 125 – 143.

6. Anderson, M. H. (2008) Social Networks and the Cognitive Motivation to Realize Network Opportunities: A Study of Manager' Information Gathering Behaviors. *Journal of Organizational Behavior*, 29: 51 – 78. doi: 10. 1002/job. 459.

7. Anna – Greta, N. (2009) Emerging Business Networks as a Result of Technological Convergence. *Journal of Business Market Management*, 3 (4): 239 – 260.

8. Ann, L. O. & Julio, V. (2009) Reconsidering Social Capital: A Latent Class Approach. *Empirical Economics*, 37 (3): 555 – 582.

9. Antoncic, B. & Hisrich, R. D. (2001) Entrepreneurship: Construct Refinement and Cross – cultrual Validation. *Journal of Business Venturing*, 16 (5): 495 – 527.

10. Antoncic, B. & Hisrich, R. D. (2004) Corporate Entrepreneurship Contingencies and Organizational Wealth Creation. *The Journal of Management Developemnt*, 23 (5/6): 518 – 550.

11. Atuahene – Gima, K. (1995) An Exploratory Analysis of the Impact of Market Orientation on New Product Performance: A Contingency Approach. *Journal of Product Innovation Management*, 12: 275 – 295.

12. Audretsch, D. B. &Thurik, A. R. (2000) Capitalism and Democracy in the 21st Century: From the Managed to the Entrepreneurial Economy. *Journal of Evolutionary Economics*, 10 (1): 17 – 34.

13. Bagozzi, R. P. & Yi, Y. (1988) On the Evaluation of Structural Equation Models. *Journal of Marketing Science*, 16 (1): 74 – 94.

14. Baker, W. E. (1990) Market Networks and Corporate Behavior. *American Journal of Sociology*, 96: 589 – 625.

15. Baker, W. E. & Sinkula, J. M. (2009) The Complementary Effects of Market Orientation and Entrepreneurial Orientation on the Profitability in Small Business. *Journal of Small Business Management*, 47 (4): 443 – 464.

16. Balaji, R. , Koka, J. & Prescott, E. (2002) Strategic Alliances as Social Capital: A Multidimensional View. *Strategic Management Journal*, 23: 795 – 816.

17. Barkema, H. G. & Mannix, E. A. (2002) Management Challenges in a New Time, *Academy of Management Journal*, 45 (5) .

18. Barnett, W. P. (1990) The Organizational Ecology of a Technological System. *Administrative Science Quarterly*, 35 (1): 31 – 60.

19. Barney, J. B. (1991) Firm Resources and Sustained Competitive Advantage. *Journal of Management*, 17 (1): 99 – 120.

20. Baron, R. & Kenny, D. (1986) The Moderator – Mediator Variable Distinction in Social Psychological Research. *Journal of Personality and Social Psychology*, 51: 1173 – 1182.

21. Beamish, P. W. & Kachra, A. (2004) Number of Partners and JV Performance. *Journal of World Business*, 39 (2): 107 – 120.

22. Begley, T. & Boyd, D. (1987) Psychological Characteristics Associ-

ated with Performance in Entrepreneurial Firms and Smaller Businesses. *Journal of Business Venturing*, 2 (1): 79 – 93.

23. Belliveau, M. A., O'Reilly, C. A. & Wade, J. B. (1996) Social Capital at the Top: Effect of Social Similarity and Status on CEO Compensation. *Academy of Management Journal*, 39: 1568 – 1593.

24. Blackburn, R. & Brush, C. G. (2008). Small Business and Entrepreneurship in the UK: Developments and Distinctiveness. *Entrepreneurship Theory and Pratice*, 32 (2): 267 – 288.

25. Blackburn, R. & Kovalainen, A. (2009) Researching Small Firms and Entrepreneurship: Past, Present and Future. *International Journal of Management Reviews*, 11 (2): 127 – 148.

26. Bolino, M. C., Turnley, W. H. & Bloodgood, J. M. (2002) Citizenship Behavior and the Creation of Social Capital in Organizations. *Academy of Management Review*, 27 (4): 505 – 522.

27. Bonner, M. J. & Walker, C. O. (2004) Selecting Influential Business – To – Business Customers in New Product Development: Relational Embeddedness and Knowledge Heterogeneity Considerations. *Product Development and Management Association*, 21 (3): 155 – 169.

28. Bosma, N., Jones, K., Autio, E. & Levie, J. (2008) Global Entrepreneurship Monitor. 2007 *Executive Report*. London: London Business School.

29. Bourdieu, P. (1985) The Forms of Capital: In J. G. Richardson (Eds). *Handbook of Theory and Research for the Sociology of Education*, New York: Greenwood.

30. Brehm, J. & Rahn, W. (1997) Individual – Level Evidence for the Causes and Consequences of Social Capital. *American Journal of Political Science*, 41: 999 – 1023.

31. Brown, T. (1996) Resource Orientation, Entrepreneurial Orientation and Growth: How the Perception of Resource Availability Affects Small Firm Growth. Newark, NJ:? Rutgers University.

32. Brown, T. (1999) Theoretical Summary of Social Capital. Working

paper, University of Wisconsin.

33. Brush, C. G. & Vanderwerf, P. A. (1992) A Comparison of Methods and Sources for Obtaining Estimates of New Venture Performance. *Journal of Business Venturing*, 7: 157 – 170.

34. Burgelman, R. A. (1984) Design for Corporate Entrepreneurship. *California Management Review*, 26 (2): 154 – 166.

35. Burt, R. S. (1992) *Structural Holes: The Social Structure of Competition*. Cambridge: Harvard University Press.

36. Burt, R. S. (2000) The Network Structure of Social Capital. *Research in Organizational Behavior*, 22: 345 – 423.

37. Carden, A. , Courtemanche, C. & Meiners, J. (2009) Does Wal – Mart Reduce Social Capital? *Public Choice*, 138 (1 – 2): 109 – 136.

38. Calantone, R. J. , Cavusgil, S. T. & Yushan, Z. (2002) Learning Orientation, Firm Innovation Capability, and Firm Performance. *Industrial Marketing Management*, 31 (6): 515 – 524.

39. Capo – Vicedo, J. , Exposito – Langa, M. & Molina – Morales, F. X. (2008) Improving SME Competitiveness Reinforcing Interorganisational Networks in Industrial Clusters. *The International Entrepreneurship and Management Journal*, 4: 147 – 169.

40. Chamlee – Wright, E. (2008) The Structure of Social Capital: An Austrian Perspective on its Nature and Development. *Review of Political Economy*, 20: 41 – 58.

41. Chandler, G. N. & Jansen, E. J. (1992) Founders' Self Assessed Competence and Venture Performance. *Journal of Business Venturing*, 7 (3), 223 – 236.

42. Chen, C. C. & Chen, X. – P. (2009) . Negative Externalities of Close GUANXI within Organizations. *Asia Pacific Journal of Management*, 26: 37 – 53.

43. Chen, Z. X. , Aryee, S. & Lee, C. (2005) Test of a Mediation Model of Perceived Organizational Support. *Journal of Vocational Behavior*, 66: 457 – 470.

44. Chiu, C. M. , Hsu, M. H. & Wang, E. T. G. (2006) Understanding Knowledge Sharing in Virtual Communities: An Integration of Social Capital and Social Cognitive Theories. *Decision Support Systems*, 42 (3): 1872 – 1888.

45. Chrisman, J. J. , Bauerschmidt, A. & Hofer, C. W. (1998) The Determinants of New Venture Performance: An Extended Mode. *Entrepreneurship: Theory and Practice*, 23 (1): 5 – 29.

46. Christian, F. & Eli, G. (2009) Social Networks and Marketing Cooperation in Entrepreneurial Clusters: An International Comparative Study. *Journal of International Entrepreneurship*, 7 (4): 281 – 291.

47. Coleman, J. (1988) Social Capital in the Creation of Human Capital. *American Journal of Sociology*, 94: 95 – 120.

48. Coleman, J. (1990) *Foundations of Social Theory*. Cambridge: Cambridge University Press, 306 – 310.

49. Cooper, A. C. (1995) "Challenges in Predicting New Venture Performance". In I. Bull, H. Thomas, and G. Willard (Eds.), *Entrepreneurship: Perspectives on Theory Building*. London: Elsevier Science Ltd. .

50. Cooper, A. C. , Gimeno – Gascon, F. J. & Woo, C. Y. (1994) Initial Human and Financial Capital as Predictors of New Venture Performance, *Journal of Business Venturing*, 9: 371 – 395.

51. Cordero, R. (1990) The Measurement of Innovation Performance in the Firm: An Overview. *Research Policy*, 19 (2): 185 – 193.

52. Cousins, P. D. , Handfield, R. B. , Lawson, B. , et al. (2006) Creating Supply Chain Relational Capital: The Impacts of Formal and Informal Socialization Process. *Journal of Operations Management*, 24: 851 – 863.

53. Covin, J. G. & Miles, M. P. (1999) Corporate Entrepreneurship and the Pursuit of Competitive Advantage. *Entrepreneurship Theory and Practice*, 47 – 63.

54. Covin, J. G. & Slevin, D. (1989) Strategic Management of Small Firms in Hostile and Benign Environments. *Strategic Management Journal*, 10 (1): 75 – 87.

55. Covin, J. G. & Slevin, D. (1991) A Conceptual Model of Entrepre-

neurship as Firm Behavior. *Entrepreneurship Theory and Practice*, 16 (1): 7 – 25.

56. Crosby, L. A. , Evans, K. R. & Cowels, D. (1990) Relationship Quality in Services Selling: An Interpersonal Influence Perspective. *Journal of Marketing*, 54: 68 – 81.

57. Daly, M. & Silver, H. (2008) Social Exclusion and Social Capital: A Comparison and Critique. *Theory and Society*, 37 (6): 537 – 566.

58. David, P. , Miguel, A. A. & Joan, E. R. (2009) Creating an Ethical Work Context: A Pathway to Generate Social Capital in the Firm. *Journal of Business Ethics*, 88 (3): 477 – 489.

59. Davidsson, P. (2004) *Researching Entrepreneurship*. New York: Springer.

60. Dess, G. G. , Ireland, R. D. , Zahra, S. A. , et al. (2003) E-merging Issues in Corporate Entrepreneurship. *Journal of Management*, 29 (3): 351 – 378.

61. Dess, G. G. , Lumpkin, G. T. & Covin, J. G. (1997) Entrepreneurial Strategy Making and Firm Performance: Test of Contingency and Configurational Models. *Strategic Management Journal*, 18 (9): 677 – 695.

62. Dess, G. G. , & Robinson, R. B. Jr. (1984) Measuring Organizational Performance in the Absence of Objective Measures: The Case of the Privately – Held Firm and Conglomerate Business Unit. *Strategic Management Journal.* 5 (3): 265 – 273.

63. Dess, G. . G. & Lumpkin, G. T. (2005) The Role of Entrepreneurial Orientation in Stimulating Effective Corporate Entrepreneurship. *Academy of Management Executive*, 19 (1): 147 – 156.

64. Dewar, R. D. & Dutton, J. E. (1986) The Adoption of Radical and Incremental Innovations: An Empirical Analysis. *Management Science*, 32 (11): 1422 – 1433.

65. Dhanaraj, C. , Lyles, M. A, Steensma, H. K. &Tihanyi, L. (2004) Managing tacit and Explicit Knowledge Transfer in IJVs: the Role of Relational Embeddedness and the Impact on Performance. *Journal of Internation-*

al Business Studies, 35: 428 – 442.

66. Dimitratos, P. , Lioukas, S. & Carter, S. (2004) The Relationship Between Entrepreneurship and International Performance: The Importance of Domestic Environment. *International Business Review*, 13 (1): 19 – 41.

67. De Clercq, D. , Narongsak, T. & Dimo, D. (2009) When Good Conflict Gets Better and Bad Conflict Becomes Worse: The Role of Social Capital in the Conflict – innovation Relationship. *Journal of the Academy of Marketing Science*, 37 (3): 83 – 297.

68. Druck, P. F. (1985) *Innovation and Entrepreneurship: Practice and Principles*. New York: Harper & Row.

69. Drucker, P. (2002) The Discipline of Innovation. Harvard Business Review, 80 (8): 95 – 101.

70. Dyer, J. H. (1996) Specialized Supplier Networks as a Source of Competitive Advantage: Evidence from the Auto Industry. *Strategic Management Journal*, 17: 271 – 292.

71. Dyer, J. H. & Singh, H. (1998) The Relational View: Cooperative Strategy and Sources of Inter – organizational Competitive Advantage. *Academy of Management Review*, 23 (4): 660 – 679.

72. Eddleston, K. , Kellermanns, F. W. , & Zellweger, T. (2008) Corporate Entrepreneurship in Family Firms: A Stewardship Perspective. Paper presented at the USASBE, San Antonio.

73. Felzensztein, C. & Gimmon, E. (2009) Social Networks and Marketing Cooperation in Entrepreneurial Clusters: An International Comparative Study. *Journal of International Entrepreneurship*, 7 (4): 281 – 291.

74. Ferri, P. J. , Deakins, D. & Whittam, G. (2009) The Measurement of Social Capital in the Entrepreneurial Context. *Journal of Enterprising Communities: People and Places in the Global Economy*, 3 (2): 138 – 151.

75. Florida, R. , Robert, C. & Gary, G. (2002) When Social Capital Stifles Innovation. *Harvard Business Review*, 11: 32 – 38.

76. Floyd, S. W. & Lane, P. J. (2000) Strategizing throughout the Organization Review: Managing Role Conflict in Strategic Renewal. *Academy of*

Management Review, 25 (1): 154 – 177.

77. Fredric, K. , Noel, J. L. & Aviv, S. (2008) Entrepreneurial Orientation and International Entrepreneurial Business Venture Startup. *International Journal of Entrepreneurial Behavior & Research*, 14 (2): 102 – 117.

78. Fukuyama, F. (1995) *Trust: The Social Virtues and the Creation of Prosperity*. New York: Free Press.

79. Fuller – Love, N. (2009) Formal and Informal Networks in Small Businesses in the Media Industry. *International Entrepreneurship and Management Journal*, 5 (3): 271 – 284.

80. Gabbay, S. M. & Zuckerman, E. W. (1998) Social Capital and Opportunity in Corporate R&D: The Contingent Effect of Contact Density on Mobility Expectations. *Social Science Research*, 27 (2): 189 – 217.

81. Garbarino, E. & Johnson, M. S. (1999) The Different Roles of Satisfaction, Trust and Commitment in Customer Relationship. *Journal of Marketing*, 63 (2): 70 – 87.

82. Gartner, W. B. (1985) A Framework for Describing and Classifying the Phenomenon of New Venture Creation. *Academy of Management Review*, 10 (4): 696 – 706.

83. Gartner, W. B. (1988) Who is an Entrepreneur, is the Wrong Question. *American Journal of Small Business*, 12 (4), 11 – 32.

84. George, G. , Zahra, S. A. & Wood, D. R. (2002) The Effects of Business – University Alliances on Innovative Output and Financial Performance: A Study of Publicly Traded Biotechnology Companies. *Journal of Business Venturing*, 17 (6): 577 – 609.

85. Gibbons, P. T. & Scott, P. S. (2005) The Influence of Context on Subsidiary Strategic Posture. *Proceedings of the European Academy of Managemet*, TUM, Munich, 5.

86. Ginsberg, A. & Hay, M. (1994) Confronting the Challenges of Corporate Entrepreneurship: Guidelines for Venture Managers. *European Management Journal*.

87. Goris, J. , Vaught, B. C. & Pettit , J. D. (2003) Effects of Trust in Superiors and Influence of Superiors on the Association between Individual – Job Congruence and Job Performance/Satisfaction. *Journal of Business & Psychology*, 17 (3): 327 – 343.

88. Granovetter, M. (1973) The Strength of Weak Ties. *American Journal of Sociology*, 78 (6): 1360 – 1380.

89. Granovetter, M. (1985) Economic Action and Social Structure: The Problem of Embeddedness. *American Journal of Sociology*, 91 (3): 481 – 510.

90. Green, K. M. , Covin, J. G. & Slevin, D. P. (2008) Exploring the Relationship between Strategic Reactiveness and Entrepreneurial Orientation: The Role of Structure – style Fit. *Journal of Business Venturing*, 23 (3): 356 – 383.

91. Gruner, K. E. & Homburg, C. (2000) Does Customer Interaction Enhance New ProductSuccess? *Journal of Business Research*, 49 (6): 1 – 14.

92. Guenzi, P. & Troilo, G. (2007) The Joint Contribution of Marketing and Sales to the Creation of Superior Customer Value. *Journal of Business Research*, 60 (2): 98 – 107.

93. Gulati, R. (1998) Alliances and Networks. *Strategic Management Journal*, 19 (4): 293 – 318.

94. Gulati, R. , Nohria, N. & Zaheer, A. (2000) Strategic Networks. *Strategic Management Journal*, 21: 203 – 215.

95. Guth, W. D. & Ginsberg, A. (1990) Guest Editors' Introduction: Corporate Entrepreneurship. *Strategic Management Journal*, 11 (summer): 5 – 15.

96. Haeckel, A. (1998) About the Nature and Future of Interactive Marketing. *Journal of Interactive Marketing*, 12 (1): 63 – 72.

97. Hagedoorn, J. (2006) Understanding the Cross – Level Embeddedness of Inter – firm Partnership Formation. *Academy of Management Review*, 31 (3): 670 – 680.

98. Hansen, M. T. (1999) The Search – Transfer Problem: The Role of Weak Ties in Sharing Knowledge across Organization Subunits. *Administrative Science Quarterly*, 44 (1): 82 – 111.

99. Hansen, M. T. , Podolny, J. M. & Pfeffer, J. (2001) So Many

Ties, So Little Time: A Task Contingency Perspective on Corporate Social Capital in Organizations. *Research in the Sociology of Organizations*, 18: 21 - 57.

100. Hansen, S. & Avital, M. (2005) Share and Share Alike: The Social and Technological Influences on Knowledge Sharing Behavior. Sprouts: Working Papers on Information Environments, Systems and Organizations, 5 (1): 1 - 19.

101. Harper, R. (2001) Social Capital: A Review of the Literature [EB/OL] . Social Analysis and Reporting Division Office for National Statistics, October: 1 - 45. http: //www. statistics. gov. uk/socialcapital/ downloads/soccaplitreview. pdf.

102. Hayton, J. C. (2002) The Effect of Intellectual Capital on Entrepreneurial Orientation in High Technoloty New Ventures. Doctoral Dissertation. Georgia State University. Atlanta. Georgia.

103. Hayton, J. C. (2005) Competing in the New Economy: The Effect of Intellectual Capital on Corporate Entrepreneurship in High - Technology New Venture. *R&D Management*, 35 (2): 137 - 155.

104. He, Z. & Wong, P. (2004) Exploration vs. Exploitation: An Empirical Test of the Ambidexterity Hypothesis. *Organization Science*, 15 (4): 481 - 494.

105. Hennig - Thurau, T. , Langer, M. F. & Hansen, U. (2001) Modeling and Managing Student Loyalty: An Approach Based on the Concept of Relationship Quality. *Journal of Service Research*, 3 (4): 331 - 344.

106. Hitt, M. A. , Ho - Uk, L. & Yucel, E. (2002) The Importance of Social Capital to the Management of Multinational Enterprises: Relational Networks among Asian and Western Firms. *Asia Pacific Journal of Management*, 19 (2/3): 353 - 373.

107. Hoang, H. &Antoncic, B. (2003) Network - based Research in Entrepreneurship: A Critical Review. *Journal of Business Venturing*, 18 (2): 165 - 187.

108. Hodgson, G. (1998) Competence and Contract in the Theory of the Firm. *Journal of Economic Behavior*, 35: 179 - 201.

109. Hornsby, J. S. , Kuratko, D. F. &Zahra, S. A. (2002) Middle Managers Perception of the Internal Environment for Corporate Entrepreneurship: Assessing a Measure Scale. *Journal of Business Venturing*, 17 (3): 253 –273.

110. Hoy, F. , McDougall, P. P. & Dsouza, D. E. (1992) "Strategies and Environments of High Growth Firms. In D. L. Sexton and J. D. Kasarda (Eds.) , *The State of the Art of Entrepreneurship*, 341 – 357. Boston: PWS – Kent Publishing.

111. Hsieh, M. H. & Tsai, K. H. (2007) Technological Capability, Social Capital and the Launch Strategy for Innovative Products. *Industrial Marketing Management*, 36 (4): 493 –502.

112. Hughes, M. & Morgan, R. (2007) Deconstructing the Relationship Between Entrepreneurial Orientation and Business Performance at the Embryonic Stage of Firm Growth. *Industrial Marketing Management*, 36 (5): 651 –661.

113. Iansiti, M. & Levien, R. (2004) *The Keystone Advantage: What the New Dynamics of Business Ecosystems Mean for Strategy*. Innovation, and Sustainability. Harvard Business School Press.

114. Ikeda, S. (2008) The Meaning of "Social Capital" as It Relates to the Market Process. *The Review of Austrian Economics*, 21 (2 –3): 167 –182.

115. Inglehart, R. (1997) *Modernization and Post – Modernization: Cultural, Economic, and Political Change in 43 Societies*. Princeton, NJ: Princeton University Press.

116. Inkpen, A. C. & Tsang, E. W. K. (2005) Social Capital, Networks, and Knowledge Transfer. *Academy of Management Review*, 30 (1): 146 – 165.

117. Jarillo, J. C. (1988) On Strategic Networks. Strategic Management Journal, 9: 31 –34.

118. Jennings, D. F. & Lumpkin, J. R. (1989) Functioning Modeling Corporate Entrepreneurship: An Empirical Integrative Analysis. *Journal of Management*.

119. Jones, N. , Sophoulis, C. M. , Iosifides, T. , et al. (2009) Social Capital and Environmental Policy Instruments. *Environmental Politics*, 18:

595 – 611.

120. Kale, P. , Singh, H. & Perlmutter, H. (2000) Learning and Protection of Proprietary Assets in Strategic Alliances: Building Relational Capital. *Strategic Management Journal*, 21: 217 – 237.

121. Kim, K. , Hindle, K. & Meyer, D. (2008) Influence of Social Network Structure on Entrepreneurship Participation—A Study of 20 National Cultures. *International Entrepreneurship and Management Journal*, 4 (3): 331 – 347.

122. Kirchmaier, T. & Stathopoulos, K. (2008) From Fiction to Fact: The Impact of CEO Social Networks. Working Paper, Manchester Business School, Manchester, England.

123. Knight Gary (1997) Cross – Cultural Reliability and Validity of a Scale to Measure Firm Entrepreneurial Orientation. *Journal of Business Venturing*, 12 (3): 213 – 226.

124. Knight Gary (2000) Entrepreneurship and Marketing Strategy: The SME under Globalization. *Journal of International Marketing*, 8 (2): 12 – 33.

125. Kogut, B. & Zander, U. (1992) Knowledge in the Firm, Combinative Capabilities and the Replication of Technology. *Organization Science*, 3: 383 – 397.

126. Koka, B. R. , Madhavan, R. & Prescott, J. E. (2006) The Evolution of Inter – firm Networks: Environmental Effects on Patterns of Network Change. *Academy of Management Review*, 31 (3): 721 – 737.

127. Krackhardt, D. (1992) The Strength of Strong Ties: The Importance of Philos in Organization. In N. Nohria and R. G. Eccles (Eds), *Networks and Organizations*. Boston: Harvard Business School Press, 216 – 239.

128. Krause, D. R. , Handfield, R. B. & Tyler, B. B. (2007) The Relationships Between Supplier Development, Commitment, Social Capital Accumulation and Performance Improvement. *Journal of Operations Management*, 25 (2): 528 – 545.

129. Krishna, A. & Uphoff, N. (1999) Mapping and Measuring Social Capital: A Conceptual and Empirical Study of Collective Action for Conserving and Developing. Social Capital InitiativeWorking Paper No. 13. Washington,

D. C. : World Bank.

130. Kristiansen, S. (2004) Social Networks and Business Success: The Role of Subcultures in anAfrican Context. *The American Journal of Economics and Sociology*, 63 (5): 1149 – 1171.

131. Kumar, N. , Scheer, L. & Steenkamp, K. (1995) The Effects of Supplier Fairness on Vulnerable Resellers. *Journal of Marketing Research*, 32: 54 – 65.

132. Kwuon, I. G. & Suh, T. (2004) Factors Affecting the Level of Trust and Commitment in Supply Chain Relationship. *Journal of Supply Chain Management*, 40 (2): 4 – 15.

133. Kwon, Y. (2009) Relationship – specific Investments, Social Capital, and Performance: The Case of Korean Exporter/Foreign Buyer Relations. *Asia Pacific Journal of Management*, DOI 10. 1007/s10490 – 009 – 9172 – 1.

134. Landstrom, H. C. & Laveren, E. (Eds.) (2009) Entrepreneurship, Sustainable Growth and Performance: Frontiers in European Entrepreneurship Research. Cheltenham: Edward Elgar, 93 – 116.

135. Leana, C. R. &Van Buren, H. J. (1999) Organizational Social Capital and Employment Practices. *Academy of Management Review*, 24 (3): 538 – 555.

136. Lee, C. , Lee, K. & Pennings, J. M. (2001) Internal Capabilities, External Networks, and Performance: A Study on Technology – Based Ventures. *Strategic Management Journal*, 22: 615 – 640.

137. Lee, Y. &Cavusgil, S. T. (2006) Enhancing Alliance Performance: The Effects of Contractual Based Versus Relational – Based Governance. *Journal of Business Research*, 59 (8): 896 – 905.

138. Li, L. (2005) The Effects of Trust and Shared Vision on In ward Knowledge Transfer in Subsidiaries' Intra – and Inter – Organizational Relationships. *International Business Review*, 14: 77 – 95.

139. Lin, N. (1999) Social Networks and Status Attainment. *Annual Review of Sociology*, 25: 467 – 487.

140. Lin, N. (2001a) *Social Capital: A Theory of Social Structure and*

Action. Cambridge: Cambridge University Press.

141. Lin, N. (2001b) *Building a Network Theory of Social Capital in Social Capital Theory and Research*. New York: Aldinede Gruyter Press.

142. Loury, G. (1992) The Economics of Discrimination: Getting to the Core of the Problem. *Harvard Journal for African American Public Policy*, 1:91 – 110.

143. Lumpkin, G. T. & Dess, G. G. (1996) Clarifying the Entrepreneurial Orientation Construct and Linking it to Performance. *Academy of Management Review*, 21 (3): 135 – 172.

144. Lumpkin, G. T. & Dess, G. G. (2001) Linking two Dimension of Entrepreneurial Orientation to Firm Performance: The Moderating Role of Environment and Industry Life Cycle. *Journal of Business Venturing*, 6 (5): 429 – 451.

145. Luo, X. , Griffith, D. A. , Liu, S. S. , et al. (2004) The Effects of Customer Relationships and Social Capital on Firm Performance: A Chinese Business Illustration. *Journal of International Marketing*, 12 (4): 25 –45.

146. McEvily, B. & Marcus, A. (2005) Embedded Ties and the Acquisition of Competitive Capabilities. *Strategic Management Journal*, 26: 1033 – 1055.

147. McFadyen, M. A. & Cannella Jr. A. (2004) A. Social Capital and Knowledge Creation: Diminishing Returns of the Number and Strength of Exchange Relationships. *Academy of Management Journal*, 47 (5): 735 – 746.

148. Michael, T. , Jeen – Su, L. & Mark, A. V. (2005) The Impact of Supply – Chain Management Capabilities on Business Performance. *Supply Chain Management*, 10 (3): 179 – 191.

149. Miller, D. & Friesen, P. H. (1982) Innovation in Conservative and Entrepreneurial Firms: Two Models of Strategic Momentum. *Strategic Management Journal*, 3: 1 – 25.

150. Miller, D. (1983) The Correlates of Entrepreneurship in Three Types of Firms. *Management Science*, 29 (7): 770 – 791.

151. Mohr, J. , Rober, J. F. & Nevin, J. R. (1996) Collaboborative Communication in Inter – firm Relationships: Moderating Effects of Integration and Control. *Journal of Marketing*, 60 (1): 103 – 115.

152. Moran, P. (2005) Structural Vs. Relational Embeddedness: Social Capital and Managerial Performance. *Strategic Management Journal*, 26 (12): 1129 – 1151.

153. Moreno, A. M. & Casillas, J. C. (2008) Entrepreneurial Orientation and Growth of SMEs: A Causal Model. *Entrepreneurship Theory and Practice*, 32 (3): 507 – 528.

154. Morgan, P. M. , Linda, S. M. & Jenny, D. (2009) Sustainable Corporate Entrepreneurship. *International Entrepreneurship and Management Journal*, 5 (1): 65 – 76.

155. Morris, M. H. , Kuratko, D. F. & Covin, J. G. (2008) Corporate Entrepreneurship & Innovation. Mason, OH: Thomson South – Western.

156. Morrison, E. W. (2002) Newcomers' Relationships: The Role of Social Network Ties During Socialization. *Academy of Management Journal*, 45: 1149 – 1160.

157. Murphy, G. B. , Trailer, J. W. & Hill, R. C. (1996) Measuring Performance in Entrepreneurship Research. *Journal of Business Research*, 613: 15 – 23.

158. Nahapiet, J. & Ghoshal, S. (1998) Social Capital, Intellectual Capital and the Organizational Advantage. *Academy of Management Review*, 23 (2): 242 – 266.

159. Norman, P. M. (2004) Knowledge Acquisition, Knowledge Loss, and Satisfaction in High Technology Alliances. *Journal of Business Research*, 57: 610 – 619.

160. Nunnally, J. (1978) *Psychometric Methods*. NY: McGraw – Hill.

161. Owen, A. L. & Videras, J. (2009) Reconsidering Social Capital: A Latent Class Approach. *Empirical Economics*, 37 (3): 555 – 582.

162. Oxoby, R. (2009) Understanding Social Inclusion, Social Cohesion, and Social Capital. *International Journal of Social Economics*, 36 (12): 1133 – 1152.

163. Pablos, P. O. (2005) Western and Eastern Views on Social Networks. *The Learning Organization*, 12 (5): 436 – 456.

164. Papagiannidis, S., Li, F., Etzkowitz, H. & Clouser, M. (2009) Entrepreneurial Networks: A Triple Helix Approach for Brokering Human and Social Capital. *Journal of International Entrepreneurship*, 7 (3): 215 –235.

165. Pastoriza, D., Arino, M. A. & Ricart, J. E. (2008) Ethical Managerial Behaviour as an Antecedent of Organizational Social Capital. *Journal of Business Ethics*, 78 (3): 329 –341.

166. Pastoriza, D., Ariño, M. A. & Ricart, J. E. (2009) Creating an Ethical Work Context: A Pathway to Generate Social Capital in the Firm. *Journal of Business Ethics*, 88 (3): 477 –489.

167. Pennings, J. M., Lee, K. & van Witteloostuijn, A. (1998) Human Capital, Social Capital and Firm Dissolution. *Academy of Management Journal*, 41: 425 –440.

168. Penrose, E. T. (1959) *The Theory of the Growth of the Firm*. Oxford: Oxford University Press.

169. Peteraf, M. A. (1993) The Cornerstones of Competitive Advantage: A Resource – Based View. *Strategic Management Journal*, 14 (3): 179 –192.

170. Portes, A. (1998) Social Capital: Its Origins and Applications in Modem Sociology. *Annual Review of Sociology*, 24 (1): 1 –25.

171. Presutti, M., Boari, C. & Fratocchi, L. (2007) Knowledge Acquisition and the Foreign Development of High – Tech Start – Ups: A Social Capital Approach. *International Business Review*, 16 (1): 23 –46.

172. Presutti, M. & Cristina, B. (2008) Space – Related Antecedents of Social Capital: Some Empirical Inquiries about the Creation of New Firms. *International Entrepreneurship and Management Journal*, 4(2):217 –234.

173. Putnam, R. D. (1993a) *Making Democracy Work: Civic Traditions in Modern Italy*. Princeton: Princeton University Press.

174. Putnam, R. D. (1993b) The Prosperous Community: Social Capital and Public Life. *The American Prospect*, 13: 35 –42.

175. Putnam, R. D. (1995) Bowling Alone: America's Declining Social Capital. *Journal of Democracy*, 6 (1): 66 –78.

176. Ranger – Moore, J. (1997) Bigger May Be Better, but is Older Wiser? Organizational Age and Size in the New York Life Insurance Industry (Cover Story) . *American Sociological Review*, 62 (6): 903 – 920.

177. Rauch, A., Wiklund, J., Lumpkin, G. T. & Freese, M. (2009) Entrepreneurial Orientation and Business Performance: Cumulative Empirical Evidence. *Entrepreneurship Theory and Practice*, 33 (3): 761 – 781.

178. Reagans, R. & McEvily, B. (2003) Network Structure and Knowledge Transfer: The Effects of Cohesion and Range. Working Paper, 1 – 49.

179. Reagans, R. & Zuckerman, E. W. (2001) Networks, Diversity, and Productivity: The Social Capital of Corporate R&D Teams. *Organization Science*, 12: 502 – 517.

180. Ren, B., Au, K. Y. & Birtch, T. A. (2009) China's Business Network Structure during Institutional Transitions. *Asia Pacific Journal of Management*, doi: 10. 1007/ s10490 – 008 – 9106 – 3.

181. Rice, R. E. & Love, G. (1987) Electronic Emotion: Sociaemotional Content in a Computer – mediated Communication Network. *Communication Research*, 14 (1): 85 – 108.

182. Robert, B. & Anne, K. (2009) Researching Small Firms and Entrepreneurship: Past, Present and Future. *International Journal of Management Reviews*, 11 (2): 127 – 148.

183. Roberts, K., Varki, S. & Brodie, R. (2003) Measuring the Quality of Relationships in Consumer Services: An Empirical Study. *European Journal of Marketing*, 37 (12): 169 – 196.

184. Robert, O. (2009) Understanding Social Inclusion, Social Cohesion, and Social Capital [J] . *International Journal of Social Economics*, 2009, 36 (12): 1133 – 1152.

185. Rochford, L. & Rudelius, W. (1997) New Product Development Process. *Industrial Marketing Management*, 26 (1): 67 – 84.

186. Rowley, T., Behrens, D. & Krachhardt, D. (2000) Redundant Governance Structures: AnAnalysis of Structural and Relational Embeddedness in the Steel and Semiconductor Industries. *Strategic Management Journal*, 21:

369 – 386.

187. Rumelt, R. P. (1982) Diversification Strategy and Profitability. *Strategic Management Journal*, 3 (4): 359 – 369.

188. Runyan, R., Droge, C. &Swinney, J. (2008) Entrepreneurial Orientation Versus Small Business Orientation: What Are Their Relationships to Firm Performance. *Journal of Small Business Management*, 46 (5): 567 – 588.

189. Schumpeter, J. A. (1934) *The Theory of Economic Development*. New Brunswick, NJ: Transaction Publishers.

190. Settoon, R. P. & Mossholder, K. W. (2002) Relationship Quality and Relationship Context as Antecedents of Person – and Task – Focused Interpersonal Citizenship Behavior. *Journal of Applied Psychology*, 87 (2): 255 – 267.

191. Shane, S. & Venkataraman, S. (2000) The Promise of Entrepreneurship As a Field of Research. *Academy of Management Review*, 25 (1), 217 – 227.

192. Shane, S., Locke, E. A. & Collins, C. J. (2003) Entrepreneurial Motivation. *Human Resource Management Review*, 13 (2): 257 – 279.

193. Sharma, P. & Chrisman, J. (1999) Toward a Reconciliation of the Definitional Issues in the Field of Corporate Entrepreneurship. *Entrepreneurship: Theory and Practice*, 23 (3): 11 – 27.

194. Smith, M., Giraud – Carrier, C. & Purser, N. (2009) Implicit Affinity Networks and Social Capital. *Information Technology and Management*, 10 (2): 123 – 134.

195. Simonin, B. L. (1999a) Ambiguity and the Process of Knowledge Transfer in Strategic Alliances. *Strategic Management Journal*, 20 (7): 595 – 623.

196. Simonin, B. L. (1999b) Transfer of Marketing Know – How in International Strategic Alliances: An Empirical Investigation of the Role and Antecedents of Knowledge Ambiguity. *Journal of International Business Studies*, 33 (3): 463 – 490.

197. Simsek, Z., Lubatkin, M. H. & Floyd, S. W. (2003) Inter –

firm Networks and Entrepreneurial Behavior: A Structural Embeddedness Perspective. *Journal of Management*, 9 (3): 427 – 442.

198. Sirmon, D. G. , Hitt, M. A. & Ireland R. D. (2007) Managing Firm Resources in Dynamic Environments to Create Value: Looking Inside the Black Box. *The Academy of Management Review*, 32 (1): 273 – 292.

199. Smith, J. B. & Barclay, D. (1997) The Effects of Organizational Differences and Trust on the Effectiveness of Selling Partner Relationships. *Journal of Marketing*, 61 (1): 3 – 21.

200. Stam, W. & Elfring, T. (2008) Entrepreneurial Orientation and New Venture Performance: The Moderating Role of Intra and Extra Industry Social Capital [J] . *Academy of Management Journal*, 51 (1): 97 – 111.

201. Stopford, J. M. & Baden – Fuller, C. W. F. (1994) Creating Corporate Entrepreneurship. *Strategic Management Journal*, 11 (Summer): 521 – 536.

202. Tan, J. J. & Litschert, R. J. (1994) Environment – Strategy Relationship and Its Performance Implications: An Empirical Study of the Chinese Electronics Industry. *Strategic Management Journal*, 15 (1): 1 – 20.

203. Tang, Z. , Kreiser, P. M. , Marino, L. , Dickson, P. & Weaver, K. M. (2009) A Hierarchical Perspective of the Dimensions of Entrepreneurial Orientation. *International Entrepreneurship and Management Journal*, 5 (2): 181 – 201.

204. Tang, J. T. , Tang, Z. , Marino, L. D. , Zhang, Y. L. & Li, Q. W. (2008) Exploring An Inverted U – shape Relationship Between Entrepreneurial Orientation and Performance in Chinese Ventures. *Entrepreneurship Theory and Practice*, 32 (1): 219 – 239.

205. Tippins, M. J. & Sohi, R. S. (2003) Competency and Firm Performance: Is Organizational Learning a Missing Link? *Strategic Management Journal*, 24 (8): 745 – 761.

206. Tsai, W. (2000) Social Capital, Strategic Relatedness and the Formation of Intra – Organizational Linkages. *Strategic Management Journal*, 21: 925 – 939.

207. Tsai, W. (2001) Knowledge Transfer in Intra – Organizational Net-

works: Effects of Network Position and Absorptive Capacity on Business Unit Innovation and Performance. *Academy of Management Journal*, 44 (5): 996 – 1004.

208. Tsai, W. & Ghoshal, S. (1998) Social Capital and Value Creation: The Role of Intrafirm Networks. *Academy of Management Journal*, 41 (4): 464 – 476.

209. Tsai, Y. C. (2006) Effect of Social Capital and Absorptive Capacity on Innovation in Internet Marketing. *International Journal of Management*, 23 (1): 157 – 166.

210. Ulhoi, J. P. (2005) The Social Dimensions of Entrepreneurship. *Technovation*, 25 (8): 939 – 946.

211. Utterback, J. M. (1994) *Innovation and Industrial Evolution Mastering the Dynamics of Innovation*. Boston: Harvard Business School Press.

212. Uzzi, B. (1996) The Sources and Consequences of Embeddedness for the Economic Performance of Organizations: the Network Effect. *American Sociological Review*, 61: 674 – 698.

213. Uzzi, B. (1997) Social Structure and Competition in Interfirm Networks: The Paradox of Embeddedness. *Administrative Science Quarterly*, 42 (1): 35 – 67.

214. Veciana, J. M. & Urbano, D. (2009) The Institutional Approach to Entrepreneurship Research. Introduction. *International Entrepreneurship and Management Journal*, 4 (4): 365 – 379.

215. Versper, K. H. (1984) Three Faces of Corporate Entrepreneurship: A Pilot Study. INJ. A. Hornaday, F. Tarpley Jr., J. A. Timmons and K. H. Vesper (eds.), Frontiers of Entrepreneurship Research. Ewllesley, MA: Babson College, 294 – 326.

216. Vickery, S. K., Jayaram, J., Droge, C., et al. (2003) The Effects of an Integrative Supply Chain Strategy on Customer Service and Financial Performance: An Analysis of Direct Versus Indirect Relationships. *Journal of Operations Management*, 21 (5): 523 – 539.

217. Wall, T. D., Michie, J. & Patterson, M., et al. (2004) On the

Validity of Subjective Measures of Company Performance. *Personnel Psychology*, 57: 95 – 118.

218. Wagner, C. L. & Fernandez – Gimenez, M. E. (2009) Effects of Community Based Collaborative Group Characteristics on Social Capital. *Environmental Management*, 44 (4): 632 – 645.

219. Wagner, S. M. & Buk, C. (2005) An Empirical Investigation of Knowledge – Sharing in Networks. *The Journal of Supply Chain Management*, Fall: 17 – 31.

220. Wang, C. L. (2008) Entrepreneurial Orientation, Learning Orientation, and Firm Performance. *Entrepreneurship Theory and Practice*, 32 (4): 635 – 657.

221. Welter, F. & Lasch, F. (2008) Entrepreneurship research in Europe: Taking Stock and Looking Forward. *Entrepreneurship Theory and Pratice*, 32 (2): 241 – 248.

222. Wiklund, J. (1999) The Sustainability of the Entrepreneurial Orientation – Performance Relationship. *Entrepreneurship: Theory and Practice*, 24 (1): 37 – 48.

223. Wiklund, J. & Shepherd, D. (2005) Knowledge – Based Resources, Entrepreneurial Orientation, and the Performance of the Small and Medium – Sized Businesses. *Strategic Management Journal*, 24, 1307 – 1314.

224. William, E. B. & James, M. S. (2009) The Complementary Effects of Market Orientation and Entrepreneurial Orientation on the Profitability in Small Business. *Journal of Small Business Management*, 47 (4): 443 – 464.

225. Wong, A., Tjosvold, D. & Yu, Z. (2005) Organizational Partnerships in China: Self – Interest, Goal Interdependence, and Opportunism. *Journal of Applied Psychology*, 90 (4): 782 – 791.

226. Woolcock, M. (1998) Social Capital and Economic Development: Toward a Theoretical Synthesis and Policy Framework. *Theory and Society*, 27: 151 – 208.

227. Woolcock, M. & Naranyan, D. (2000) Social Capital: Implications for Development Theory, Research and Policy. *The World Bank Research*

Observer, 15 (12): 225 – 249.

228. Wu, F. & Cavusgil, S. T. (2006) Organizational Learning, Commitment, and Joint Value Creation in Interfirm Relationships. *Journal of Business Research*, 59 (1): 81 – 89.

229. Wu, F. , Yeniyurt, S. , Kim, D. , et al. (2006) The Impact of Information Technology on Supply Chain Capabilities and Firm Performance: A Resource – Based View. *Industrial Marketing Management*, 35 (4): 493 – 504.

230. Wulf, K. D. , Gaby, O. S. & Iacobucci, D. (2001) Investments in Consumer Relationships: A Cross – Country and Cross – Industry Exploration. *Journal of Marketing*, 65: 33 – 50.

231. Yang, H. B. (2004) Leveraging Social Networks to Cultivate Entrepreneurial Orientation: An Orgazizational Embeddedness Perspective, 3. www. midwestacademy. org/ Proceedings /2004/papers/yang. doc.

232. Ye, F. (2005) Strategic Partnerships in Transformational Outsourcing As a Distinctive Source of IT Value: A Social Capital Perspective. Doctor Dissertation of Robert H. Smith School of Business.

233. Yiu, D. W. &Lau, C. M. (2008) Corporate entrepreneurship as Resource Capital Configuration in Emerging Market Firms. *Entrepreneurship Theory and Practice*, 32 (1): 37 – 57.

234. Yli – Renko, H. , Autio, E. & Sapienza, H. (2001) Social Capital, Knowledge Acquisition, and Knowledge Exploitation in Young Technology – Based Firms. *Strategic Management Journal*, 22: 587 – 613.

235. Yli – Renko, H. , Autio, E. & Tontti, V. (2002) Social Capital, Knowledge, and the International Growth of Technology – Based New Firms. *International Business Review*, 11 (3): 279 – 304.

236. Zaheer, A. , McEvily, B. & Perrone, V. (1998) Does Trust Matter? Exploring the Effects of Inter – Organizational and Interpersonal Trust on Performance. *Organization Science*, 9 (2): 141 – 159.

237. Zahra, S. A. (1993) Conceptual Model of Entrepreneurship as Firm Behavior: A Critique and Extension. *Entrepreneurship: Theory and Practice*, 14 (4): 5 – 21.

238. Zahra, S. A. (1993b) Environment, Corporate Entrepreneurship and Financial Performance: A Taxonomic Approach. *Journal of Business Venturing*, 8 (4): 319 – 340.

239. Zahra, S. A. (1996) Governance, Ownership and Corporate Entrepreneurship: The Moderating Impact of Industry Technological Opportunities. *Academy of Management Journal*, 39 (6): 1713 – 1735.

240. Zahra, S. A. & Covin, J. (1995) Contextual Influences on the Corporate Entrepreneurship – Performance Relationship in Established Firms: A Longitudinal Analysis. *Journal of Business Venturing*, 10 (1): 43 – 58.

241. Zahra, S. A., Jennings, D. F. & Kuratko, D. (1999) Guest Editors'Introduction: Corporate Entrepreneurship in a Global Economy. *Entrepreneurship: Theory and Practice*, 24 (1): 5 – 8.

242. 边燕杰、丘海雄：《企业的社会资本及其功效》，《中国社会科学》2000 年第 2 期。

243. 边燕杰：《网络脱生：创业过程的社会学分析》，《社会学研究》2006 年第 6 期。

244. 蔡莉、柳青：《新企业资源整合过程模型》，《科学学与科学技术管理》2007 年第 2 期。

245. 陈晓红、杨怀东：《中小企业集群融资》，经济科学出版社 2008 年版。

246. 陈晓萍、徐淑英、攀景立：《组织与管理研究的实证方法》，北京大学出版社 2008 年版。

247. 丁学东：《探索政府扶持科技型中小企业技术创新的有效模式和机制》，《中国科技产业》2009 年第 12 期。

248. 龚鹤强、林健：《关系认知、关系运作和企业绩效：来自广东省私营中小企业的实证研究》，《南开管理评论》2007 年第 2 期。

249. 侯杰泰、温忠麟、成子娟：《结构方程模型及其应用》，教育科学出版社 2004 年版。

250. 黄博声：《专业分工与创新关系之研究——以台湾科技产业为例》，硕士学位论文，"国立"政治大学企业管理研究所，1998 年。

251. 黄芳铭：《结构方程模式：理论与应用》，中国税务出版社 2005

年版。

252. 贾生华、吴波、王承哲：《资源依赖、关系质量对联盟绩效影响的实证研究》，《科学学研究》2007 年第 2 期。

253. 姜彦福、沈正宁、叶瑛：《公司创业理论：回顾、评述及展望》，《科学学与科学技术管理》2006 年第 7 期。

254. 李怀祖：《管理研究方法论》第二版，西安交通大学出版社 2004 年版。

255. 李焕荣、林健：《战略网络研究的新进展》，《经济管理》2004 年第 4 期。

256. 李惠斌、杨雪冬：《社会资本与社会发展》，社会科学文献出版社 2000 年版。

257. 李路路：《私营企业主的个人背景与企业"成功"》，《中国社会科学》1997 年第 2 期。

258. 李新春、储小平、朱沆：《民营企业成长研究报告——基于广东省民营企业的调研分析》，经济科学出版社 2008 年版。

259. 李新春、苏琦：《家族企业：公司治理与成长》，经济科学出版社 2008 年版。

260. 李新春、何轩、陈文婷：《战略创业与家族企业创业精神的传承——基于百年老字号李锦记的案例研究》，《管理世界》2008 年第 10 期。

261. 林健、李焕荣：《基于核心能力的企业战略网络》，《中国软科学》2003 年第 12 期。

262. 林文宝：《技术知识整合、知识能量与组织学习对核心竞争力及创新绩效关联性质研究》，博士学位论文，成功大学，2001 年。

263. 凌文辁、方俐洛：《心理与行为测量》，机械工业出版社 2003 年版。

264. 刘林平：《企业的社会资本：概念反思和测量途径——兼评边燕杰、丘海雄的〈企业的社会资本及其功效〉》，《社会学研究》2006 年第 2 期。

265. 刘人怀、姚作为：《关系质量研究述评》，《外国经济与管理》2005 年第 1 期。

266. 刘寿先：《企业社会资本与技术创新关系研究：组织学习的观

点》，博士学位论文，山东大学，2008 年。

267. 刘预：《创业导向对新企业资源获取的影响：基于中国转型经济背景的研究》，博士学位论文，吉林大学，2008 年。

268. 龙勇、李忠云和张宗益：《技能型战略联盟基于信任的知识获取和合作效应实证研究》，《研究与发展管理》2006 年第 5 期。

269. 卢纹岱：《SPSS for Windows 统计分析》，电子工业出版社 2002 年版。

270. 罗家德：《网络理论、产业网络与技术扩散》，《管理评论》2003 年第 1 期。

271. 罗家德、叶助勇：《中国人的信任游戏》，社会科学文献出版社 2007 年版。

272. 罗仲伟：《网络组织的特性及其经济学分析》（上），《外国经济与管理》2000 年第 6—7 期。

273. 马庆国：《管理统计：数据获取、统计原理与 SPSS 工具与应用研究》，科学出版社 2002 年版。

274. 马庆国：《管理科学研究方法与研究生学位论文的评判参考标准》，《管理世界》2004 年第 12 期。

275. 迈克尔·波特：《竞争优势》，陈小悦译，华夏出版社 1997 年版。

276. 迈克尔·波特：《国家竞争优势》，李明轩、邱如美译，华夏出版社 2002 年版。

277. 潘锡辉、魏谷：《关于当前国家高新区发展若干问题探讨》，《经济问题探索》2007 年第 3 期。

278. 荣泰生：《企业研究方法论》，中国税务出版社 2005 年版。

279. 沈超红：《创业绩效结构与绩效形成机制研究》，博士学位论文，浙江大学，2006 年。

280. 石秀印：《中国企业家成功的社会网络基础》，《管理世界》1998 年第 6 期。

281. 苏秦、李钊和徐翼：《基于交互模型的客户服务质量与关系质量的实证研究》，《南开管理评论》2007 年第 1 期。

282. 孙俊华、陈传明：《企业家社会资本与公司绩效关系研究》，《南开管理评论》2009 年第 2 期。

283. 孙凯：《在孵企业社会资本对技术创新绩效影响研究》，博士学位论文，哈尔滨工业大学，2008 年。

284. 谭劲松：《中国创业研究的问题和方向》，《科技创业》2007 年第 2 期。

285. 唐丽艳、王国红和张秋艳：《科技型中小企业与科技中介协同创新网络的构建》，《科技进步与对策》2009 年第 10 期。

286. 王凤彬：《供应链网络组织与竞争优势》，中国人民大学出版社 2006 年版。

287. 王凤彬、李奇会：《组织背景下的嵌入性研究》，《经济理论与经济管理》2007 年第 3 期。

288. 王立生：《社会资本、吸收能力对知识获取和创新绩效的影响研究》，博士学位论文，浙江大学，2007 年。

289. 王亭力：《市场导向、组之间互动、信任、营销能力与组织绩效间关系之实证研究》，硕士学位论文，（中国台湾）静宜大学，2002 年。

290. 王霄、胡军：《社会资本结构与中小企业创新——一项基于结构方程模型的实证研究》，《管理世界》2005 年第 7 期。

291. 王永贵、邢金刚和李元南：《战略柔性与竞争绩效：环境动荡性的调节效应》，《管理科学学报》2004 年第 6 期。

292. 汪轶：《知识型团队中成员社会资本对知识分享效果作用机制研究》，博士学位论文，浙江大学，2008 年。

293. 薛红志、张玉利：《创业导向、战略模式与组织绩效关系研究》，《经济理论与经济管理》2006 年第 3 期。

294. 张方华：《知识型企业的社会资本与技术创新绩效研究》，博士学位论文，浙江大学，2004 年。

295. 张方华：《知识型企业的社会资本与知识获取的关系研究：基于 BP 神经网络模型的实证分析》，《科学学研究》2006 年第 2 期。

296. 张健、姜彦福：《公司创业战略的概念发展研究》，《创新和创业管理》第一辑，清华大学出版社 2005 年版。

297. 张化本：《建议放宽中小企业上市标准》，《证券日报》2008 年 8 月 21 日。

298. 张其仔：《社会资本论：社会资本与经济增长》，社会科学文献出版社 2002 年版。

299. 张映红：《公司创业战略》，清华大学出版社 2005 年版。

300. 张映红：《动态环境对公司创业战略与绩效关系的调节效应研究》，《中国工业经济》2008 年第 1 期。

301. 张玉利、李新春：《创业管理》，清华大学出版社 2006 年版。

302. 张玉利、薛红志、杨俊：《论创业研究的学科发展及其对管理理论的挑战》，《外国经济与管理》2007 年第 1 期。

303. 郑景华：《影响跨公司合作创新的因素之研究：融合知识基础观点与组织学习观点》，博士学位论文，（中国台湾）政治大学，2003 年。

304. 周小虎：《企业家社会资本及其对企业绩效的作用》，《安徽师大学报》（社会科学版）2002 年第 1 期。

305. 周小虎：《企业社会资本与战略管理：基于网络结构观点的研究》，人民出版社 2006 年版。

306. 朱国宏：《经济社会学》，复旦大学出版社 2003 年版。

后 记

　　求学的经历绝不仅是学会术语和增加知识，求学是在求道。我的博士生导师刘人怀院士非常注重传道，通过"传道"进而并自然达成"授业、解惑"，这对我的学术研究和做人立世影响很大。正缘于此，我把社会资本理论视阈下的创业研究理解为经济关系和社会关系的"中庸和谐"，理解为资源基础理论和产业组织理论两种不同理论范式的"中庸和谐"，理解为创业实践中竞争与合作的"中庸和谐"。直面转型期我国科技型中小企业的创业情境，该研究视阈可以有更合理的解释功能和更现实的指导作用。《中庸》所言，"万物并育而不相害，道并行而不相悖"，追求的不就是双赢、同济、和谐的境界吗？而社会资本不正也包含着这些元素并具备此类功用的？文为心声，著文即在悟道。

　　诚然，社会资本理论视阈下的创业研究及其实践还正处于"进行时"，而这也恰恰使我常常落入顾此失彼、挂一漏万的不断纠结之中。路，还得一步步走；梨还得一口口啃。无论如何，自己的研究心血终于能够暂且以此陋作驻笔，此时的我在如释重负之际，又颇有忐忑不安之感。在此，我要特别感谢我的恩师刘人怀院士。刘老师广博的学识和大师的风范，自信、豁达、宽容的心态，细致、规范、严谨的学风，以及勤奋坚忍、与人为善的行为，均潜移默化地影响着我，更成为我人生的标杆，鞭策着我在学术研究道路上奋力前行，导师的言行正是对"道"的一种诠释和注解。

　　感谢我年迈慈祥并饱受疾病缠身的父母，在漫长的求学和人生道路上，他们为我付出了太多辛劳，给了我太多无私的爱，正在行进之路上的我却始终未能帮助他们分担生活的重担，难尽一份做儿子的孝心，愧疚之情无以为报。还要感谢和我共同品尝学术道路中酸甜苦辣的妻子，以及嗷嗷待乳的不满一岁的女儿。女儿清澈灵性的目光和天真无邪的笑靥，是我行进之路上的最大安慰和动力。谨以此书献给我深爱着的家人。

　　最后，值得一提的是，学问之路的上下求索无不是建立在前人的辛勤耕耘基础之上，无不须得益于众多朋友、同学、同行和领导的帮助支持，在此也一并表示诚挚的谢意。

李作战

2011 年 5 月于广州